近現代日本 選択の瞬間

小林和幸 編

有志舎

近現代日本　選択の瞬間《目次》

序章　「選択」と「決断」の近現代日本　小林和幸　1

Ⅰ　西洋との対峙、規範・慣習の再構築

第一章　小笠原諸島問題と万国公法
――明治丸とイギリス軍艦カーリュー号出航のとき――　小野聡子　14

第二章　昭和初期までのチップ慣習の変化　平出裕子　45

Ⅱ　大正・昭和戦前期、政治理念の模索

第三章　青年華族とデモクラシー
――子爵三島通陽の思想的軌跡を通じて――　内藤一成　70

第四章　新渡戸稲造の門下生たち
――時代と対峙したエリートたち――　古川江里子　112

第五章　「天皇機関説」排撃問題と貴族院
――「政教刷新ニ関スル建議案」と院内会派――　小林和幸　149

Ⅲ　社会変革をめぐる人々の葛藤
第六章　「戦争画」に関する一考察
――東京都現代美術館の絵はがきを中心に――　板谷敏弘　192
第七章　開発を受け入れた人びと
――青森県上北郡六ヶ所村民の選択と決断――　中園　裕　236
【研究輯録】
第八章　開国への決断
――阿部正弘の選択――　嶋村元宏　267
あとがき　執筆者一同　293

序章　「選択」と「決断」の近現代日本

「我にありてはその進むを得べき地に進みその止まらざるを得ざる所に止まりたるものなり。余は当時何人を以てこの局に当らしむるもまた決して他策なかりしを信ぜむと欲す」。

とは、陸奥宗光『蹇蹇録』の最終章中の一節である。日清戦争後、伊藤博文内閣の外相とし、三国干渉にあって難しい対応を迫られ、日本政府として遼東半島還付の決断をした時の回想である。この選択と決断に際し、陸奥が当時の国民や後の日本あるいは世界の歴史に対する責任を深く考慮した結果、「他策なかりしを信ぜむと欲す」という言葉が発せられたものと思う。この言葉は、戦後の沖縄返還日米交渉の難局に関わった若泉敬が、自著の回想録（文藝春秋社、一九九四年）の題名としたことでも知られている。彼もまた、陸奥と同様に自らの選択について、歴史的な責任を負うことを思ってのことであろう。

さて、近現代日本史には、政治、外交、軍事、文化的な諸問題に直面して、それぞれの場で責任ある当事者により、選択と決断が行われる場面がある。あるいはその連続として近現代日本史は存在する。それは、後の歴史的推移に決定的な影響を与える結果になる場合もあったであろう。

歴史に重い責任を負うことになるそうした当事者たちの選択や決断を前に、歴史を研究しようとする私たちは、謙虚であるべきと考える。謙虚であるとは、当事者や周辺の人々が残した様々な史料に虚心坦懐に向き合い、誠実に彼らの考えを理解しようとすることであると思う。

本書は、近現代の日本で行われた選択と決断の背景やその決断による歴史的影響を検討する論文によって構成される。近現代日本がいかなる選択と決断によって形成されてきたのか、また選択に当たった政治家や実業家、教育者、あるいは図らずも選択の場面に直面した市井の庶民たちが、いかなる努力を払ったか。あるいは、その選択を迫られた環境とはいかなる場であったのかを考えようとした。本書においては、こうした問題を諸史料を博捜して実証的に検討しようとするものである。

執筆者は、以上の共通認識をもちながら、各自の専攻分野と興味にしたがい自由に課題を設定した。集まった八編の論文をそれぞれのテーマと内容にしたがい、Ⅰ西洋との対峙、規範・慣習の再構築、Ⅱ大正・昭和戦前期、政治理念の模索、Ⅲ社会変革をめぐる人々の葛藤、の三部とし、さらに研究輯録として一編の論文を加えて、一書とした。

第Ⅰ部は、近代の日本が西洋と対峙した際、西洋的規範や慣習と接する中で、近代国家として存続するために払った努力が明らかになる二つの論文で構成されている。

小野聡子「小笠原諸島問題と万国公法――明治丸とイギリス軍艦カーリュー号出航のとき――」は、明治初期、小笠原諸島の統治をめぐる日本とイギリスの対応を中心に、両国が何を根拠に、どのような行動を選択したのかを検討する。

幕末期、捕鯨船の中継地となった小笠原諸島には、英米などの欧米系島民が居住するのみであった。一度、江戸幕府が日本人の入植を試みたが失敗に終わったため、地理的には日本が小笠原諸島にもっとも近いが、どこの国家からも実効支配をされていないまま明治という時代を迎えた。しかし明治新政府が開国とともに受容した万国公法（西洋的国際法）では、国家による統治がなされていない土地は「無主地」とされ、統治の意思がある文明国がほかの文明国に先んじて占有することが認められていた（先占取得）。したがって、小笠原諸島の統治も問われることになる。

本論文では、当初、小笠原諸島の統治は採算が合わないとして大蔵省は消極的であり、外務省も江戸幕府による入植を根拠に、すでに日本の領土であり、人的にも資金的にも新たな投資を最小限に留めようとしたと指摘する。しかし、万国公法を熟知する副島種臣は、領土とは国家が確保すべきものと主張し、議論の流れを変えたとする。その後、小笠原諸島領有のための調査が行われることになるが、その実施にあたり、同時期に行われた台湾出兵における欧米諸国の万国公法による対応が参照されたとの指摘は興味深い。こうして、灯台巡視船明治丸の小笠原諸島派遣が決断されるに至るのである。

一方、駐日イギリス公使パークスは日本の統治に異論はなかったものの、小笠原諸島に住むイギリス人が不当な扱いを受ける可能性を危惧し、イギリス人の保護と明治丸の調査を監視するため、あえて明治丸出航後、イギリス軍艦カーリュー号を出航させることを決断する。

これまで、小笠原諸島の統治をめぐる主導権争いの象徴として明治丸とカーリュー号の出航があったという認識があったが、本論文によって、パークスの言動の意図ならびに万国公法の遵守を前提に、日英が行動し、あるいは自身の正当性を主張するという国際環境の存在が明らかにされた。

平出裕子「昭和初期までのチップ慣習の変化」は、日本の伝統的慣習である「心付け」や「祝儀」が、廃止に向かう経緯について検討する。まず「チップ」について、既に明治期に福沢諭吉が廃止にふれ、『万朝報』紙上でも拝金主義の表れとして批判されたとする。ただし、実際にチップを廃止することは、不都合や困難が多く現実的ではないとも考えられていた。

このような論議を背景に、明治末期に渋沢栄一・日比翁助・西野恵之助等によって設立された帝国劇場は、「外賓を迎へて辱しからぬ劇場を建て」るとの目的で、江戸時代以来の茶屋や出方を廃して、祝儀・チップの廃止を実行した。この帝国劇場のチップ廃止を受けて、鉄道院によって創立されたジャパン・ツーリスト・ビューローでも設立当初に、ホテルでのチップ全廃が提起された。また大正期には、列車の給仕などへのチップの可否についても、新聞やジャパン・ツーリスト・ビューローの機関誌『ツーリスト』誌でも取りあげられている。それらは西洋の取り組みも踏まえての批判であった。

こうした中、先駆的にチップを廃止すると共に奉仕料の導入を選択するのが、欧米のホテル勤務を経験した岸衛であった。彼の熱海ホテルが、欧米のホテルのサービス料制度を参考にチップを廃止し奉仕料を徴収して、従業員に分配・還元したのであった。なお、岸は、熱海ホテルの開業を経て代議士となるが、浜口雄幸首相に働きかけ国際観光局の創設や国立公園法の制定に尽力するなど、外客誘致とそのための観光業の発展に尽くすことになる。岸が決断したチップ廃止と一割の給仕料（奉仕料）の徴収も、欧米からの観光客を誘致して外貨獲得に結び付けるという観光業発展、さらに欧米に伍していくための日本の国力向上も図るという大きな視野の中での、一つの試みだった。その後、岸の試みに続くホテルがいくつか現れ、『ツーリスト』誌の論調も、チップ廃止肯定論に向かう。

大正一二年（一九二三）熱海ホテルで岸衛がチップ廃止を実行したときが、その後の奉仕料徴収をもってチップを廃止する流れを方向づける一つの選択の瞬間だったのである。

第Ⅱ部は、大正・昭和戦前期の政治理念の模索について独自の観点から検討した三つの論文で構成される。

内藤一成「青年華族とデモクラシー――子爵三島通陽の思想的軌跡を通じて――」は、大正期デモクラシーの全盛と社会主義の台頭という思想史上の重要局面において、青年華族三島通陽が、いかに時代を捉え、いかなる対処を選択したかを検討する。

三島は、子爵家の嫡子として、学習院に入学し病気がちではあったが、暁星学校や漢学の私塾に通い、哲学を仏教思想家の小林一郎に学んだ。その中で、特に孟子の和訳に努めるなど、愛を仁の基本に置く人民本位の思想に傾倒する。

こうした愛と人道主義を重視する考えが、海外体験によって一層深化することになる。叔父の牧野伸顕がヴェルサイユ講和会議に全権委員となり渡欧するのに同行し、欧洲に渡ったのである。洋行中、国や人種を超えて多くの若者と交流し、同世代の間には、国や言葉、人種がちがっても、通じ合う共通の感覚や意識があることを知った。あわせて、デモクラシーの核心をなす人道主義が、かえって日本の伝統の中にあることを見出し、その上で今後の日本は模倣ではなく、独創と個性をもって進むべきであると考えるにいたる。

一方、三島は、社会主義に接する中で、無産階級と資本家・有産階級との融和について模索する。三島が考え選んだ社会主義の台頭に対する華族・有産階級の対応は、社会事業に尽力することで革命からの自衛をめざす路線や、財産拋棄の道でも、赤化華族がとった華族階級の否定・決別路線などでもなく、階級を超え「若い世代」が、愛と人道主義を基底に、デモクラシーとコスモポリタニズムをもって連帯するというものであった。

そうした選択をした三島の実践は、千駄ヶ谷の青年から団長就任を懇請された「青年団」活動であった。ここで三島は、青年主体の平等主義を取り、女性の地位向上にも熱心であった。そこはまさしくデモクラシー思想の啓蒙や実践の場となった。さらに千駄ヶ谷青年団傘下に弥栄少年団を発足させ、これを機に少年団運動に本格的に取り組んでいくことになる。

このように、本論文によって三島の活動を通じて、青年華族のデモクラシー状況における全くあたらしい社会の平準化、国民再編のかたちが明らかにされた。

古川江里子「新渡戸稲造の門下生たち——時代と対峙したエリートたち——」は、新渡戸稲造の思想と教育実践ならびに、その門下生であった芦田均、河合栄治郎、矢内原忠雄の活動を検討する。新渡戸の指導を受けた芦田、河合、矢内原は、戦争へ向う危機の時代において、自らの社会的地位をなげうって、その流れを止めようとする。本論文は、彼らのそのような選択の理由を新渡戸の教育内容から探ろうとするものである。

新渡戸は、のちに彼の教育を補完する内村鑑三と共に札幌農学校で学び、留学後、同校で教鞭をとる。さらに台湾総督府技師となり、ついで、京都帝国大学の教授となった。これは、台湾時代から青少年の人格向上に熱意を持っていたことが背景にある。その後、第一高等学校校長に就任した。その教育の特質は、国家的、社会的な指導者となるべき一高生に理想のあり方を明示し、正規の授業以外でも感化していく、パーソナルな教育方法にあった。このような教育方針は、熱心な信奉者を多数生んだ反面、儒教的な忠君愛国主義を内容とする集団主義的な校風論者の反感を招き排撃の対象とされた。新渡戸排撃は繰り返され、学外や一高内部の教授陣との確執もあって、辞職を余儀なくされた。

しかし、この間の新渡戸の教育的効果は大きかった。門下生たちそれぞれが理想と考える国家像を見いだすことになり、現実の軍国主義の時代と向き合い格闘する道の選択につながった。

芦田は国際協調主義と議会重視の自由主義を政治理念とし、議会活動や言論活動を通じて、軍部の台頭や満州事変の拡大阻止に全力をあげた。河合もまた、議会主義による平等社会を国家の理想として、満州事変以後の国家主義の台頭を自らの理想国家の実現と自由を阻害するものと認識し、満州事変批判などを展開した。矢内原は、新渡戸の後任として東京帝国大学法科の植民政策学を担当して、「人道主義」を継承した上、キリスト教に基づく社会正義の観点から、植民地の自主独立、解放による平和を目指した。

このように、三者ともに戦争に向かう国家に厳しく対峙する道を選択する。その背景には一高時代の新渡戸の教えがあったことが明らかにされた。

小林和幸「「天皇機関説」排撃問題と貴族院――「政教刷新ニ関スル建議案」と院内会派――」は、美濃部達吉の「天皇機関説」排撃問題に関する貴族院内会派の動向を検討する。本論文では、前史としての第六五議会における機関説批判の背景について明らかにした上で、貴族院が可決を決断する「政教刷新ニ関スル建議案」の位置づけについて考える。

斎藤実内閣期は「非常時」の機運にあって政治的、思想的に「革新」を求める機運が強かったが、第六五議会には、そうした「非常時」認識を沈静化しようとする動きがあり、貴族院でも過激な軍部や右翼の動向を問題視する発言が見られることを指摘する。この沈静化の動きを牽制したのが、「日本主義者」による国体観念での、中島商工大臣糾弾だった。貴族院での糾弾中、美濃部機関説が攻撃された。その後の一連の展開を見ると、これが機関説排撃の発端と見なし得ると指摘する。

第六七議会での機関説排撃は、最初に衆議院で始まり、次いで貴族院でも行われる。貴族院では美濃部自身による「一身上の弁明」があったことにより紛糾した。貴族院での機関説排撃は、偶発的に見えるが六五議会からの排撃を引き継いで院外勢力との連携の中で行われていること、機関説の問題化には大多数の会派が慎重であり、それはこうした問題を巡り、貴族院には冷静かつ抑制的に対処しようとする伝統があったことや現状維持を志向する宮中重臣グループとの関係が影響していることなどを詳述した。

こうした経過の後の「政教刷新ニ関スル建議案」可決という選択は、各派幹部が問題の沈静化に努力し、排撃強硬派が出そうとした反機関説の建議案を断念させた上で行われた。したがって、強硬な意見の穏健化に成功したと言えるが、一方で穏健派も、秘密会で行った菊池武夫の美濃部批判、世論中の排撃論の強まりや衆議院での論議の影響を受け、建議案の文言について強硬派に譲歩せざるを得なかったことを明らかにした。

ただし、建議案可決の選択には、議会政治否認に至る奔流を沈静化し、それによって政治的に貴族院の議会主義を守るという意識があったと指摘している。

第Ⅲ部は、戦中戦後の社会変革の中で生じた葛藤を題材とする二つの論文で構成する。

板谷敏弘「「戦争画」に関する一考察――東京都現代美術館の絵はがきを中心に――」は、東京都現代美術館に所蔵されている「戦争画」の絵はがきを中心に、（1）書誌的情報（2）作家について（3）画材・構図など作品的観点といった資料情報を明らかにし、さらに近年の「戦争画」に対する研究や問題提起を踏まえながら、歴史学的な視点も交えて「戦争画」の再検討を行う。

そのなかで、戦争画のタイトルの推移に関する指摘が興味深い。当初、戦闘場面を表す語としては「攻撃」「攻略」「進撃」「追撃」など勇ましい語が使われたが、昭和一八年（一九四三）三月ころになると、そうした勇ましい語のほかに、「苦闘」「決死」「死守」など苦戦を表す語も見られるようになり、藤田嗣治の《アッツ島玉砕》が出品された同年九月の国民総力決戦美術展では「玉砕」のほか「血闘」「激闘」「最後の突撃」「血戦」など悲壮感を感じさせる語があり、翌年、翌々年の陸軍美術展では「突撃」「斬込み」「死守」「死闘」など、明らかに防戦にまわりながら奮闘している様子がわかると、指摘する。

また、歴史的な研究が進んでいない「戦争画」について、戦争画と作成の参考とされた写真との関係の究明、「作戦記録画」の制作について軍部の記録を発掘する必要、戦争美術展覧会の計画や運営に関わった朝日新聞社の役割の調査、戦争美術展に出品された作品以外の「戦争画」の発掘、さらに当時の観覧者の受け取り方の検討などが、今後の課題として示される。

最後に、藤田の《アッツ島玉砕》制作の背景を検討する。それまで政府や軍部は戦局をひた隠しにし、「戦争画」においても相変わらず勇ましく華々しい場面ばかりが「公認」されていたなか、藤田は突如として死屍累々の玉砕図を描き発表するという選択をしたのであった。本論文は、この作品を描き発表するという藤田の「選択」の意味を問い、それを見た当時の日本人の精神性への影響が決して軽微なものではなかったと指摘する。その上で戦後、渡米の際に記者たちに語った「絵かきは絵だけ描いてください」という言葉は肯首し難いと指摘し、藤田の評価（再評価）の難しさを述べている。

中園裕「開発を受け入れた人びと――青森県上北郡六ヶ所村民の選択と決断――」は、戦後日本の高度経済成長期、青森

I

西洋との対峙、規範・慣習の再構築

第一章　小笠原諸島問題と万国公法

——明治丸とイギリス軍艦カーリュー号出航のとき——

小野聡子

はじめに

本稿は明治八年（一八七五）一一月、灯台視察船明治丸とイギリス軍艦カーリュー号が小笠原諸島調査の目的で、それぞれ出航し父島に向かうまでの過程を中心に検討する。

一六世紀末、小笠原貞頼に発見されたとされる小笠原諸島は、一九世紀に欧米の捕鯨を生業とする人々の必要に応じて、開拓された島々である。[*1] そのため、最初の開拓は、天保元年（一八三〇）、父島にアメリカ人、イギリス人およびハワイ人のおよそ二〇名が入植したことにはじまり、彼らは来港する捕鯨船に対して生鮮品を売るなどして、生計を立てていた。

一方、文久二年（一八六二）、日本は幕府主導による八丈島島民三八名の入植を実施した。しかし、同年に発生した生麦事件の賠償問題を発端にイギリスと緊張関係が生じたため、幕府はイギリスによる父島襲撃を危惧し、文久三年（一八六三）五月、日本人入植者を全員撤退させたのである。この日本人の撤退以降、明治九年（一八七六）から始まる日本人の再入植までの間、小笠原諸島に日本人が居住することはなく、島では天保元年に入植したアメリカ人のナザニール・セボリー（Nathaniel Savory）を中心に自治が行われているに過ぎなかった。小笠原諸島の場合、地理的に近いのは日本であるが、欧米系島民による自治が行われていたという特殊性があった。

しかし、欧米諸国が東アジアへ進出するに伴って、小笠原諸島の位置付けも変化する。すなわち、万国公法（国際法）に基づいた国際秩序の下に置かれるのである。万国公法の概念では「文明」の国、「野蛮」の国、「未開」の国[*2]という区分があり、文明国は主権国家としての権利を持ち、それ以外の地域では、その「文明度」に応じて権利等は制限される。特に、その領域に人類が住んでいたとしても、国家の体裁がない、または国家によって統治されていない領域は「未開」の国であり、「無主地」とされ、文明国が開拓・統治することができると考えられていた（先占取得）。したがって、ある領域がいずれかの国家に属しているのか、そこに住む人類の文明度はどの段階かという位置づけが、万国公法的国際秩序が展開するにあたって必須の過程であった。

太平洋上の孤島群であった小笠原諸島は欧米系島民（文明国から来た人々）が居住しながら、どの国家からも統治されていないという「無主地」状態という曖昧な状況であった。明治初期の小笠原諸島は、そのような状況から、いずれかの国家に組み込まれ、位置づけされる時に入ったのであり、明治丸・カーリュー号による小笠原諸島調査は、その位置づけの象徴である。

まず、明治期の小笠原諸島問題に連なる徳川幕府による小笠原調査・開拓の経緯については田中弘之氏による精緻な研究『幕末の小笠原―欧米の捕鯨船で栄えた緑の島―』がある。また、本稿で扱う明治期の小笠原諸島については大熊良一氏による『歴史の語る小笠原島[*3]』が多くの史料を用いて小笠原諸島が日本の領土として承認されるまでを描いている。ただし、明治政府が「英・米植民地主義」に対応しつつも、小笠原諸島の回収[*4]に成功したという文脈で論じられる。[*5] したがって、カーリュー号の派遣はイギリスが小笠原諸島をイギリス領とする可能性を模索していたと示唆する。しかし、後述するように明治丸派遣前から小笠原諸島は日本の帰属であることに異論はないと当時の駐日イギリス公使パークス（Sir Harry Smith Parkes）は発言している。これにも関わらず、大熊氏には「英・米植民地主義」という前提があるため、小笠原諸島の獲得がイギリスの目的とせざるを得ないのであるが、史料的に難があるといえよう。現在においても一般的に明治丸とカーリュー号の派遣は、小笠原諸島の帰属をめぐる日英間の競争として理解される傾向にあるが、[*6] 以下本稿で明らかにするようにそのような競争は存在しなかった。

本稿では当時の国際環境を理解するうえで「英・米植民地主義」ではなく、「万国公法下の国際秩序」という視点でこの問題を捉えたい。そもそも、明治政府は万国公法の存在を当初から意識しており、小笠原諸島調査の前年（明治七年）に発生した台湾出兵では、外交政策の論理として万国公法を取り入れ、イギリスをはじめ欧米各国に自らの正当性を主張している。台湾出兵の経験は、翌年の小笠原諸島問題に対する政策および交渉過程に反映されている。本稿では台湾出兵、小笠原諸島問題を通して明治政府がいかに万国公法を解釈したのか、また、こうした明治政府の姿勢にイギリスはどのように応じたのかを示したいと考えている。

1　小笠原島回収と民間による開拓

田中氏によると、幕府首脳部は『ペリー提督日本遠征記』などから小笠原諸島に関する情報をすでに得ていたという。太平洋横断航路の中継地点としての重要性、日本の帰属を支持する見解、捕鯨基地としての将来性をペリーが認識していたことに注目した幕府は小笠原諸島の開拓に積極的であった。また、万延元年（一八六〇）からは、小笠原調査・開拓に際して、国際環境も比較的良好な環境であった。まず、イギリスは東アジアにおける安定的な地位を確立するには、幕府の警戒心を和らげ、日英関係を円滑にするべきと考えていた。したがって、小笠原諸島の帰属を争う姿勢はみせなかった[*7]。

アメリカは小笠原諸島が極東貿易のライバルであるイギリス領になることは避けたいという思惑があり、これまで通り薪水補給地としてアメリカが利用できるならば、日本領であることに異存はなかった。このように、英米の思惑によって外国からの干渉もなく、幕府は小笠原諸島の領有に向けて動くことができたのである[*8]。万延元年に小笠原諸島の巡視を決定、文久元年（一八六二）には外国奉行水野忠徳を長として小笠原諸島の調査・開拓にむけた一団を乗せた咸臨丸が品川沖から出航した。先述のとおり幕府による開拓は失敗したが、この時の一団には、明治政府に出仕し、明治期の小笠原開拓を指揮した小花作之助（後に小花作助）らが加わっていた[*9]。

幕府が瓦解した後、小笠原諸島問題を引き継ぐかたちになった明治政府は明治九年になって「小笠原島諸規則」を布告し、日本領であると宣言した。ここで注目したい点は幕府と明治政府の小笠原諸島への態度の違いである。田中氏は「明治新政府の小笠原島問題に関する対応をみると、かつて外国奉行水野忠徳らが、オランダ船を傭ってでも回収を実現しようとした不退転の意気込みはみられない。特に役人たちの外交問題に対する不慣れと小笠原島問題に対する研究不足が目につく。〔中略〕新政府はこの時点で、すでに文久度の回収の際に、アメリカはもちろんイギリスも日本の小笠原島統治に異論を挟まなかったという事実に立脚すべきであった[*10]」と指摘する。単純に年数を比較しても、幕府は速やかに咸臨丸派遣を実行したが、明治政府が明治丸を派遣し「小笠原島諸規則」を布告するまでには多くの時間をかけている。そこで明治政府がなぜ明治丸派遣に時間を要したのかを検討することで、明治政府が小笠原諸島の問題をどのように認識して、どのような対応をとったのかを追っておきたい。

まず、明治二年（一八六九）に外務権少丞宮本小一は、小笠原諸島の実態を以下のように問題視し、建議書を出している。

小笠原島之儀旧幕府之節官吏差遣粗開拓之手順相整候処、入費不差続、加之幕吏之論一定不致より遂ニ其業半途ニ而廃止ニ相成、今以依然旧ニ依り候事と奉存候、然る処同島之義は皇国御版図之内ニ属し候儀は相違無之候得共、年来米国鯨漁人等ニ先鞭を被為着、此儘打捨被置候ハゞ、弥主客之弁を失候様相成、実以御国辱と奉存候[*11]

宮本は「皇国御版図之内ニ属し」ながらも、アメリカの捕鯨猟に携わる船員たちが小笠原諸島の「主」となっている実態を訴え、幕府による小笠原開拓を主導した小花作之助の経験を活用し「早々開拓之御手を懸させられ[*12]」るべきと主張する。しかし、これは「外務卿沢宣嘉へ出ス、宣嘉携テ太政官ニ呈ス官納メテ後可否ノ沙汰モナク其儘ニテ今日ニ暨ヘリ[*13]」とあるように、実現することはなかった。

また、小笠原開拓の必要性を論じる建白書は民間からたびたび出された。明治三年（一八七〇）、民間の医師である谷暘卿は、同志らを父島へ派遣・調査を行い、「私一身而已ならず多く人民を移住なさしめ開墾[*14]」する許可を求めた。しかし、谷らの建白を受けた民部省は、「皇国の版図に候ても所謂無人嶋にて一箇も皇国人住在土着致候に無之、然に右体各国人種営屋雑居の処突然開拓相創候ては各国条約旨趣叶否に関係し些少の事より嫌隙相生し、大事の不都合を引出し候ては無詮の儀に候[*15]」と父島等に住む欧米系島民の扱いを注視し、条約に関わる対外関係に差障りが生じることを恐れ、外務省に問い合わせた。

これに対して、外務省は太政官弁官へ小笠原諸島の扱いについて以下のように具申し、民部省への回答を検討している。

小笠原島は皇国の版図に相違無之候処、南洋懸隔の孤島にて船路往返不容易土地産物の所得を以開拓船費等に引当候得は、其仕法の精粗巧拙により或は出入不相償損失勝にて旧幕府の節度々其挙に及候得共何れも中廃いたし候趣に御座候、乍去外国人は鯨猟其外薪水等のため必由の地にして年来住居いたし居候者も有之、此上打捨置候ては主客換地銘実共失の患無之とも難申、且後来鯨猟御仕出或は南洋諸大洲へ御開手相成候には、同島幷其附近ラドルネ諸島は航路枢要の地とも被存候間、何卒早々御処置有之様仕度、然るに政府にて御手を下され候ては莫大の耗費を生し候而已にて実効薄く即旧幕の失算を踏候姿に可相成候間、同島は西南諸藩の内へ管轄被仰付開拓の諸費諸得とも惣て御委任相成候は丶、処事親密にて永続の規模相立可申被存候、一体同島は伊豆七島に属候義に付韮山県管轄にて当然に可有之候得共県の力にては行届兼候場合も可有之、依て諸藩と申上候事に候、右の趣可然筋にて其藩一定候は丶、土着の外国人処置方等は当省へ伺出候様被仰付度候、此段申上候也[*16]

このように、外務省は小笠原諸島の開拓が必要であることを認識しながらも、政府主導の事業として行わない方針を示した。すなわち、「谷暘卿に不限有志輩有之候は丶速に手を下させ」[*17]たいとして民間による開拓を進め、その管轄官庁は韮山県や西南諸藩に請け負わせ、欧米系島民の対処については外務省が行うことを具申したのである。この外務省方針は民部省へ伝えられたが、小笠原諸島を管轄すべき「西南諸藩」が明示されていないことから、民部省はさらに外務省へ問い合わせている。

しかし、外務省側の回答は「差当何れの藩え命し可然との見込は更に無之候、尤谷暘卿其他有志の者とも追々及献議候義も有之、右等に御命相成候とも可然候、何れにも其儘打捨置候ては外国人も雑居いたし居候得は自然主客名実混淆の姿に立至り可申哉と懸念致候より弁官え伺出候迄に有之候」[*18]と応じ、外務省が具体的な施策を提示したわけではなかった。明治三年はこのように進展することはなかった。また、同五年、琉球藩設置にあたり、小笠原諸島を琉球藩の管轄下に入れるという動きもあったが、『小笠原島記事』には理由が明記されていないが「小笠原島ノ事件ハ可否ノ御沙汰モ無カリシナリ」[*19]とあり、頓挫していた。

このような状況下、谷らが建言した日本人の渡島・開拓とは異なる方法で小笠原問題を解決しようと試みる動きが捕鯨会社の設立である。

明治六年六月、岐阜県貫属平島正彪らは「外国鯨漁法ヲ実検シ其大利益アル事ヲ熟知」し、「会社ヲ結ビ早々取掛リ申度」と願い出た。[20] 彼らは西洋式捕鯨漁によって収益を得て、小笠原諸島の開拓資金を確保しようという目的の下、「開洋社」という捕鯨会社を設立しようとしたのである。この申請書では「文久ノ度旧幕府開拓移民ノ手始ヲ開カレシカドモ開拓の費財ト有益ノ利得ト比較スレバ出財ハ今日ヨリテ入財ハ何時ヨリトノ目算立難ク遂ニ廟議一変シテ廃止スルニ至レリ、今有志ノ徒ヲ募リ財ヲ聚メ開拓ニ手ヲ降ストモ固ヨリ烏合ノ出財不足ニ至再ヒ聚メン事難カルヘシ、今世上一般利ヲ先ンスル人情迂遠ノ利潤ハ人気ノ帰シ難キ所ナレハ姑ク開拓ハ後ニ延べ捕鯨ヲ先ニ開業セハ眼前ノ利ニ心勇ミ招カズシテ衆ヲ募リ本資ノ出金遄ニ成功スヘシト議ス」[21] とあり、収益の無い政策は継続困難であるという前例として文久度の開拓は認識され、解決策として資金と労力を集められる西洋式捕鯨を考えたのである。当時、小笠原諸島を回収したところで、それに見合った収益が得られるかという点が官民ともに最大の課題として理解され、政府が積極的に回収しようとしなかった理由もここにあったのである。

2　明治政府と小笠原諸島

明治三年ごろから論じられた民間による開拓は結局のところ、実行に移されることはなかったようであり、[22]「皇国の版図」としながらも日本人が居住せず、欧米系島民の自治のみであるという状況は続いていた。しかし、こうした状況に困惑していたのが横浜税関であった。租税権頭の中島信行は明治六年（一八七三）一月と二月に続けて、小笠原諸島の扱いについて陸奥宗光租税頭へ照会した。

中島は以下のように、小笠原諸島の現状に関する問題点を指摘する。

小笠原島（一名無人島）の儀は旧政府の節、御国に属する明証有之、屢降手の義も有之候よしの処、当時は如何の御扱に可有之哉、若し御国内に属する義に候得は不開港場の義に付外船碇泊いたし候ては条約面に対し不閣義に可有之且又其島人の貨物出入に付ては御国内外の差別を以収税の方則も異り候義に付、其辺如何相心得可然哉、逐々税法更正の秋に当り了知致し置不申候ては差支候[*23]

つまり、小笠原諸島が日本であるとするならば、小笠原諸島は開港場とされていないので条約に背馳する事態になる。また、小笠原諸島を国外とするか、国内とするかによって、貨物に対する収税方法も異なる。明治三年とは異なり、明治六年の小笠原問題は現実の問題として表面化し、具体的な対策を求められたといえる。

これに対して明治六年三月一〇日付で井上馨大蔵大輔は小笠原諸島を「隔海の小島にて他年物産増殖し有益の見込も無之候間、先つ度外に被為差置候方可然存候[*24]」と述べた。大蔵省の主張する「度外」という措置が小笠原諸島の放棄という考え方であるか、あるいは特に政府として何らかの措置を講じることなく、現状維持を意図したものであるかは言及されていない。ただし、大蔵省の意見に対して、同年五月末に外務省が見解を示し[*25]、この見解から大蔵省の「度外」について推測することはできる。

外務省は「只度外に措くと為す時は外船彼の島嶼へ向け出帆を願ふとも又彼地より物産を積来るとも是を黙許して輸出入せしめざるを不得是れ甚快然ならざるのみならす[*26]」としていることから、大蔵省の「度外」とは放棄ではなく、特段の対策を講じないという現状維持という意味であることがわかる。外務省は「将来の有為に関し候間同島開拓樹殖等の義は暫閣措すとも差向韮山県管轄となし、判任官一両名差置、十分の体裁を張らす、只衣食の需用を足すの目的[*27]」程度であれば、大蔵省が問題視している経費についても解決でき、かつ「度外」ではなく、日本の管轄下におくことができると提案したのである。このように外務省は明治三年時と同様に韮山県管轄を主張した。韮山県管轄案は外務省と大蔵省の折衷案として、有効な対策と考えられていたのである。

しかし、この意見書には貼紙が付されており、新たな視点で問題が論じられていることに注目したい。この貼紙には領土という観点から大蔵省の「度外」論に対して「利害云々ノ説ハ擱キ当今我国ノ属ト自ラ思而已ナラス外国人迄モ左承認スル処ノ地ヲ差立タル故障モナク自ラ捨テ度外ニ措トハ抑何ノ意ソヤ解シ難シ[*28]」と厳しく批判している。これまで採算性を最大の課題として小笠原島回収を躊躇あるいは静観していた考え方を変換させたのである。上記の貼紙は「韮山県管轄トシ判任官両人位差置云々ニテモ可然歟ナレトモ先彼諸島ハ暫時海軍省ノ所轄地同様ニ[*29]」することを具体的な解決策として提案する。

この貼紙の作成者は明記されていないが、同年八月に副島種臣外務卿の名で「同島開植の事は暫く閣き当分海軍省にて為取扱[*30]」と海軍省の管轄を主張した意見書が出されていることから、貼紙の作成者は日清修好条規締結のために三月から清国に差遣され、七月に帰国した副島の見解を反映したものと推察できる。

副島は幕末期に「万国公法なども吾が流儀で亜細亜流儀に合はして読ん[*31]」でおり、普仏戦争時の際にも、日本の対応について万国公法に基づく助言をしている。[*32] また、副島は「樺太を日本に取ると宜くないちうことは、パークスが日本の政府に忠告して居つたが、併し私は今取つて置かぬと後悔すると思ひ、又取つて置けば引き潮の時は黒龍江に陸渡りがさるゝだらうと思つて居つたから、どんな事をしても取らなければならぬと決心した[*33]」と回顧しているように、領土は最大限確保すべきという考え方があった。当時、日本と清国は琉球をめぐり緊張状態であり、樺太では日本人とロシア人の衝突が繰り返されていた。一方で、琉球および樺太の場合と異なり、小笠原諸島は太平洋の孤島であるという点から隣国との係争地ではなく、国境画定の必要性に迫られていない状況であった。明治政府において必要に迫られない状況下においては、万国公法的発想が浸透していなかったともいえる中、副島の意見書は明治政府における万国公法理解を深化させたのである。ただし、「明治六年一〇月の政変」により副島は下野し、海軍省管轄案が実現することはなかった。

再び、小笠原島回収問題が動き出すのは、同年一二月、「同島は日本政府の所属なる歟の旨、英公使より中立の儀も有之候間旁速に御評議有之度[*34]」と外務省から岩倉具視右大臣へ照会があったことからであった。この外務省の要請に対し、岩倉は「今後相当之施設ヲ以テ島民撫恤土地取締及船艦往来之規則等ヲ相立漸々殖民漁塩種芸を始土地適宜之利益ヲ興シ全島羈縻ノ術ヲ被為尽候御旨意」[*35]として大蔵省・海軍省と協議するよう指示を出した。

これまで見てきたとおり、小笠原諸島の回収は経済的利益という観点から実施の可否が論じられたが、副島の意見以後、利益の如何にかかわらず、「全島羈縻ノ術ヲ被為尽」として現状を改める必要性が認識され、一つの画期を迎えたのである。

3 欧米系島民への対応

小笠原島回収問題に対して受動的な政策から「全島羈縻ノ術」という政策へ転換したが、この「羈縻ノ術」が実際にはどのような施策であったかを以下で検討する。

明治七年一月、外務省は「昨年八月前外務卿副島種臣より建白の通」と海軍省管轄案を具申し、かつ「外交に関せる事務は本省職掌に候得共同島処分の儀は即今内務省の主任」[*36]と論じ、これまでの外務、大蔵、海軍の三省に加え内務省も入り、同年三月九日に小笠原島回収問題が四省で協議された。[*37]

この四省協議の結果、三月一三日に内務省は上陳案を取りまとめ、外務省の意見を聴取している。[*38]この上申案では「迚モ物産繁殖利益有之候見据ハ無之」[*39]という従来からの認識がありながらも、「米国水師提督ヘルリ本邦渡来之砌、暫ク此島ニ碇泊シ内地之動静ヲ覬覦イタシ候儀有之、海防至要之地トモ可申且当今海軍皇張ニ付而ハ海軍休憩場ニ御備置相成候ハヽ、便利之筋モ可有之候間、利益無之迚断然及棄着候モ遺憾之至ニ有之候」[*40]と軍事上の必要性が提唱された。また、「仮令眼前之利益無之共可成丈費用節減全島羈縻之術ヲ被為尽候得ハ左迄巨多之御失費モ有之間敷」[*41]とあり、「羈縻ノ術」の必要性を論じている。

ところで、この上陳案には簡単に小笠原諸島の沿革があり、現状として「此節ニ至リ米人ピールス当島占居罷在候趣ニ有之候事」[*42]と記されている。この「米人ピールス」は、それまで小笠原諸島の自治を担っていたナザニール・セボリーに代わる存在として頭角を現し始めたアメリカ人ベンジャミン・ピース（Benjamin Pease）のことである。[*43]

大熊氏によるとピースは「しばしば小船によって父島（ピール島）の二浦港（ロイド港）と日本の横浜港や中国の港の間を往来して、物資を買入れこれを島民に売っている」[*44]人物であった。明治六年四月二三日、ピースは駐日アメリカ公使デ・ロング（Charles E. Delong）に面会を要求し、応対したデ・ロングに以下のように述べたという。

彼島現今誰主宰スル者モ無ク島合ヲ以テ村落ハナセドモ土地ヲ何レノ管轄トモ定メザレバ住民ノ保護ヲ何レヘ仰カンヤ是住民ノ安堵ヲ得サル所以也、故ニ住民過半疑惑ヲ懐キ惟気運ヲ揣リテ一日モ晏然タル事ナシ因テ今般己ニ委托シ貴下ニ就キ自今ノ注目及方嚮ヲ問諦メ永ク全島安堵ノ基礎ヲ定メント商議ス其事情黙止難ク嗾カサレテ波濤ヲ凌キ則此地ニ航リ来レリ宜ク島中窮迫ノ情実ヲ洞察シ安撫ノ処分ヲ請フ[*45]

これに対してデ・ロングは、ピースの言う状況に同情を示しながらも「一己ノ所存ヲ以テ指揮スベキ事件ナラネバ同日幸ノ便ヲ得テ旨趣ヲ本国政府ニ上陳シタリ」[*46]と本国へ判断を仰いでいた。このピースの一件は同年八月にデ・ロングが副島を訪ね、本国政府へ問い合わせたデ・ロングの書翰と米国政府からの回答を副島に見せ、アメリカは国家として小笠原諸島を統治する意図はなく、小笠原諸島に住むアメリカ人に対しても特段の保護はしない旨を明かしていた。

デ・ロングの情報によれば、ピースは「同氏の手を経同島を以米国属島に致度」[*47]との意図があったということであった。一方、明治七年三月一三日の上申案では日本は「当嶋委捐イタシ候筋ニハ無之候得共、尓来数年間一切之ヲ不問ニ措候事故本邦政府十分所有之権有之トハ難申」としつつも、「米人ピールス儀ハ米国ニ於テ属籍無之者ニ有之其当嶋占居罷在候モ米国政府之命ヲ以テ同島ヲ収領イタシ候趣ニモ不相聞且各国ニオイテモ其所有ヲ認許候訳ニモ無之候間是亦十分所有之権有之モノト難申候事」[48] として、両者ともに領有権を主張しがたい状況という認識があったことが分かり、いかにピースと折り合いを付けるかが焦点であった。

したがって、四省協議では「同島之儀ハ当時一定所有之政府無之候間其所有之権ハ能ク島民之望ニ応シ同島取締候者ニ帰シ候儀ニ可有之候事」という指針の下、「一ト先伊豆七島測量之名義ヲ以軍艦御遣シ相成同島之形勢御探索」[49] して、小笠原諸島に対する施策を定めることになった。明治丸派遣はこのような背景のもとに計画されたのである。

また、四省は予想されうる調査結果に応じ四ヵ条の対策案を作成した。まず、島民が日本の統治にとくに異論を唱えない場合の対応は第一案として「直ニ仮庁ヲ建出張官員在勤被仰付可然」とした。この想定の根拠には、文久度の回収時において島民の反応が「絶海之孤嶋往々盗賊及ヒ軍艦鯨漁船等之暴行ニ逢遇セシ事有之候ヨリ大ニ日本政府ニ依頼悦服罷在」[50] と好意的であったことに拠っている。

一方、ピースが自身の既得権を主張し、日本による統治を拒んだ場合を想定し、以下の通り、対策を検討している。

〔第二案〕（＝〔　〕内は筆者による、以下同じ）一　ピールス儀如何之人物ニ有之哉予メ臆度難致筋ニハ候得共新聞紙之趣ニ而者相当尽力罷在候模様ニ付万一同島ヲ本邦政府ニ而着手候儀ヲ相拒ミ候ハ、精々説諭之上開地ハ其侭所有為致御用地之分ハ相当代価ヲ以御買上相成且時宜ニ寄日本士官ニ申付一ヶ月百トル位之月給ヲ差遣シ可然存候、同人儀ヘ米国前公使デロンク本邦在勤中同島ヲ米国属地ニ致度旨申立候ニ付テロンクヨリ米国政府ニ中立候処政府ニ而ヒールス儀ハ本邦民籍在名之者ニ無之旨申越候趣伝聞イタシ候儀モ有之候ニ付前文之通取斗候ハ、踊躍従命可仕哉ニ存候事

〔第三案〕一　ピールス猶本邦政府之着手ヲ相厭苦情申張到底着落難致候ハ、一万円以下之金額ヲ以テ全島御買上相成可然存候事[51]

また、第四案は「一　案外米国其他之政府ニ而着手罷在候様之儀モ有之候ハ、彼地形勢篤ト取調帰国状陳之上何分

之御措置有之可然存候事[*52]」とあり、この場合、具体的な対応は現地で判断しないとした。

これらの案に対し、明治七年三月三一日に外務省は意見を付し、内務省へ回答している。注目すべき点は当時、日本とロシアで係争中であった樺太問題との連動性を外務省が指摘したことである。先の対策案において、ピースが日本の統治下に入ることを承諾しない際、最終的な解決方法として、「一万円以下之金額ヲ以テ全島御買上相成可然」としたことに対して「仮寸地ト雖外国人開拓之地ヲ代価ヲ以テ買受ルハ土地管轄之有無ニ関シ不都合ナリ、若寸地ヲ買得ハ全島買受クルモ理ハ同ジ〔中略〕且全島等之銘義ハ柯太ノ事ニ付魯西亜ノ口実トナル事アルトキハ一小島ヨリシテ害ヲ引ク例トナルベシ[*53]」と指摘した。このため、買収以外の方法が必要となり、明治七年四月二五日付内務卿木戸孝允の名で、外務、大蔵、海軍の各省に回された案では変更部分に掛ケ紙が付けられ「ピールス猶本邦政府之着手ヲ相厭苦情申張候トモ他之外国人故障無之服従イタシ候節ハ着手仮庁取建等之処分仕可然存候事[*54]」と書き換えられることになった。これまでは現地支配者であるピースに対する懐柔策であったのに対して、ピースの意向はどうあれ、他の島民全体の意向を盾に日本の統治にむかう方向に移行したのである。

さらに、この案は五月一二日、外務省から提出されたものでは「ピールス説諭方は前条の通に有之候得共他島民共本邦政府の保護を仰可申所望有之候得は一人の苦情には不差構仮庁取建官吏差置候等着手の開端処分可致候事[*55]」と変化し、この代案はピース個人の主張を超えて、日本による「島民の保護」を断行する必要が唱えられるようになった。

一方、外務省はこの五月の案に「ヒールス氏ニ公然日本政府ヨリ同島ノ長官タラシメハ同氏ノ名誉ニモ関シ却テ不都合尠カル可シ[*56]」と付箋を付け、ピースを小笠原諸島統治の長官に任用することには好意的であった。しかし、この外務省の付箋に対して、内務省は「ヒールス儀幷他ノ外国人ニテモ同島長官ニ申付候儀ハ如何可有之哉此竟実地ノ模様ニ寄不得止場ニ出候事ニテ敢テ希望候筋ニモ無之候様被存候間、先此度着手ノ際暫ク御附紙ノ趣ハ除キ置キ彼地へ一応出張為致、実地ノ事情考察ノ上追テノ御治定ノ方可然ト存候[*57]」と意見した。内務省の見解に対し、外務省は六月八日付で「ピールス或ハ外人ヲ以テ同島長官ニ申付候儀ハ実地ノ形況ニヨリ候儀ニ而即今ヨリ予定致スヘキ訳ニモ有之間敷旨御尤ニ存候[*58]」と回答し、内務省の意向に沿うかたちで決着がついたのである。ピースの長官任用については、三月九日の当初の段階から出されており、それまで内務省はこの点を問題視してはいなかったのである。

このように明治七年三月下旬から外務省はピースに対する懐柔策ではなく、「島民の保護」を唱え、さらに内務省はピースの長官任用に対し異論を唱えるといった方針の転換が行われ始めたのである。

4　台湾出兵と小笠原諸島政策

それでは、なぜこの転換が生じたのかを分析したい。この転換の背景には、小笠原諸島と樺太問題を関連させて論じていることからも分かるように、明治政府が小笠原諸島問題を一地方の問題という認識から、国境画定という国家の問題に認識が変わっていった過程がある。ただし、小笠原諸島問題は、琉球・樺太と異なり緊急性が低いため、明治政府も抜本的な解決姿勢をみせたわけではなく、各省においても回答が遷延気味であった。しかし、明治七年になると加速度的に小笠原諸島調査の実現、「島民の保護」、ピースの長官任用の不可といった、具体的な施策を提案し、日本政府による島の実質的な管理を目指すようになる。この変化が生じた要因に台湾出兵があったものと思われる。

台湾出兵とは明治四年（一八七一）、遭難した琉球漁民が台湾の部族に殺害された事件を発端に、明治七年（一八七四）、日本が台湾に向け出兵した事件である。台湾出兵は、国内では政府内における意見の不一致、対外的には清国との開戦危機に発展した事件である。

さらに、イギリスをはじめ欧米各国からも台湾出兵は問題視される。当初、この出兵にはアメリカ・イギリスの船舶を傭船し、また指揮官には台湾の部族と交渉経験があるアメリカ人を雇用する計画であった。しかし、明治七年四月、駐日イギリス公使パークスは清国が台湾出兵についてどのような見解を持っているかが明らかになるまで、イギリス臣民が台湾出兵に関わることは認められないと主張した。また、この計画を英字新聞「Japan Daily Herald」で知った駐日アメリカ公使ビンハム（John A. Bingham）は明治政府に対し、アメリカ船の傭船中止を求めた。明治政府内では、想定していなかった事態に出兵中止を検討するほどの打撃であったが、西郷従道都督が出兵を強行し、実施に至っている。先行研究においてはパークスの行動は清国に多く権益を保持していたイギリスが不利益を被るという見通しをもっていたため、干渉することで出兵を中止に追い込もうとする意図があったとされている。また、アメリカやその他の欧米各国もイギリスに追随するかたちで局外中立を表明したと考えられていた。[*59]

しかし、拙稿[*60]で明らかにしたように、パークスの中立は、清国が台湾を自国領として認識しているのか、日本の出兵を清国はどのように捉えているのかが、確認できていない以上は自国民を関与させることはできないという意思表示であり、逆に清国が台湾を自国領と考えておらず、領土侵犯ではないと判断した場合、あるいは台湾を自国領として認識していたとしても、日本の出兵が清国に対する敵対的行為ではないと清国が認識していた場合、パークスは日本の出兵およびイギリス臣民の参加を阻止する権限は自らにないという考えを持っていたのである。また、英字新聞「Japan Daily Herald」は日本の出兵にアメリカ人が同行する行為は、清国とアメリカとの修好条約に反する、万国公法上問題のある行為であると批判した。駐日アメリカ公使ビンハムはこうした批判を受け、アメリカ人の関与を差し止めたのである。このようにイギリス、アメリカをはじめ、英字新聞の論調は万国公法を共通の前提としていたのである。

一方、欧米各国から文明国として認識されることを目指していた日本は、すでにマリア・ルス号事件で万国公法に基づき処置を行い、「僅に世界諸国の伍班に加はりたる我邦が、此人道問題をも含みたる争議に於て勝利を制したるより、一箇独立国たるの体面を鞏固にし、且つ世界の賞讃を博せり[*61]」と副島種臣が回顧したように、日本が万国公法を基盤とする姿勢であることを示すことで、文明国であることを内外に示そうとしていた。同様に台湾出兵も、その実施から清国との交渉・解決に至るまで万国公法の論理を用いたものであった。明治六年(一八七三)、副島種臣が特命全権大使として渡清した際、琉球漁民殺害事件に対する責任の所在を清国に問い合わせた。この時、清国は台湾が「化外」であり、清国が責任を負う必然性はないと回答し、これを論拠に日本は化外である台湾は、すなわち「無主地」であり、出兵した場合、清国に対する敵対的行為、領土侵犯には当たらないとも論じたのである。台湾出兵においても、日本も万国公法を論拠として、外交交渉を行い、イギリスなど欧米各国も日本のそうした姿勢に応じていたのである。

ただし日本は万国公法に基づいていたはずの台湾出兵が欧米各国から非難され、妨害されたという認識が強く残ったことも事実である。台湾出兵による政府内の混乱、清国と開戦の可能性も排除できない状況へ展開したこともあり、小笠原諸島問題は後回しにせざるを得なかった。しかし、こうした日本の台湾出兵経験が小笠原諸島問題を急速に進展させる動機になる。

台湾出兵問題解決後の翌八年(一八七五)三月一八日、改めて小笠原諸島問題に対処するため、明治七年から審議された「小笠原島着手方略四省合議案」の再確認が内務省を通してなされた。[*62] このように小笠原諸島問題は再び解決に向けて動き出すことになったが、明治七年八月の段階で、四省の合意が得られたはずの「四省合議案」に対して大蔵省から「見込書」という形で異論が出されたのである。

大蔵省は「見込書」において「他事ニ托シ其実ハ同嶋ノ実況巡視偵察ノ為メ諸官員乗艦発遣セン事最不可然」と主張し、「四省合議案」中にあった「伊豆七島其外測量ノ名ヲ以テ一艦御発遣」に対し異論を唱えた。大蔵省の要望としては「殊ニ各国公使モ在留致シ居候ニ付、今般同嶋処分可及事条等公明正大各公使へ御告知ニ相成リ、彼ヨリ異議申立候ハ、同嶋ノ来由等事理明白ニ弁解説諭致シ、彼屈伏異議無之上諸官員渡嶋着手相成候様ノ手順ニ致度」[*63] というものであった。

この「見込書」には大蔵省が異論を唱えた背景が示されている。大蔵省は駐日イギリス公使から小笠原諸島の所属について、しばしば問い合わせがある理由を「畢竟数十年間何等ノ御処分モ無之被指置候ニ付不用ノ地ト見做シ候ためであり、「殆ト支那ノ台湾ニ於ルガ如キ形勢ニ相成居候地ニ有之」[*64]と指摘する。小笠原諸島の状況が台湾のそれと同様であるとする考え方は注目したい。前述のように、台湾出兵が欧米各国から問題視された点は、日本が台湾を「無主地」と見做し、欧米各国と見解が相違した点にあった。それゆえに清国の対応を見極めようとイギリス・アメリカは自国民の関与を差し控えさせ、台湾出兵の計画に影響を及ぼす事態にまで発展したのである。

すなわち、「一応の告知も不致発艦渡嶋の上名実相反し」[*65]本来の目的である小笠原諸島調査を隠すような行為は、台湾出兵同様に欧米系島民の本国にあたるイギリスなどの各国に対して、意思疎通をしないまま、小笠原諸島に官員を派遣することになると主張する。その場合、台湾出兵同様に欧米各国から批判されることを大蔵省は危惧したのである。また、「旧幕府ニテ開拓着手ノ時スラ公然各公使へ告知ノ上ニテ水野筑後等渡嶋致候処其節迚モ、英米公使ヨリ彼是異議申立候」[*66]と文久度の回収を先例として、「其後十数年間官吏ヲモ不被遣、漠然御指置相成候今日ニ至リ候テハ尚更異議申立候ハ無論ト」[*67]して、欧米各国から何らかの異議がある可能性を示唆した。したがって、「公然各公使へ告知ノ上信義ヲ同盟国ニ不失様其順序ヲ追ヒ御着手相成候方至当ノ儀ニテ且ツ如此スル時ハ其業モ成シ易ク又速ニ其功ヲ奏候様可相成」[*68]と欧米各国公使に理解を求めることが得策であると主張した。こうした捉え方には、台湾出兵問題時には台湾蕃地事務局長官であり、この時、大蔵卿であった大隈重信の影響が大きかったと思われる。大蔵省の意見は大隈の経験に裏打ちされた問題提起であったと考えられる。

大蔵省の異論は内務省を通して、外務省に回された。「明治六年一〇月の政変」による副島の下野後、外務卿に就任し台湾出兵時における関係各国との応酬を負ったのが寺島宗則である。大隈と同じく台湾出兵時の難局を経験している寺島の下にあるにも関わらず、外務省は大蔵省とはその視点を異にしている。外務省は「大蔵省の所議に依れは該島の果して吾有たるや否を自信する能わさるに因り先つ各国公使に諮り候て後従事可致と台蕃の支那に於るに比し候へとも台蕃を処分する支那より手を下すに各国於てこれを非難いたし候理差て無之、乃ち小笠原島も亦同然の義に候へは我方於て着手するに付て各国公使に諮訊可致所謂無之」[*69]と四月一九日、内務省に回答する形で反論する。すなわち、清国が台湾に対して何らかの措置を執った場合、欧米各国がそれに対して容喙する正当性はないはずであり、同様に小笠原諸島へ調査団を派遣したとしても、欧米各国が日本に対し抗議するだけの正当性はないという見方を示した。

ここで両者の視点の違いが明確になる。大蔵省は「日本が台湾に出兵したとき」と「日本が小笠原諸島に調査団を派遣した場合」を比較する視点で異論を唱えたが、外務省は「台湾と清国の関係」と「小笠原諸島と日本の関係」を比較した。つまり、この時の日本が置かれた立場を台湾出兵時の清国の立場に仮託して、外務省は大蔵省に反論したのである。

また、外務省は文久度の回収時、幕府は欧米に回収実施を告知したに過ぎず、大蔵省が求めるような調査団派遣の可否などを諮問していなかったと述べた。文久度の回収に際しては「英米両公使よりも其島中に在る属民の事に付論弁候義は有之候へとも是は只其居民の一身上に関し候迄の事にて我該島を支配する権利に於ては隻詞片言の否論申立候者無之」[*70]と、イギリス等が意見していたのは島民の扱いであり、日本の統治に対する疑問を呈しているわけではないという見解を外務省は示した。

このように、外務省は欧米各国に告知することに消極的であった。当初、「四省合議案」において「伊豆七島其外測量の名を以一艦御発遣」とした理由は「ピールス占居の体も全く新聞紙或は伝問（聞カ＝筆者注）の説のみに御さ候て事実の処分明に無之間一概の臆度懸断候て意外の不都合可有之も難計」[*71]というためであった。さらに言えば、「案外米国其他の政府にて着手罷在候様の儀にて確乎たる官庁取建保護の道相立居候様子に候へは其実況篤と取調[*72]」る必要性も考慮したように、すでに小笠原諸島が欧米諸国の保護下に入っていた可能性も想定されていたのである。

台湾出兵時、駐日公使パークスが指摘していたように、台湾が清国領という一般的な認識があったため、日本の出兵は領土侵犯の可能性があった。小笠原諸島に関しても同様に領土侵犯の可能性を外務省は当初においては考えていた。しかし、パークスとの折衝を通じ、統治の正当性について自信を得たことにより、大蔵省の「見込書」に論駁したのである。このように両省は同じ台湾出兵時の経験から異なった見解を導き出したのである。

外務省の回答に対し、大蔵省は五月五日付けで再度、反論を行う。このとき、大蔵省は改めて文久度の回収以後、「数年間何等ノ御処分モ無之漠然被指置候儀ニ付随テ外国ノ辞柄ト相成候儀モ不少到底我国所属ノ名アリト雖モ風化ノ光被セサル殆ント其実ナキニ似タリ[*73]」と実効支配がされていない点を重視した。まず四月一九日付で外務省が回答した「台蕃を処分する支那より手を下すに各国於てこれを非難いたし候理差て無之」という論法を「畢竟支那ノ台湾島ニ於ケル如キモ其所有ノ権利判然致居候ハ、其処分ノ儀ニ付支那政府ヨリ如何様ノ処置致シ候トモ外国政府ニ於テ敢テ一言ノ異論無之筈ニ候得共、我国ヨリ支那国ニ向テ其所有ノ権利ヲ争ヒ得シ者ハ全ク其名アリト雖モ其実ナキニヨリ候[*74]」と大蔵省は反論する。台湾の所属が不明確であるがために、日本は台湾出兵を行ったのであり、翻っていえば「小笠原島ノ如キモ我国所属ノ名アリト雖モ其実ナキニ至テハ相異ナラサルヘ」き状況であるため、日本が台湾の領有について疑義を呈して、出兵したのと同じ事態が考えられるとした。したがって、「今般該島御処分相成候儀ニ候ハ、着手ノ大小緩急ヲ不論一応各国公使ヘ御告知相成候上公明正大ノ御処置有之度左候ハ、自然外国政府ノ嫌疑モナク随テ彼是異議申立候様ノ儀モ少カルヘク御処分ノ為メ却テ御都合ノ儀不少事ト存候[*75]」と、大蔵省は小笠原諸島と関係がある欧米各国に事前通告し、欧米各国との摩擦を避けようと主張した。

台湾出兵では、万国公法上の無主地と先占取得が出兵の理論的支柱となり、「無主地」台湾に対し「文明国」日本が出兵し統治することは正当であるとして、欧米各国・清国に主張した。しかし、この論理を小笠原諸島に敷衍するならば、「無主地」小笠原諸島に、「文明国」である欧米諸国がその支配を確立しようと行動を起こしたとしても問題はないことになる。大蔵省が指摘したように「数年間何等ノ御処分モ無之漠然被指置候」[*76]という状況を前に、これまで文久度の回収を根拠に「皇国の版図」を主張していた日本は、台湾出兵を通して、改めて実効支配の重要性を認識したのである。

5　イギリスの動き

こうして明治八年（一八七五）九月二四日付で内務、外務、大蔵、海軍省から三条実美太政大臣宛に出された上申書では「ピールス占居ノ模様等モ不分明ニ付一概ニ臆度而已ヲ以著手モ難相成ヨリ実地偵察ノ為メ官員出張為致候義ニ候得ハ予メ各国公使へ談判可致筋ニ無之、尤外国人多数住居候ニ付テハ全ク報知不致訳ニモ相成間敷候間何レニモ官船ノ艤装相整解纜ノ日限略相定リ候上ニテ致報知度存候」[*77]とあり、外務省の主張を認めつつ、一方、欧米系島民への配慮という意味で大蔵省案が採択された。また、「四省合議案」では、「島民共本邦政府の保護を仰可申所望有之」という状況であれば「仮庁取建官吏差置候等着手」することが決まっていたが、明治八年一〇月には、「若住民おゐて故障等有之候節は空敷冗費に相属し候間此度の義は一応探偵而已」と変更し、早急な庁舎の建築は行わない方針に定まった[*78]。この変更は欧米各国に事前通告することで、既成事実を作り上げる必要性が減じたために想定することが可能となったといえよう。

上記のように外務省と大蔵省で議論がされていた一方で、駐日イギリス公使パークスも日本の小笠原諸島問題に関心を寄せていた。パークスは数度にわたり、寺島らと小笠原諸島問題について対談し、この会談のなかで、パークスはしばしば日本が「皇国の版図」とする根拠の薄弱さを指摘する。

まず明治八年六月八日、パークスと寺島の会談上、寺島が「十ヶ年前歟我官員を派遣し一応取締方に手を付候」と述べたところ、パークスは「夫は英国も同様、英国は既に旗章も揚置候、其後米国も同様且露国もありし」[*79]と応じ、かつて文政一〇年（一八二七）のイギリス船、嘉永六年（一八五三）のペリー艦隊、文政一一年（一八二八）のロシア船の入港を指し[*80]、単に船舶が該地に往来するだけでは、先占取得が認められるわけではないことを寺島へ指摘した。しかし、パークスは「弥貴国の属地と為事は琉球より安し併第一属地に至るに難からん」[*81]と述べ、日本が小笠原諸島を統治することに対して、抗議したわけではなかった。

また、同年一一月二日の会談で寺島が「是迄ノ手続モアリ又近島ノ儀故我管轄島ト定ムルナリ」と発言すると、パークスは「近嶋ナル故属地ト定ムルトノ説ハ難当候、若シ遠近ヲ以テ属否ヲ定ムルナラハ琉球島ハ支那ノ属地ト云フモ可ナラン」[*82]と再度反論している。ただし、このときも「貴国ニテ御所轄相成候ハ、他国ヨリ異論ヲ申立間敷候」[*83]と日本が小笠原諸島を統治することには異論がないことを伝えたのであった。いずれにしても、外務省は「皇国の版図」と主張する際に立脚していた文久度の回収が、薄弱な根拠であることを、大蔵省の異論とともにパークスとの対話からも指摘された。何よりも実効支配されているか否かが問われたのである。

一〇月二二日以降、田辺太一（外務省）、林正明（大蔵省）、小花作助（内務省）、根津勢吉（海軍省）らが派遣を命じられ、小笠原諸島調査の実現が近づいた。日本の動静に注意を払っていたパークスは、一一月二日、寺島との会談で、日本の調査日程、派遣される船名などを問い合わせ、さらに「同島え行く船へ英人便乞出来候歟」とイギリス人の同乗を申し入れた。寺島が「今日初ての御申出」と驚くほど突然の依頼であり、日本は「未た船の事不決」という状況であったので、「差支は有之間敷併否は拙者不心得」として寺島は確答せずに、会談を終わらせた[*84]。パークスはさらに、同月五日、寺島と再度、会談した際に「同地ニ在ル人民共モ管轄無之故大ニ困却致居候様子ニテ同島ニ在ル我国人ヨリモ度々申来候事モ有之」と述べ、「拙者方ニテ別ニ一船ヲ派出候積ニ付此度ノ便船ハ相願間敷候[*85]」と、先日の依頼を取り下げ、イギリス独自で船を小笠原諸島に派遣することを決めたのである。

このイギリス船派遣の情報は小笠原諸島に派遣される田辺ら官員に伝わることになる。田辺らは「彼（イギリス）軍艦渡島致し万一紛紜を生候儀有之候節に臨み其所属の権利を争ひ候儀は素より私共の権内に無之は無論に有之到底御趣意も貫徹不致、徒に莫大の資用を費し候のみならす外人の嗤笑を招き候」と危機感を露わにしている。寺島らはパークスとの対話書等の記録を田辺ら派遣官員に渡すとともに「彼地於て別に紛紜相生可申懸念は無之筈に候万一紛議相生し候上は其旨復命の上御処置の次第も可有之候間左様承知可有之候[*86]」と伝え、対応策を示した。こうした反応は、イギリスに対する日本の警戒心をよく表している。

ところで、日本が派遣する船名をイギリスに伝えたのは出発間近の一一月一二日であった。これはイギリスに対する警戒感からではなく、船の手配に難航したという要因が大きい。田辺らが小笠原諸島派遣を命じられた同日、大久保利通の名で内務省から海軍省へ船の手配・費用の算定依頼が出された[*87]。しかし、一〇月二八日付の海軍省からの回答は「当省所轄軍艦之儀ハ各室定員ヲ配布シ他客ヲ容ヘキ余室ニ乏敷、四省之官員乗組候程之義ニ至リ兼且運送船之儀ハ修復中其外可然船舶無之候条、三ツ菱会社之汽船御雇入相成候方便宜ニ可有之[*88]」と軍艦派遣不可の回答が返されたのである。したがって、内務省は三菱会社から見積りなどを取り寄せ、検討することになった。一一月五日、三菱会社との交渉を担当した前島密駅逓頭から小花へ傭船の見積り等の明細が提示された。前島は「不相当之見積ニも無之」と述べているが、総計八五二〇円という高額であったためか、「工部省灯台寮所属之汽船借用相成候趣内閣ニ而御評議ニ成候[*89]」と官船の使用を検討している旨も同時に小花に伝えている。同月八日、内務省は三菱会社からの傭船を断念し、翌九日、大久保は工部卿伊藤博文へ船舶借用の可否を問い合わせている[*90]。このような状況であったため、一一月五日のパークスとの会談で、寺島が「未タ其船も不定」と答えることしかできなかったのである。

一二日、工部省は「明治丸横浜帰港之儀問合候処、神戸より別紙之通電報有之、十四日帰港之上荷揚其他調度いたし候ハヽ、十七、八日頃発艦可相成候」と内務省へ報じ、一五日にようやく「来ル廿日午後之乗組、廿一日早天発艦之運」[*91]に決まったのである。明治丸の傭船費用は総額三四八六円であった。こうして一一月二一日、田辺、小花らは、ようやく用意することができた明治丸に乗って、小笠原諸島へ向かうことなった。

この時期の国内について、その様子を伝える書翰が香港副領事安藤太郎宛田中光顕書翰に記されている。田中は「田辺氏も此節無人嶋（小笠原諸島）え船遊山ニ出懸られ申候、富田も先日英国ニ出帆、杉山も無程米国博覧会へ出発之筈也、若朝鮮ニ事あらバ老後の慰ニ出懸度ものニ御座候」[*92]と伝えているが、「朝鮮ニ事あらバ」という言及は同年九月二九日に一報が入った江華島事件を受けたものである。この書翰自体は江華島事件発生から約二ヵ月後の一一月三〇日に書かれている。しかし、「征韓一件日々新聞之論ノ如く不問ニ措ヲ以テ第一上策と存候得共、到底政府ニ而ハ不問ニ措能ハザル様子ニ付、黒田中将問罪（遣韓）使ニ参らル、トカ申事ニ御座候、昨年大久保氏ノ清国ニ於ルカ如く平和ニ談判相付キ人参之一把ニ而も貰ひ帰られ候ハヽ、蒼生之幸福ニ御座候得共、中々そふ云ふ訳も至り申まじく、弾丸硝薬之取遣りニ不相成而ハ結末相付不申事と自今覚悟仕居候」と依然として、江華島事件をめぐって政府内で紛糾している状況であったことがわかる。決して国内外が平穏という状況ではなかったにも関わらず、明治丸が出航したということ自体、小笠原諸島問題が解決すべき問題として認識したという明治政府の姿勢を明示するものと言えよう。

一方、明治丸の出航後、イギリス軍艦カーリュー号（H.M.S. Curlew）が横浜領事ロバートソン（Russell Robertson）を乗せ、小笠原諸島に向かった。この出発前、パークスはカーリュー号艦長チャーチ（Edmund Church）に対し「小笠原諸島に派遣されようとしている日本官員の行程は、最も注視するに値する。彼ら官員が出発するまで、カーリュー号が先行することは望ましくない」と自らの意向を伝えている。ただし、天候不順のため、日本側が一一月二五日以降も出航しない場合はカーリュー号のみ小笠原諸島に行くことも指示している。[*93] 一般に、明治丸とイギリス軍艦カーリュー号が小笠原諸島における覇権を競うかのように、相次いで出航したとされることが多いが、[*94] パークスは、あえて日本の明治丸を先に小笠原諸島に向かわせていたのである。また、カーリュー号艦長チャーチに指示を出した同日、パークスは、横浜領事ロバートソンに対しても指示を送っている。パークスはロバートソンに小笠原諸島にいるイギリス人およびその他の島民の人数と生活の状況を調査することと共に、小笠原諸島における日本の統治過程を監視するように求めた。[*95] この指示に同封されたパークスの覚書にも第一条に日本官員の行程を注視するよう書かれ、日本が島民に対して統治を実行しようとするのかを調査すべき点とした。[*96]

小笠原諸島への調査団を派遣する前、寺島との会談で、パークスは日本が小笠原諸島の領有を主張することに対し、根拠の薄弱さをしばしば指摘していた。しかし、こうした発言やカーリュー号の派遣は日本の小笠原諸島統治に干渉する意図があったわけではなく、また、イギリスが先占取得を主張しようとするものでもなかったのである。実際に、小笠原諸島でのイギリスの行動について田辺は「所属論抔には固より相渉不申、且本島の所属本邦条理は自然黙認致居候様子、聊の葛藤も無之大安心」[*97] と報告しており、田辺のこの報告をもたらしたのもカーリュー号であった。カーリュー号はパークスの指示通り、明治丸に遅れて小笠原諸島に到着し、明治丸より先に小笠原諸島から離れ、同年一二月七日に横浜へ戻る。この際、外務省に宛てた田辺の報告を預かっていたのである。小笠原諸島調査が「我政府の所轄に相定可申見込を以て準備のため差遣候」[*98] と通知して出発した日本に対し、同時期に小笠原諸島で活動しながらも、イギリスが島内で覇権を争う行為がなかったという事実は、イギリスが率先して小笠原諸島を日本の領土として認めたといえよう。

パークスが日本の小笠原諸島調査になぜ関心を払ったのかという点については、翌九年一〇月に寺島から各国公使に宛てて、小笠原諸島の日本統治を通知した際に明らかになる。この通知には「島規則」、「港規則」、「税則」という

「小笠原島諸規則」が添付されていた。この通知に対し、一〇月一九日に行われたパークスと寺島の対談において「該島に数十名の外国人居住致居候処、右は貴国にて管轄被成御見込歟」と問い、寺島が「然り」と答えると「夫は六ヶ敷事と相考候、拙者は横浜在留の領事にて支配致し可然様存候」と応じた。パークスは「若し島中の外国人犯罪の事あらは貴国出張官吏にて捕縛の上、在横浜領事へ通知相成該領事館より出張処分致し可然と存し候、仮令重罪人と雖も貴国官吏の手にて死刑に処する等の事は出来申間敷存し候」と領事裁判権の遵守を求めた。[*99] また、一一月一六日にも再度、パークスは寺島と対談し、「是迄支配する政府無之を其支配出来は宜敷事故、拙者に於て彼是面倒の事は不申候、併支配の至当なるを好み候」とこれまで曖昧であった小笠原諸島の所属が日本領として確定することに賛意を示しており、一方で欧米系島民の既得権が日本によって侵される可能性を懸念していた。[*100]

従来、指摘されていた「植民地主義」的考えをもとにイギリスは小笠原諸島問題に介入していたわけではなく、[*101] パークスが小笠原諸島調査で日本官員の行動を注視するよう要請した目的は、島内にいるイギリス人の既得権保護と日本による統治の容認という二つの意味合いが込められていたのである。

おわりに

これまで見てきたように、国境画定問題において、清国と琉球、ロシアと樺太といった大国と隣接する地域とは異なり、絶海の孤島群であった小笠原諸島は対処すべき優先順位が低い地域であった。豊かな産物が望めないとして孤島群の小笠原諸島に対する明治政府の関心は、当初はあまり高いものではなかった。しかし、明治八年、財政的に厳しく、また江華島事件などの諸問題が発生する中でも小笠原諸島問題を解決しようと動いた明治政府の姿勢は、注目すべきである。これは台湾出兵を通して万国公法の理解が深化したことに起因している。台湾出兵が明治政府にとって初の海外出兵であり、万国公法という規格のなかで欧米各国・清国にどのように対応すべきかを明治政府は実体験として学んだのである。小笠原諸島回収が実現したのは、台湾出兵の経験があってこそであり、明治丸の出航が明治政府の万国公法理解を象徴しているといえよう。

一方、小笠原諸島問題でイギリスは日本の統治に異論がないにもかかわらず、日本が小笠原諸島を領土と主張する根拠の薄弱さを指摘し続けてきた。これはイギリスとして、日本に万国公法とは何かという教訓を与えていたと考えられる。当時の状況について『パークス伝』の記述がよく物語っている。

幕末は純粋に東洋的制度であるから、その悪行も、無知と未経験のためであると許すことができた。しかし帝国政府は西洋の強国と同じように取扱われることを望んだから、東洋の標準ではなく、西洋の標準によって批判されても、文句をつけることはできなかった。七十年代においては、日本の欲求は当然であると認めたり、日本批判が酷しすぎるから東洋風に和らげたりすることは、現在とちがって容易ではなかった。しかしこのように批判を受けたからこそ、日本は一時的な気休めで損をすることなく、ずっと恒久的な得をしたといえよう。[*102]

パークスは台湾出兵から小笠原諸島問題を通して、日本に教訓を常に与え続けていたイギリスの存在そのものであったといえる。この点から、明治初期、日本と欧米各国との国際関係が、従来、捉えられてきた以上に力による関係ではなく、万国公法による関係で規定されていたという前提で再検討すべきと思われる。これは筆者の今後の課題としたい。

註

＊1　田中弘之『幕末の小笠原　欧米の捕鯨船で栄えた緑の島』（中央公論社、一九九七年）ⅱ頁。
＊2　小林啓治『国際秩序の形成と近代日本』（吉川弘文館、二〇〇二年）三四頁。
＊3　大熊良一『歴史の語る小笠原島』（南方同胞援護会、一九六六年）。

＊4　小笠原諸島の帰属問題に関しては「回収」という言葉が使われる。大熊氏によれば「小笠原島の日本帰属がはじめて国際的にみとめられたというものではなく、本来日本領土であったものを、行政的にこれを「回収」したということである」（大熊前掲書、二二四頁）と述べているため、本稿でも「回収」という言葉を使いたい。

＊5　大熊前掲書、二二八頁。

＊6　たとえば、杉崎昭生（元東京商船大学学長）「小笠原島日本帰属の生き証人「明治丸」」（『LA MER』第三七巻第四号所収、日本海事広報協会、二〇一二年七月一日発行）や宮原耕治（日本郵船取締役相談役）「明治丸とEEZ」（『日本経済新聞』二〇一五年五月一八日号「あすへの話題」所収）など、雑誌・新聞などでは小笠原諸島の領有をめぐる日英の争いとして明治丸とカーリュー号が取り上げられている。

＊7　田中前掲書、一一六頁以下。

＊8　田中前掲書、一二七頁。

＊9　田中前掲書、一三六頁以下。

＊10　田中前掲書、二四四頁。

＊11　外務省編『日本外交文書』第二巻第二冊、四四七頁以下。以下句読点は筆者による。

＊12　外務省編『日本外交文書』第二巻第二冊、四四七頁。

＊13　外務省編『日本外交文書』第二巻第二冊、四四九頁。

＊14　外務省編『日本外交文書』第六巻、三九四頁。

＊15　外務省編『日本外交文書』第六巻、三九三頁。

＊16　外務省編『日本外交文書』第六巻、三九五頁（附記二）。

＊17　外務省編『日本外交文書』第六巻、三九五頁以下（附記三）。

＊18　外務省編『日本外交文書』第六巻、三九七頁（附記五）。

＊19　東京都公文書館所蔵『小笠原島記事』第一五巻、三六頁以下。

＊20　東京都公文書館所蔵『小笠原島記事』第一六巻、九頁。

＊21　東京都公文書館所蔵『小笠原島記事』第一六巻、一七頁。

＊22　谷らの開拓計画については「其後暘卿ガ方策齟齬スル事ヤ有ケン開拓ノ実業ヲ施行スルマテニ至ラズ」（『小笠原島記事』第一五巻、

二八頁）とあり、また開洋社に対しては太平洋沿岸の各県から西洋式捕鯨の操業に反対意見が出されていた（東京都公文書館所蔵『小笠原島記事』第一六巻、四〇頁以下）。

＊23 外務省編『日本外交文書』第六巻、三九二頁（附属書二）。

＊24 外務省編『日本外交文書』第六巻、三九二頁（附属書一）。

＊25 外務省編『日本外交文書』第六巻、四〇二頁以下。この見解について『日本外交文書』では「本号文書ハ草案ニシテ達シニハ至ラサリシモノト認メラル」と注記している。

＊26 外務省編『日本外交文書』第六巻、四〇二頁。

＊27 外務省編『日本外交文書』第六巻、四〇二頁。

＊28 外務省編『日本外交文書』第六巻、四〇三頁（貼紙）。

＊29 外務省編『日本外交文書』第六巻、四〇三頁（貼紙）。

＊30 外務省編『日本外交文書』第六巻、四〇四頁。

＊31 島善高編『副島種臣全集』第三巻（慧文社、二〇〇七年）三六六頁。

＊32 島前掲書、三七〇頁以下。

＊33 島前掲書、三八一頁以下。

＊34 外務省編『日本外交文書』第六巻、四〇四頁。

＊35 外務省編『日本外交文書』第六巻、四〇五頁。

＊36 外務省編『日本外交文書』第七巻、四五〇頁。

＊37 外務省編『日本外交文書』第七巻、四五四頁（註一）。

＊38 東京都公文書館所蔵『小笠原島一件』三頁。

＊39 東京都公文書館所蔵『小笠原島一件』五頁。

＊40 東京都公文書館所蔵『小笠原島一件』五頁。

＊41 東京都公文書館所蔵『小笠原島一件』五頁。

＊42 東京都公文書館所蔵『小笠原島一件』六頁。

＊43 田中前掲書、二四一頁。

＊44　大熊前掲書、一五四頁。
＊45　東京都公文書館所蔵『小笠原島記事』第一六巻、三〇頁以下。
＊46　東京都公文書館所蔵『小笠原島記事』第一六巻、三一頁。
＊47　外務省編『日本外交文書』第七巻、四五二頁。
＊48　東京都公文書館所蔵『小笠原島一件』六頁。
＊49　東京都公文書館所蔵『小笠原島一件』六頁。
＊50　東京都公文書館所蔵『小笠原島一件』七頁。
＊51　東京都公文書館所蔵『小笠原島一件』七頁以下。
＊52　東京都公文書館所蔵『小笠原島一件』八頁。
＊53　東京都公文書館所蔵『小笠原島一件』一一頁。
＊54　東京都公文書館所蔵『小笠原島一件』三三頁、（掛ケ紙ノ六）三四頁。
＊55　外務省編『日本外交文書』第七巻、四五三頁。
＊56　外務省編『日本外交文書』第七巻、欄外注記、四五四頁。
＊57　外務省編『日本外交文書』第七巻、四五六頁。
＊58　東京都公文書館所蔵『小笠原島一件』六九頁。
＊59　毛利敏彦『台湾出兵　大日本帝国の開幕劇』（中央公論社、一九九六年）一三四頁。
＊60　拙稿「台湾出兵と万国公法」（『日本歴史』八〇四、二〇一五年五月）および拙稿「国内政治上における万国公法―台湾出兵を例に―」（『青山史学』三三、二〇一五年三月）。
＊61　島前掲書、四〇二頁。
＊62　外務省編『日本外交文書』第八巻、三五二頁。
＊63　外務省編『日本外交文書』第八巻、三五三頁以下。
＊64　外務省編『日本外交文書』第八巻、三五三頁。
＊65　外務省編『日本外交文書』第八巻、三五四頁。
＊66　外務省編『日本外交文書』第八巻、三五四頁。

＊67 外務省編『日本外交文書』第八巻、三五四頁。
＊68 外務省編『日本外交文書』第八巻、三五四頁。
＊69 外務省編『日本外交文書』第八巻、三五五頁。
＊70 外務省編『日本外交文書』第八巻、三五五頁。
＊71 外務省編『日本外交文書』第七巻、四五三頁。
＊72 外務省編『日本外交文書』第七巻、四五三頁以下。
＊73 外務省編『日本外交文書』第八巻、三五八頁。
＊74 外務省編『日本外交文書』第八巻、三五五頁、三五八頁。
＊75 外務省編『日本外交文書』第八巻、三五八頁。
＊76 外務省編『日本外交文書』第八巻、三五八頁。
＊77 外務省編『日本外交文書』第八巻、三五九頁。
＊78 外務省編『日本外交文書』第七巻、四五三頁。同第八巻、三六〇頁。
＊79 外務省編『日本外交文書』第八巻、三五六頁。
＊80 田中前掲書、二四四頁。
＊81 外務省編『日本外交文書』第八巻、三五六頁。
＊82 外務省編『日本外交文書』第八巻、三六二頁以下。
＊83 外務省編『日本外交文書』第八巻、三六三頁。
＊84 外務省編『日本外交文書』第八巻、三六二頁。
＊85 外務省編『日本外交文書』第八巻、三六二頁。「ノース・チャイナ・ヘラルド」一八七六年一月一三日号では「イギリス領事が同島に赴いたのは、あるイギリス臣民がある土地に関して行った権利の主張について吟味するためと思われる。同臣民の申立てによれば、ラセールというフランス人が彼の所有地を奪い取ったというのだ」と欧米系島民同士の問題があったことを報じている（国際ニュース事典出版委員会編集『外国新聞に見る日本② 1874―1895 本編』毎日コミュニケーションズ、一九九〇年、八四頁）。
＊86 外務省編『日本外交文書』第八巻、三六四頁以下。
＊87 小花作助著・鈴木高弘校閲『小笠原島要録 初編』（小笠原諸島史研究会、二〇〇五年）六一頁。

＊88 同前、六九頁。
＊89 同前、六七頁以下。
＊90 同前、七二頁。
＊91 同前、七二頁以下。
＊92 明治八年一一月三〇日付安藤太郎宛田中光顕書翰（青山学院資料センター所蔵「飯久保貞次旧蔵　安藤太郎関係文書」）。なお、当史料群は青山学院大学文学部史学科沼田哲教授を中心に史料整理が行われた。
＊93 F.O.46/194, No.157 of Nov.11/1875, Encl.1, Sir H. Parkes to Commander Church, Nov 9/1875
＊94 石原俊「海賊から帝国へ―小笠原諸島における占領経験の歴史社会学・序説―」（ダニエル・ロング編著『小笠原学ことはじめ』、二〇〇二年、南方新社）二一四〜二一五頁、ロバート・D・エルドリッヂ著『硫黄島と小笠原をめぐる日米関係』（二〇〇八年、南方新社）四八頁等。
＊95 F.O.46/194, No.157 of Nov.11/1875, Encl.2, Sir H. Parkes to Consul Robertson, Nov 9/1875
＊96 F.O.46/194, No.157 of Nov.11/1875, Encl.3, Memorandum
＊97 外務省編『日本外交文書』第八巻、三六六頁。
＊98 外務省編『日本外交文書』第八巻、三六五頁。
＊99 外務省編『日本外交文書』第九巻、五〇五頁以下。
＊100 外務省編『日本外交文書』第九巻、五一〇頁以下。パークスはこの対談を受けて、二四日に寺島宛に「右群島御所領相成候共、該島居住英民ノ自由権利ニハ毫モ関係不致義ニ候得ハ貴政府ヨリ取締ヲ設ケラレ候日ニハ該島英民ハ英政府ノ管轄ニ属シ其所有ノ土地物品ノ如キハ貴政府ノ保護ヲ受ケ可申儀ニ有之候就テハ御送付相成候規則中一二ノ箇条ハ該島現居住ノ英民幷ニ爾後該島へ渡航致スヘキ英民及英船ニハ用ユベカラザルモノニ有之義御承知可相成」と主張した（外務省編『日本外交文書』第九巻、五一三頁）。
＊101 大熊前掲書、二二八頁。
＊102 Ｆ・Ｖ・ディキンズ『パークス伝―日本駐在の日々―』（高梨健吉訳、東洋文庫四二九、平凡社、一九八四年）一九三頁。

第二章　昭和初期までのチップ慣習の変化

平出裕子

はじめに

日本には古くから、心付けや祝儀やチップを渡す慣習があった。「心付け」は、『デジタル大辞泉』（小学館）によると「世話になる人に感謝の気持ちを示すために与える金銭や品物。祝儀。チップ」と説明されている。またチップは、『日本国語大辞典』（小学館）によると「サービスや芸に対する慰労・賞讃などの気持を表わすために、規定の報酬以外に与える少額の金銭。国によっては慣習化している」としている。

決められた料金や報酬のほかに、心付けや祝儀・酒手・チップなどの名目の金銭を渡すことは、戦前は普通のことであった。宿での宿泊でも、番頭や女中などの使用人に直接心付けを渡したり、また宿に渡す「茶代」の中に「心付け」分も含めるなど、心付けやチップを渡すことは古くからのならわしであった。幕末以降創業される西洋式のホテルでも、チップは慣習となっていった。[*1]

しかし、近年は宿泊に際して、チップを渡す慣習がなくなってきているというのが、一般の実感であろう。日本の海外旅行用ガイドブックには、海外のホテルではレストランの給仕係やポーターや客室係などに、どのくらいの額のチップをいつ、どのように渡すのか詳細に説明されている。これは、日本国内ではチップの慣習が少ないので、海外で戸惑うことを想定してのことであろう。

日本のホテルのチップについては、『帝国ホテル百年史』は、戦中期に帝国ホテルが初めてチップを廃止したとしているが、そこに至る経緯やなぜその時期だったのかなどについての客観的要因についてはふれられてはいない。慣習とは、それを行うことがある種合理的であったり、あるいは何らかの不備や欠点を補う作用が認められて、歴史的に成立・発達してきた行動様式である。時間をかけて定着した慣習は、容易には変わらないものである。

しかし日本で長く続いた宿泊施設でのチップの慣習は、なくなりつつある。なぜどのように廃れてきたのか、その経緯について探っていきたい。

しかし、宿泊施設といっても、江戸時代から始まる日本式の宿と幕末以降に始まるホテルとでは、その事情が異なっている。また検討しなければならない時代も、明治から昭和の戦前期そして戦後と長い期間にわたるので、本稿では、ひとまずホテルにおける昭和初期までの期間を扱っていきたい。

1　明治期のチップ

明治一〇年代に、チップに対してどのような感情を抱いていたのかがうかがえる文章が残っている。明治一二年（一八七九）の『読売新聞』に、「纏頭」（チップ）について次のような投書が掲載された。

纏頭の一件なり（略）半会席の給仕女も初見参の箱屋も引舟で見せる劇場の出方も此山吹の花を出さねバ至ッて

麁末に扱かふ（略）此花を早く出さねば欲そうな面で見てゐらるゝが如何にも難渋至極[*2]

劇場などで、「花」（チップ）が必要になることに不快感を抱いていることが分かる。

明治二一年（一八八八）には福沢諭吉が一〇月九日から一五日まで『時事新報』に「芝居改良の説」を連載し、次のように述べている。

元来謂れもなく人に銭を与ふるは失礼にして、之を貰ふ者は鄙劣なれども、古来の習俗に看客が贔屓の役者に祝儀を与ふるは尋常一様の事にして、双方共に怪しまざるの風なり（一〇月一五日掲載分）[*3]。

と祝儀などのチップの存在に疑問を呈している。そして

芝居の見物料として客より払ふ可き金は正当に払はしめ、其周旋の為めに茶屋の人手を煩はすことなれば公然と其周旋料を促す等、すべての取扱振りを次第に商売風に改めて事を簡易にすること、近年の医師が謝礼菓子料の旧習を廃して薬価診察料の簡易法に改めたると同様ならんことこそ願はしけれ。但し此事たるや至極困難にして、改革の際に無限の差支もあらん（一〇月一五日掲載分）[*4]。

芝居見物でのチップの慣習を批判し、料金システムを改革して正当な料金として請求すべきと主張するが、その改革の困難さも予想している。実際にいくつかの芝居小屋でチップ廃止が試みられるが、不徹底に終わっている。

明治三〇年代には、「茶代廃止」運動が『万朝報』の主導で展開される。

「茶代」とは、宿や茶屋などで、基本的な料金に加えて、食事内容や部屋の広さや家具調度品・寝具・備品さらには接遇の厚薄なども勘案して、客側がその額を決め、宿や茶屋の主人あるいは番頭など主に支配人クラスの人に渡す金銭である。「茶代」には明確な規定があるわけではないので、人によってその捉え方はまちまちであり、「茶代」の中に女中など接客に当たる従業員への心付け（チップ）を含めることもあったようである。

宿泊料に明確な等級が公表され、宿泊客が自由にその等級などを選択することの少なかった当時、宿側は客の服装

などから判断してふさわしいと思われる部屋を割り当て、相応の接遇を行った。宿泊客は部屋のランクなどを宿側が一方的に決めることに不快感を抱くことがあり、さらに茶代の額にも頭を悩ませることになり、その不満は少なくなかった。また宿側にとっては、良い部屋や手厚い接遇に見合う費用を茶代として回収できるのか定かではなく、経営が不安定になるなどの問題があった。

明治三三年（一九〇〇）、堺利彦は『万朝報』紙上に風俗改良について連載し、その改良案の最初に「茶代廃止の事」を採り上げた。堺は道徳の改良で社会を変えることを模索し、社会改良につながるという観点から茶代廃止を訴えた。茶代の不明朗さからくる不快感や不便さを感じていた読者は、茶代に賄賂に近い金権主義や拝金主義を感じ、茶代という一つの慣習を変えることが、不正や腐敗を正して、社会正義・社会改良の実現につながるかもしれないという希望を見出したと思われる。

読者の反響と賛同があって、翌年には茶代廃止会が結成され、宿で茶代の支払い拒否を励行し、また茶代を受け取らないと表明した宿の名を『万朝報』紙上に掲載して宣伝し、茶代廃止を広めようと試みた。[*5]

茶代廃止の議論と実行が進んでいく中、祝儀（チップ）について、明治三四年（一九〇一）八月二四日の『万朝報』紙上に次のように採り上げられる。

> 近時、金銭の多きことを誇るを以て贅沢の極と誤解せる米国の趣味下賤なる大富豪等が、宿屋の給使《ママ》等に莫大の祝儀を与ふるの流行を作り、英国及び欧州大陸の宿屋にまで感染せんとする勢ありと云ふ、（略）一種の恵み金なればなり、夫れ恩恵は、之を得ずには其地位を支ふるに困難を感ずる貧民又は手薄き給金に生活せる給使《ママ》の如きにして之を受く可し、独立せる一家の主、一営業の本尊にして之を受くるは、假《よ》し習慣の為にもせよ実は其の地位を下げ[*6]

欧米の富豪の豪勢な祝儀（チップ）に拝金主義をみて不快感を示し、宿の経営者がその祝儀を受け取ることは茶代同様に嫌悪しているが、しかし給金の少ない従業員にとっては、チップは欠くべからざる収入であるとして容認している。

それから一〇年後の明治四四年（一九一一）の『読売新聞』には、列車乗務のボーイ（給仕）への纏頭（チップ）について次のような投書と思われる意見が載せられる。

> 急行列車中のボーイが、纏頭の有無によりて旅客の待遇を異にすとは、毎々耳にする所の苦情に御座候。（略）纏頭を與へて己一人破格の待遇を■《か》（判読不能——引用者注）ち得んと企つること、抑も大なる不心得と謂ふ可ければなり。（略）自己本位の振舞を傍若無人に公衆の面前に演ぜんと欲するが為、不知不識相手方をして一層不公平を働かしむる傾なしとせず、旅籠屋の茶代制度の如き、畢竟其の一産物たると同時に、一般の認めて以て之れを悪習と断定するに係らず、尚今日に至りて之れを改むることの難きも亦た之れが為に外ならずと存候。[*7]

纏頭（チップ）の有無で態度を変える列車の給仕に対する不快感、またチップを渡すことで特別扱いを得ようとする客への批判が述べられている。さらに約一〇年前から行われた茶代廃止の運動が必ずしも定着していないことも分かるが、一方で「茶代は悪習」であるという認識が浸透しつつあることもうかがえる。この茶代と同様に、明確ではない金銭の授受である列車給仕へのチップに対する疑問も大きい。茶代廃止運動が呼び水になって、チップ否定の傾向も高まっていったものと思われる。

2　ジャパン・ツーリスト・ビューローの設立

ジャパン・ツーリスト・ビューローは、明治四五年（一九一二）三月、鉄道院（後に鉄道省）が中心となり日本郵船・南満州鉄道・東洋汽船・帝国ホテルなどが出資して、発足する。

設立に中心的役割を果たした鉄道院の木下淑夫は、その創立の理由を次のように述べている。

吾人が往年ツーリストビユーローを設立せる所以の一は日露戦役後物価騰貴し貿易逆調を呈し海外への正貨流出高日に多きを加ふる有様となり、外債の金利支払及輸出入貿易の状況の如きも漸く困難に陥らんとせるに対し正貨出入の均衡を得せしめんが為め外人を多数誘致して其の内地消費額を多からしめ、又内地の生産品を広く外人の耳目に触れしめて我が輸出貿易の発達を促さんとする経済政策にあった。[*8]

外貨獲得を目指し、具体的には外国人観光客誘致とその旅行の斡旋を企図してビューローは構想され、明治四五年設立に至るのである。本部は東京鉄道院内に設置され、翌大正二年（一九一三）六月には会報誌として和英両文による『ツーリスト』を発刊する。創刊当初から昭和二年（一九二七）までは隔月の発行であった。配布先はビューローの会員を始め、汽船・鉄道・ホテル・旅館など公私の団体等で、[*9]外客誘致や接遇のあり方など観光業発展を主導していくことになる。

大正二年（一九一三）のジャパン・ツーリスト・ビューローの第一回理事会の席上、林愛作・三本武重・白石元次郎・日比翁助の四人の理事からビューローの事業計画に対する意見書が提出された。おもな要領一九項目の内、その三に「3、本会の公認せるホテルは絶体的心付を厳禁すること――ボーイに心付を与ふる事を全廃して成功せるは帝国劇場なり。我国のホテルも亦ボーイの心付を厳禁せば外人は極めて安心して旅行をなし得べし。心付を貰ふべく予期せるボーイの態度は実に不快極まるものなり[*10]」としている。

ジャパン・ツーリスト・ビューロー設立当初に、ホテルでのチップ全廃が、議題に上ることとなったのである。それでは「ボーイに心付を与ふる事を全廃して成功せるは帝国劇場なり」とは具体的にどのような状況だったのか、まずみていきたい。

帝国劇場は、明治四〇年（一九〇七）二月二八日創立総会が開かれ、初代取締役会長は渋沢栄一、取締役の中には日比翁助もいて[11]、専務取締役の西野恵之助が、劇場の事務を任された。西野は、明治二〇年（一八八七）慶応義塾を卒業し、山陽鉄道の社長中上川彦次郎（福沢諭吉の甥）の縁で山陽鉄道に入り、明治三二年（一八九九）一一月に欧米各国の鉄道事業視察に赴いていた[12]。

山陽鉄道は明治三〇年前後に食堂車・寝台車・赤帽制度・山陽ホテルの開業などの斬新なサービスと新機軸を次々と打ち出した[13]。

それを支えた西野は「「西野の山陽か、山陽の西野か」とまで激賞せらるゝに至りし[14]」という活躍だったが、鉄道の国有化後は鉄道界を去っていて、帝国劇場創立に参加したのであった。

西野は、帝国劇場の「創立の動機」として、一つは「国際的な体裁上の必要から」「外賓を迎へて辱しからぬ劇場を建てたいと云ふ事になつた」ことと、二つ目に「観劇の方法として種々弊害がありました。（略）此の習慣を除かねばならぬ、と云ふのがモー一つの動機でした[15]」としている。今までの芝居小屋の旧習を廃し、国賓や外国人客も迎えられる社交の場としての劇場を目指したのであった。そのためには、欧米の劇場のやり方も参考にしたことと思われる。

それでは、江戸時代以来の芝居見物（観劇）とは、どのようなものだったのかみておきたい。それは茶屋と出方の存在で成り立っていた。芝居小屋近辺には芝居茶屋が並び、裕福な芝居見物客の窓口となって観劇に関わる各種の便宜を提供していた。桟敷などの上等席は茶屋が押さえているので、裕福な客は茶屋を通して芝居見物を申し込むことになっていた。そして当日、朝まず茶屋に行き、茶屋の草履を履いて芝居小屋の桟敷席などに案内され、芝居を見物した。観劇中も、茶屋が毛氈・座布団・煙草などを用意し、茶菓や酒肴や食事などの接待をした。長い幕間には、茶屋で化粧直しや着替えなどもし、芝居閉幕後はひいきの役者を茶屋に呼ぶなどのサービスもあった[16]。

見物料金は茶屋に払い、さらに茶屋の男衆や女中などにも心付けを渡すのが慣例であった。

一方、芝居茶屋を通さずに芝居見物する一般の客は、まず芝居小屋の木戸（入口）で入場料に相当する料金を払い、次に客を案内する「出方」に心付けを渡すことが慣習となっていた。出方は心付けの額によってそれに相当するエリアの座敷に見物客を導いた。指定席（椅子）ではなかったので、混雑時には同じ座敷に次々と客を押し込むこともあり、また飲食物などの提供も「出方」を介し、その都度心付けが必要となった。

明治も中期になると、このような料金の不明朗な観劇制度への不満は大きくなり、新富座・市村座・歌舞伎座などが改革を行いつつあった。

そのような中、明治四四年（一九一一）三月一日帝国劇場は開場となったのであった。渋沢栄一などの財界人の出資により、五階建てで、一七〇〇の座席はおおむね椅子席で、席番号入りの前売り切符の制度を採用した。土足のまま入場でき、客席での喫煙・飲食は禁止し、その代わり数ヵ所の食堂・売店・喫煙室・休憩室・化粧室などが設けられ、茶屋や出方は廃止されて新たに接待係（男）と案内人（女）を設け、祝儀や心付けは不要と宣伝した。[*17]山陽鉄道での西野の部下だった山本久三郎が劇場の支配人となり、西野の方針に沿って、新しい方法で劇場運営を行った。

明治四四年（一九一一）発行の『帝国劇場案内』にも次のように記されている。

従来劇場の設備頗る不整頓なる為め自ら茶屋と称する営業者の必要を生じ、観客に無用の失費を感ぜしめたり。本劇場は苟も悪弊と認むべきもの、凡て之を除去すべき考なれば、茶屋もしくは茶屋類似のものを一切劇場または其周囲に存置せしめず。（略）しかも観劇のみの御目的に対しては切符代以外何等の出費を要したまふことなし。[*18]

また大正三年（一九一四）発行の『帝国劇場案内』には、「御見物料」の項目に「その切符を購はれたる上は、御下足代は固よりのこと、御祝儀御心付等一切要さるゝことなく、（略）御祝儀御心付等万一使用人中に収受したるものあれば、直に之を処分する規定なれば、右御承知の上にて呉れ〴〵も御恵與なきを希望す[19]」。

このように帝国劇場では、祝儀や心づけなどチップの煩わしさのない劇場運営を試みていた。この試みは評判がよく新聞にも次のように書かれている。

> 帝国劇場が何のかのと云はれ乍ら興行の景気が余程よい。（略）従来小面倒な茶屋や出方の御世話にならずとすむ帝国劇場に人の足が向き易いのは当然である。（略）一度廊下へ出れば殿様だらうが職人だらうが差別も何もあつたものぢやない。これが当世の気に入るのは聊かも不思議では無い。人間の気が短くなつて階級制度を厭ふ一般の平等主義はこれから益々甚しくなつて来れば来る程帝国劇場は役者が活惚一つ踊れなくなつても先は立ち行く筈である。[20]

祝儀や心づけの煩わしさがない新たな劇場の気軽さが好評だったことがうかがえる。

帝国劇場が新しい劇場運営を始める中で、歌舞伎座もさらに「歌舞伎座改良建議案」一三ヵ条を作り、帝国劇場のように案内ガールを採用することや、「第十三　座の雇人及び飲食店の使用人にても祝儀心付は勿論如何なる名儀《ママ》にても客より金銭を申受くることを禁ず若し之に背くものは直ちに解雇又は入場を禁ず」としたことが、「歌舞伎の改良案　全く帝劇式也」との見出しで『読売新聞』に報じられている。[21]

このように帝国劇場での新しい運営方法の好評ぶりは、先に述べたジャパン・ツーリスト・ビューローの四人の理事もそれぞれ注視していたであろう。接客業である帝国ホテル支配人林愛作は当然関心を持ったことと思われる。また日比翁助は三越呉服店専務取締役であり、視察した欧米の百貨店を参考にして、三越呉服店を日本初のデパートメント＝ストアへと変革し、客本位の新しい運営を試みていた人物である。帝国劇場の取締役の一人に名を連ねた日比は、帝国劇場の新たな運営の方針に少なからず関わってきたことであろう。

また白石元次郎は東洋汽船取締役支配人であり、三本武重は朝鮮総督府鉄道局営業課長[22]として旅客輸送にかかわる立場から、やはりチップの問題には関心を持っていたであろう。

このような経歴と立場の理事であったから、大正二年（一九一三）のジャパン・ツーリスト・ビューローの第一回理事会でその意見書に「我国のホテルも亦ボーイの心付を厳禁せば外人は極めて安心して旅行をなし得べし」との提案がなされたのであろう。

ジャパン・ツーリスト・ビューロー設立当初から、ホテルでのチップ全廃は外客誘致に有効であり、推奨すべきことの一つとして検討議題に上ったのであった。

そして「4理事提案の19項目にわたる事業計画案は、本部作成の原案にも取り入れら」れた。しかし「大正2年3月18日午後10時から鉄道院副総裁室で開かれた第1回常務理事会で重ねて慎重審議の結果、創業当初の事業予算ではその全部を一時に実施する力もなかったので、特に急を要するもの、効果的なものから順次採用実施すること[*23]」となり、ホテルでのチップ廃止はひとまず当初の実施項目からは外れたのであった。

3 『ツーリスト』誌上でのチップの是非

大正六年（一九一七）、列車乗務の給仕（ボーイ）が乗客から受け取るチップについて、新聞紙上で数回報道される。そのきっかけは、鉄道院の中部鉄道管理局長長尾半平が旅客に中部管内の列車給仕に対してチップ廃止を呼びかけたことである。

その一番の理由は以下のように報道されている。「中管局長長尾半平氏は曰く（略）列車ボーイは大抵高等小学校卒業生の程度で鉄道院から払ふ彼等の収入は僅か日給四十銭余に過ぎないが常に祝儀にありつく結果は十五六歳位の少年で其収入が優に大学卒業生を凌ぐ事もある、之が精神的に彼等に影響する処はどうであらうか[*24]」。

長尾局長は、敬虔なキリスト教信者で熱心な禁酒運動推進家としても知られていた人物である。若い列車給仕の固定給の低さよりも、少年のような彼らが高額のチップ収入を得て散財する弊害を危惧したようである。

一方これを知った同じ鉄道院の西部鉄道管理局長野村弥三郎は、長尾の主旨に反対して、中部鉄道管理局に属する乗務員へのチップは禁止でも西部鉄道管理局に属する乗務員には今まで通りチップを渡しても良いと主張した。

国有鉄道で区間が変わるとチップの是非も変わるという報道は、物議をかもしたようである。その賛否とともに、例えば車両内にチップ箱を置き、旅客の判断でチップを箱に入れ、後で乗務の給仕に分配するなどの提案も新聞に掲載された。[*25]

チップの要不要もしくはその可否という問題が改めて提議されることになった。

翌大正七年（一九一八）のジャパン・ツーリスト・ビューロー会報誌『ツーリスト』でも、列車給仕へのチップの可否が採り上げられる。

余の考では列車ボーイに対するチツプは旅館等に於ける茶代など、は異り絶対に廃止す可き性質のものにあらず、寧ろ或る標準を定めて之を許した方が好いと思ふ。而して其標準は鉄道院より一般輿論に求めて之を定めて貰ふ事勿論である。一体日本人は金銭に対する観念外人の夫と異なり、チップの如きも一種の虚栄の如く心得、其額の多きを以て徒らに誇りとしてゐる旅客などもある。斯る不心得の連中があればこそ廃止問題も起るので、（略）殊にツーリストなどに対して其標準を公示して置く必要がある。[*26]

茶代とは異なり、チップの存在を容認して、チップの額の標準を公表することを提案している。一方でチップを渡す客側の虚栄心を指摘し、そのモラルの方を問題視している。

この論説の最後のページの余白部分には、おそらく『ツーリスト』誌編集者の判断と思われるが、『時事新報』の報道を抜粋して転載している。それは、一部の列車区間のみで「心付を一切謝絶す可き旨を命じ」たのでは、他の区間では、「却て乗客に心付給与の義務を負はしむる如き派目と為り」とその矛盾を指摘した部分である。[*27]
さらに翌年の大正八年(一九一九)一一月の『ツーリスト』四〇号にも、東京鉄道管理局長の木下淑夫(ジャパン・ツーリスト・ビューローを実質的に立ち上げた人物)が「九、列車給仕への心附」として次のような見解を述べている。

元来給仕等に対する心附は旅行を終りたる後、乗客より其勤振の殊勝なるを認め、謝意を表せんが為に與へらる丶ものなるが故に、其志を無にするは却て不敬に当らずやと考へ、之を受くる事を黙認せる次第であつて、一部の乗客が他の乗客より区別して特別の取扱を受けんが為、予約的に與ふるもの即ち旅行の始若くは途中で與ふべきものでない、若し乗客中に斯の如き人ありとせば、宿泊者が宵に茶代を與へて其扱の善良ならんことを期すると同様、其人格の下劣なるを表白するものと云ふべきである。故に若し彼等に心附を與へらる丶場合あらば、必ず旅行を終りたる時即ち降車の時之を與ふる事とせば、取扱を甲乙にすることもなく随て其扱に対する不平も自然に止むことであらうと考へる、之を要するに何事によらず心附等は一般に事後に於て之を與ふること丶せば、其取扱も自ら不公平に流る丶やうのことも又思ひ僻むやうのこともなく双方の利益であると思ふ。[*28]

先払いのチップについては、先払いの茶代を引き合いに出して、特別扱いを求めるものとして非難するなど、チップを渡す側のモラルを問題視しているが、後払いのチップは容認している。
翌年宿の茶代廃止問題は、新たな展開を始める。第一次世界大戦後、来日外国人客が急増を始め、宿泊用の洋式ホテルが不足するという事態に陥り、ジャパン・ツーリスト・ビューローは、日本旅館にも外客の受け入れを要請する。[*29]このとき、外国人に分かりにくい茶代を、外国人客からはとらないことが、東京旅館組合と合意された。[*30]
このような状況の中、会報誌『ツーリスト』に、木下淑夫が茶代と似た存在であるホテルのチップについて言及する。
旅館の茶代とホテルのチップとは同一視するわけに行かぬかも知れぬが、瑞西のある都市などへ行くと勘定書に総請求額の一割に当る金額を「チップ」として記載し当然之を要求し、而してホテルに於ては之を積立金として一箇月毎に全使用人に適当配布してゐるが、これなどは大に参考とす可きであらう。[*31]

チップの代わりにいわゆる奉仕料を客から請求・徴収し、それを従業員に分配・還元しているスイスのホテルの例を紹介したのである。しかし積極的に推奨はしていない。

翌年大正一一年（一九二二）になると会報誌『ツーリスト』に、海外から帰国した人物のチップ廃止の主張が次のように掲載される。

宿屋の女中は知りませんが「ホテル」汽車汽船の「ボーイ」は皆相当の月給を貰つて居ります、少くも私の聞いた所では船の給仕は水夫や火夫に劣らぬ月給を貰つてると云ふことであります。然らば云ふまでなく此月給乃至食扶持は宿賃汽車賃又は船賃なりの中にで《ママ》既に客が払つて居るのでありますから斯様な者に與ふる「チップ」なるものは畢竟余計なものなのであります。故に斯様な悪習慣は追々其存在の理由を失はるゝ筈で又お互に其撲滅に努むべき《ママ》あると思ひます。それは「チップ」を與ふる側のみでなくこれを與へらるゝ側に於てもお情で呉れる理由なき貰金をあてにする卑屈な根性をやめにしなけりやならぬと思ふのであります。又與ふる階級にある識者は斯く彼等を善導する義務があると信ずるのであります（四一頁）。

それでは一体貧乏国の日本人が何故にこんな無駄遣ひするのでせうか、其心の底を割つて見れば第一眼下の者共に余計なお辞儀をさせたいと云ふ成金根性、第二「ボーイ」などの手前金がある様見せたい、気前が良い人だと思はれたいと云ふ虚栄心、第三公共機関の従業者を買収して自分一人の僕婢かなんどの様に使はうと云ふ我利々々根性があるからでありませう（四三頁）[*32]。

このように「船の給仕は水夫や火夫に劣らぬ月給を貰つてると云ふ」伝聞を拡大解釈して、「「ホテル」汽車汽船の「ボーイ」は皆相当の月給を貰つて居」ると断定し、それにも関わらずチップを受け取る労働者に対して「卑屈な根性をやめにしなけりやならぬ」と叱責し、チップを渡す側に対しては、「成金根性」「虚栄心」「我利々々根性」のためと断罪している。

そして「米国に行きますと（略）「チップ」を一ツのNational evilとして其絶滅に努むる運動が盛になつて来てをるのであります」（四二頁）と紹介し、「吾々の先祖は宿屋の茶代なる悪制度を遺しましたが吾々は今又世界の大勢に反して「チツピング」を奨励して自縄自縛の憂目を見つゝあるのであります」[*33]とやはり茶代を引き合いに出して、チップという「悪制度」「悪習慣」の「撲滅に努むべき」と主張している。

4 チップ廃止の試み

『ツーリスト』誌でチップの否定論、廃止論が登場する中で、欧米のホテルで勤務経験のあるホテルマンが、チップ廃止を実行する。

岸衛は、明治四〇年（一九〇七）に欧米遊学し、ロンドンやベルリンでホテル勤務を経験し、帰国後明治四四年（一九一一）帝国ホテルの副支配人を務め、翌年にはアメリカに渡って同地のホテルでの勤務を経験する。その様子を次のように回想している。

米国のホテルは前述の通り、最新式の文化をとり入れ、機械的には進歩していたが、何んでも一々チップで解決する物質万能のように見え、客の精神面に及ぼすサービスが当時兎角充分でないように思われた。日本ホテルもへたに米国の機械文明式を模倣し、日本が古来から誇つていた、旅館の行届いたサービスを閑却する風潮があるのは遺憾であつたと思われた。[*34]

一つのサービス毎に料金を支払うかの様にチップを授受する慣習に、もてなしとしてのサービスという観点から疑問を抱いたと思われる。

岸は一度目のアメリカ滞在から帰国した大正二年（一九一三）から三年ごろに「米国から帰つて東京丸ノ内、今の郵船ビルのあるところへ三百室のホテルを計画したが、資金が集まらず流産に終つた」[35]。そして再びアメリカへ向かい、帰国後大正五年陸奥伯爵の仲介で、熱海樋口旅館の長女と結婚し、大正八年熱海ホテルを熱海と伊豆山の間のジャングルの中に建設した。（略）大正十一年十一月開業と同時に、後藤新平氏とロシアのヨツフェー氏との会談を行うこととなり、一躍世界的に有名になつたのを始めとし、蔣介石氏も昭和二年下野して来てくれ、益々天下に喧伝され、頗る好成績を揚ぐるに至つた。経営上も大正十二年四月チップ一割主義を日本ホテル史上初めて散行《ママ》[36]し

以上のような経緯で、大正一一年（一九二二）に熱海ホテルを開業し、外国からの賓客も滞在するホテルとして軌道にのせつつ、翌年チップの必要のないホテルを宣言する。

その方法は、その都度必要となるチップは廃止し、その代わり一割の給仕料（奉仕料）を帳場で一括請求・徴収し、そのチップ相当分を従業員に分配・還元する試みであった。その詳細は以下である。

チップ一割制度もアメリカのそれに倣い、日本における先鞭をつけたので、これが決定にあたつては従業員の幹部会をしてその可否を論ぜしめ、大正十二年四月、一ヶ月を限つて熱海ホテルでこれを試みた。チップの配分方法は最古参者に最高の配当をなし、順次支給額を下げていつた。しかし最古参者に亜ぐ古参者がその月非常に勤勉であつて、最古参者があまり勤勉でなかつた場合は配当額が相接近し、これに反し最古参者が依然勤勉であつた場合はズバ抜けて多くの配当を得るような方法をとつた。その配当の按排は一切私に委せることになつていたが、一ヶ月の成果は大いに上つた。従来従業員たちはこの客は沢山呉れそうもないと思つた場合、はからずも沢山貰うとその喜びからこれを貯えることなく浪費し、反対に沢山呉れる客と思つてちやほやしてもその甲斐のな

かつた場合は、腹癒せに一杯やつて折角の貯蓄をフイにするなどという不健全さを示すことがしばしばあつたが、このチップ配当制度実施の結果、一カ月計算で相当の収入が得られるようになり、月給以外の余禄に恵まれて彼らの幸福はいちじるしく推進せられ、従つて貯蓄熱も昂つてきたような次第であつた。同時にどんな客からも一定のチップしか貰えないのだから、皆チップを呉れそうな客に対しても呉れなさそうな客に対しても同一のサービスをなし、富貴高官であろうと平民であろうと少しの差別もつけなかつたので、客の気受けは非常によくなり、皆満足して帰られたので、この四月一ヵ月の成果によつて、幹部会は永久に本制度を存続することに決定したのである。これが日本におけるチップ一割制の嚆矢である。[*37]

岸の以上の回想は、給仕料（奉仕料）一割制度を導入したことで、客への接し方が公平となってサービスが向上したとしている。

また従業員に対しては、経営者の岸自らが、一括して徴収した一割の給仕料（奉仕料）を、従業員が受け取ったであろうチップ相当額として従業員に正当に還元するよう熟慮し、その結果従業員の賛意を得られ、さらに従業員の収入の安定と健全で堅実な生活が確保されたとしている。

またチップ廃止を宣言し、チップ相当分を従業員に分配・還元したとしても、実際には客に対して「更になにがしかのチップを従業員が期待するような向も」出てくる恐れが生じる。これに対して、熱海ホテルでは、新たな「制度を厳守せしめ、富豪住友さんの余分のチップをも断り新聞にも出て大いに成果をあげた」[*38]とチップの「二重取り」の無いように徹底したようである。

それでは、この試みに対して、一般の人はどのように理解したのであろうか。

大正一二年（一九二三）七月の新聞に、熱海ホテルは「茶代チツプ全廃」と広告を出している。[*39]

その二年後の熱海ホテルの広告には「給仕料一割の外茶代祝儀謝絶」[*40]として、「給仕料」という言葉を加えている。

宿泊料金の中に「給仕料」という項目をもうけて、そこでチップ相当額を客に一括請求することを明らかにしたのである。しかしその約三ヵ月後の広告には、「茶代祝儀謝絶」[*41]の記載はあるが「給仕料」の文字がなくなる。

そして翌年の広告には「茶代廃止、祝儀一割」[*42]とし、「給仕料一割」の表現を「祝儀一割」と変えている。

岸はその都度渡すチップを廃止して、「給仕料」（奉仕料）として一括して客に請求することにしたのであるが、しかしその広告を見た人は、その趣旨をすぐには理解せず、むしろ新たに「給仕料」などという余計な料金が追加請求されると誤解する人もあったのかもしれない。そこで、熱海ホテルは一般になじみのある「祝儀一割」という表現に変えるなど、試行錯誤を繰り返したのではないかと思われる。

岸は、この後昭和三年（一九二八）に代議士となり、熱海ホテルを手放すので、このチップ廃止・奉仕料の徴収という試みの経過もこれ以上はたどれない。

岸は、「二十一歳にしてイギリスを振り出しに、独、仏、米等の一流ホテルに事務員として斯道の研究を続け、以てこの貧乏国日本をして外客誘致により富ましめるほか途なしと考え、大正二年に「米国におけるホテル業」大正十五年に「国富策としての観光事業等」を執筆して江湖の覚醒を促し来った」[*43]。

そして、熱海ホテルの開業を経て代議士となってからの岸は、浜口雄幸首相に働きかけ国際観光局の創設や国立公園法の制定に尽力するなど、外客誘致とそのための観光業の発展に尽くしている。熱海ホテルも前述のように開業当初から外国からの賓客を迎えている。岸が決断したチップ廃止と一割の給仕料（奉仕料）の徴収も、外客誘致そして外貨獲得という観光業発展と国力の向上という大きな視野の中での、一つの試みだったと思われる。

5　チップ廃止の広がり

熱海ホテルが、チップを廃止し給仕料（奉仕料）を一括請求することを試みている中の大正一四年（一九二五）、国内の観光業や外客誘致の拡大を目指すジャパン・ツーリスト・ビューローの会報誌『ツーリスト』には、ヨーロッパでのチップ廃止の試みが具体的に紹介される。

東洋でも西洋でもチップ問題は不相変古く且つ新しい問題である、洵に厄介千萬な問題だ、（略）一般世間も營業者も共にこの悪習の改善に不斷の注意を拂つて貰ひたい、左記は「欧州大陸のホテルでの心附」と題し近著の英字新聞に出てゐた一小文の翻譯である（二〇頁）。

現今佛蘭西や獨逸のホテルで広く行はるゝ慣習はお客のあらゆる勘定に一割の所謂Ｓｅｒｖｉｃｅ ｔａｘを加算する事である、かうしてホテル使用人は或る（決して一定不動ではないが）額の収入を保證されることになる、而して厳格に云へばお客も最早チップを出さずに済む理屈だが事実はホテルの使用人給料はチップを考慮して極められてゐるから彼等は矢張りお客の思召を宛てにする訳である（二〇から二一頁）。

瑞西のホテルではＣａｉｓｅ ｓｙｓｔｅｍと云ふ方法を採用するものが段々増してゐる、この制度によるとお客は勘定の或歩合の総額を帳場に渡して使用人一人々々にチップを遣る面倒を免れる事が出来る（二一頁）。[*44]

そしてその支払われた総額は、大きく三つに分けられ、さらに例えば「客間掛りの女中」には「一割五分」、「朝食掛給仕」には「一割一分」、「靴磨き」には「一割一分」などと分けてそれぞれに分配する方法を紹介している。

大正一二年（一九二三）から熱海ホテルが試みている方法とほぼ同様である。

そして大正一五年（一九二六）には、丸の内ホテルが広告[*45]を出して、チップを廃止し定額の「サービス料」を一括請求することを始めた。

翌昭和二年（一九二七）には、大阪では堂ビルホテルが、東京では大森ホテルが、チップを廃止し奉仕料の請求を始める。[*46]

このような流れを受け、昭和三年（一九二八）の『ツーリスト』誌には、改めてチップ廃止反対論が帝国ホテル副支配人から京都ホテル支配人を務める大塚常吉から寄せられる。大塚はチップを廃止しサービス料を徴収することは、むしろチップを強要するに等しいなどを理由に挙げて反対している。そしてさらに「シカゴのホテルマンスリー十一月号は偶然にもチップ問題を左の如く簡明直裁に定義付けて居る」としてその雑誌の記事を以下のように紹介する。

チップ廃止運動は米国其他各国に於て過去五十年間続けられたが今日迄一つも成功したものはない。成る程欧州の一国では近年チップ廃止を法律で制定し、客の勘定書に対し一定のプレミアム又は税率を附加してチップ廃止の補償にせんとするものがあるが、殆んど各国共不成功に終つたといふ報告に接してゐる。何故なら相変らず、給仕其他の使用人はチップを頂戴しているし一方御客様の方は二重に拂ふ結果になつた即一は強制的の、一は自発的に[*47]

表向きはチップを廃止しても実際にはチップがやり取りされ、奉仕料とチップの二重取りの状況になっているアメリカの例も書き添え、チップ廃止は不可能として反対している。

しかし二年後の昭和四年（一九二九）『ツーリスト』誌は、チップ廃止と奉仕料の導入の具体的方法を検討・紹介する「ホテル及レストランのチップ制度廃止に就て」[*48]（執筆者名は無し）を、五回にわたって連載することになる。当初チップはやむを得ないという意見が多かった『ツーリスト』誌も、ここにチップ廃止・奉仕料導入の具体的方法を連載するに至る。

おわりに

明治期に心付や祝儀に対してその不明朗さなどへの不満が新聞に投書され、福沢諭吉はその廃止にふれ、芝居小屋では廃止を実行するも不徹底に終わる。明治後半には社会正義や社会改良の観点から宿の茶代は賄賂や拝金主義の表れとして、『万朝報』紙上で茶代廃止運動が展開されたが、茶代と同様に明細が無くその定義のはっきりしないチップには疑問の目を向けつつも、その廃止論には発展していない。しかし明治四四年（一九一一）、国賓も迎えられる新たな劇場として造られた帝国劇場は、茶屋や出方を設けないことにより祝儀・チップの廃止を実現した。

帝国劇場のチップ廃止の好評を受けて、鉄道院によって創立され外客誘致と観光業の発展を主導していくジャパン・ツーリスト・ビューローの第一回理事会でも、チップ廃止が提起されたのであった。今までの慣習を見直して合理的経営を採り入れるなどしてきた実業経験者が理事として集ったので、チップへの疑問を、その廃止こそがホテル業界の取り組むべき課題と位置付けたのであろう。

その後、列車の給仕へのチップの可否が新聞で採り上げられ、チップの是非が広く一般に提議される中、欧米のホテル勤務を経験した岸衛がホテルのチップ廃止・奉仕料の導入を実行する。従業員にはチップに代わる収入を奉仕料の分配で以て還元した。

大正から昭和期の帝国ホテルで長く支配人や社長を務めた犬丸徹三は、「日本のホテルもこれ（欧米のホテルのこと・引用者注）に倣い、茶代を受けず、サービス料を宿泊料の何割と定め、これを会計の請求書にふくめることが早くよりおこなわれていた」[*49]とし、早くからサービス料（奉仕料）が存在していたことを記している。しかし、それはチップを廃止する代わりではなく、茶代の代わりとしてのサービス料だった。

また『帝国ホテル百年史』では、昭和一五年（一九四〇）に設けられた「帝国ホテル企画係が取り組んだ仕事の一つにチップ制度の改革がある」として、従業員がそれぞれ受け取ったチップを供出させてそれを分配する「チップ分配制度」に代えて「顧客から売上げの一〇％をサービス料として領収してこれを全社員に均等に分配するようにした。このチップ分配制度の廃止は帝国ホテルが最初であり、戦後は外国のホテルでもこの制度が注目されサービス料をつけるようになる」[*50]としている。

しかし大正期にすでに岸の熱海ホテルが、チップを廃止し奉仕料を徴収して、それを従業員に分配・還元していたことが、本稿で明らかにできた。また岸や『ツーリスト』誌が欧米のホテルのサービス料制度を参考にしていたことも、本稿でみてきたとおりである。

岸は、きめ細やかなもてなしという観点からチップに疑問を持ち、サービスの向上で外客誘致そして外貨獲得につなげ国力を向上させていきたいという視点から、チップ廃止・奉仕料の徴収を採用したと思われる。

熱海ホテルがチップ廃止を試みて以後、それに続くホテルがいくつか現れ、『ツーリスト』誌の論調も、チップ廃止肯定論に傾いていく。

大正一二年（一九二三）熱海ホテルで岸衛がチップ廃止を実行したときが、その後の奉仕料徴収をもってチップを廃止する流れを方向づける一つの選択の瞬間だったと言えるのかもしれない。しかし、具体的にどのように展開していくのかについては、いずれ別稿を用意したい。

註

＊1　『富士屋ホテル八十年史』（富士屋ホテルが出版、一九五八年）一九八頁には、「祝儀の制度は（略）富士屋ホテルは創業以来客人随意制度により」とあり、富士屋ホテルでは、奉仕料ではなく客から随意チップをもらい、それを分配していた。

＊2　（執筆者）「足薪翁」（題名）「惜花辞」（『読売新聞』明治一二年〈一八七九〉四月一五日朝刊四頁の「寄書」欄）。

＊3 『福沢諭吉全集15巻』（岩波書店、一九六一年）五五三頁より転載。
＊4 前掲、『福沢諭吉全集15巻』五五二頁より転載。
＊5 詳しくは拙稿にある。「旅館の茶代廃止にみる近代の慣行の変化―「万朝報」、ジャパン・ツーリスト・ビューロー、生活改善同盟会の取り組み―」（『生活文化史』五六号、日本生活文化史学会、二〇〇九年）。
＊6 （無署名）「言論再び宿屋営業者諸君に望む（茶代廃止の事に就て）」（『万朝報』明治三四年〈一九〇一〉八月二四日一面）。
＊7 「編集室より　とうくわ」（『読売新聞』明治四四年〈一九一一〉一月一九日朝刊一頁）。
＊8 木下淑夫「ツーリスト事業の将来と隣接諸邦との関係」（『ツーリスト』四三号、大正九年〈一九二〇〉五月、九頁）。
＊9 『日本交通公社五十年史』（日本交通公社、一九六二年）四五頁。
＊10 前掲、『日本交通公社五十年史』二九頁。
＊11 帝劇史編纂委員会編纂『帝劇の五十年』（東宝、一九六六年）一五三から一五四頁。
＊12 『日本国有鉄道百年史　四巻』（日本国有鉄道、一九七二年）四二五頁。
＊13 長船友則『山陽鉄道物語』（ＪＴＢパブリッシング、二〇〇八年）二一二頁。
＊14 杉浦善三『帝劇十年史』（玄文社、一九二〇年）一〇四頁。
＊15 原本は「帝国劇場株式会社　西野恵之助氏談　昭和二年七月二一日」（『青淵先生関係会社調　雨夜譚会調　昭和二年七月二九日』）、引用は以下の渋沢青淵記念財団竜門社編纂『渋沢栄一伝記資料　第二十七巻』（渋沢栄一伝記資料刊行会発行、一九五九年）四一四頁から転載。
＊16 『歌舞伎事典』（平凡社、二〇〇〇年）、青木繁（執筆）「芝居茶屋」の項を参照。
＊17 「西野専務も亦茲に見る所あり、断然茶屋制度を廃し、不愉快にして能率低劣なる出方に代ふるに、勤勉なる可憐の少女を以てす」（杉浦善三『帝劇十年史』玄文社、一九二〇年）三三頁。
＊18 『帝国劇場案内』（編輯兼発行者坂本俊一、明治四四年〈一九一一〉発行）一五から一六頁。
＊19 『帝国劇場案内』（編輯兼発行者上野芳太郎、大正三年〈一九一四〉発行）一〇頁。
＊20 楽堂「歌舞伎座の改築広告（上）」（『読売新聞』明治四四年〈一九一一〉八月二六日朝刊五頁）。
＊21 「歌舞伎の改良案　全く帝劇式也」（『読売新聞』大正元年〈一九一二〉八月一八日朝刊三頁）。
＊22 肩書は『日本交通公社七十年史』（日本交通公社社史編纂室、一九八二年）一八頁による。

＊23 『日本交通公社五十年史』（日本交通公社、一九六二年）三二頁。
＊24 「ボーイや赤帽の新取締　旅客の虚栄心が及ぼす悪影響　長尾中管局長のボーイ観」（『東京朝日新聞』大正六年〈一九一七〉四月一日朝刊五頁）。
＊25 （巖谷小波投）「鉄箒／給仕の心附に就て　列車内にチップ函の事」（『東京朝日新聞』大正六年〈一九一七〉五月二五日朝刊四頁）。
＊26 （執筆者）「ＳＩ生」「チップ問題是非　附日本旅館の茶代」（『ツーリスト』二九号、大正七年〈一九一八〉一月、四〇から四一頁）。
＊27 「鉄道給仕の心付」（時事新報）（『ツーリスト』二九号、大正七年〈一九一八〉一月、四二頁）。
＊28 （執筆者）「東京鉄道管理局長　木下淑夫」「汽車中の共同生活」（『ツーリスト』四〇号、大正八年〈一九一九〉一一月）。
＊29 「会報」（『ツーリスト』四三号、大正九年〈一九二〇〉五月、九三頁から九四頁）。
＊30 高橋常太郎編『東京旅館組合沿革史』（東京旅館組合発行、一九三二年、八八頁）、経緯の詳細は前掲の拙稿にある。
＊31 木下淑夫「日本旅館改良管見」（『ツーリスト』四七号、大正一〇年〈一九二一〉一月、二六頁）。
＊32 （執筆者）「一新帰朝者」「日本人は「チツプ」を遣り過ぎる」（『ツーリスト』五五号、大正一一年〈一九二二〉五月、四一から四三頁）。
＊33 前掲、（執筆者）「一新帰朝者」「日本人は「チツプ」を遣り過ぎる」（『ツーリスト』五五号、大正一一年五月、四三頁）。
＊34 岸衛『観光立国』（東京ニュース通信社発行、一九五七年、初版は一九四七年一二月）一五六頁。
＊35 前掲、岸衛『観光立国』一五六頁。
＊36 前掲、岸衛『観光立国』一五七頁。
＊37 前掲、岸衛『観光立国』五九から六〇頁。
＊38 前掲、岸衛『観光立国』六一頁。
＊39 『東京朝日新聞』大正一二年（一九二三）七月一三日朝刊七頁。
＊40 『東京朝日新聞』大正一四年（一九二五）七月一二日朝刊三頁。
＊41 『東京朝日新聞』大正一四年（一九二五）一〇月九日夕刊一頁や、『東京朝日新聞』大正一四年一二月一一日夕刊二頁。
＊42 『東京朝日新聞』大正一五年（一九二六）二月二七日夕刊二頁。
＊43 岸衛『観光立国』（東京ニュース通信社発行、一九五七年、初版は一九四七年一二月）八頁。
＊44 （執筆者）「ＹＮ生」「欧州大陸のホテルでのチップ」（『ツーリスト』七一号、大正一四年〈一九二五〉三月、二〇から二一頁）。
＊45 『東京朝日新聞』大正一五年（一九二六）八月七日朝刊六頁。

＊46 『大阪朝日新聞』昭和二年（一九二七）一一月二九日夕刊二頁。
＊47 大塚常吉「チップの話」（『ツーリスト』八八号、昭和三年〈一九二八〉一月、一六頁）。
＊48 『ツーリスト』一〇五から一一〇号、昭和四年（一九二九）六月から一一月まで。執筆者名の記載は無い。
＊49 犬丸徹三『ホテルと共に七十年』（展望社、一九六四年）二三三頁。
＊50 『帝国ホテル百年史』（帝国ホテル編集・発行、一九九〇年）四一四頁。

Ⅱ

大正・昭和戦前期、政治理念の模索

第三章　青年華族とデモクラシー
——子爵三島通陽の思想的軌跡を通じて——

内藤一成

はじめに

かつて大正八、九年（一九一八、一九）を頂点とするデモクラシー隆盛期に簇生した各種運動や思想を分析した伊藤隆は、運動の担い手たちを「革新」派と定義した上で、以下のように述べている。「大正八年前後は熱狂の時代であった。たしかに日本は変りつつあったし、また変らねばならぬし、変えることができるであろうと人びとに思わせるものをもっていた。そしてその変化を予感する雰囲気は、「改造」やら「革命」やら「解放」やら、あるいはまた「デモクラシー」やら「社会政策」やら「社会主義」やら「共産主義」やら「無政府主義」やら「民族解放」やらの言葉となって人びとを興奮させた。そのためにさまざまな階層の人びとがさまざまな組織を作った。この一団の人びとこそ私のいう「革新」派であった[*1]」。

伊藤は分析の最後に、残された課題の一つとして、公爵近衛文麿（一八九一〜一九四五）・侯爵木戸幸一（一八八九

〜一九七七)・伯爵有馬頼寧(一八八四〜一九五七)ら、後の「革新」華族の動向を挙げ、また「革新」派にとって打倒されるべき対象である既成勢力の状況についても、ほとんど触れることができなかったとした。[*2] 華族が複雑なのは、デモクラシー、とりわけ社会主義において彼らは打倒される対象であったため、革新は同時に深刻な逆説的状況を伴ったことにある。

華族とデモクラシーをめぐる問題に関しては、有島武郎論や武者小路実篤と「新しき村」に関する研究に代表されるごとく、従来は歴史学よりも文学研究において盛んであった。[*3] これに対し、歴史学においては、有馬や木戸に注目し、彼らを「華族第三世代」と定義づけ、革新的動向の分析を試みた後藤致人の研究が注目される。[*4] 具体的には、彼らがロシア革命と第一次世界大戦に終結に伴う各国帝政の崩壊という現実を前に、時勢に先手を打つかたちで社会事業に積極的に乗り出し、さらに関東大震災を経て、大正一三年の清浦奎吾内閣の誕生と第二次護憲運動の勃発という事態に対しては、貴族院改革を急務として政治的に活動するようになったとした。[*5]

後藤の議論は、藤原彰やデーヴィド・A・タイタスが明らかにした近衛・木戸や、子爵岡部長景(一八八四〜一九七〇)らの集まり「十一会」と、そこから発展し、昭和戦前期の政治において大きな影響力を有した「宮中グループ」[*6] を念頭に、武者小路実篤(一八八五〜一九七六)ら白樺派も包含できるかたちで展開されている。先行研究との接合が良く、「宮中グループ」の起源と、政治的活性化の理由が説明できるという点で魅力的である。だが、十一会の中心メンバーで革新論者である近衛が、貴族院の最大会派研究会が第二次護憲運動で囂々たる非難を浴びている最中に、同会の筆頭常務に就任したことや、十一会メンバーの伯爵酒井忠正(一八九三〜一九七一)が国家主義運動に深く関与したことなど、[*7] 説明できない点も少なくない。

特権勢力といわれる研究会だが、同派を主導した子爵水野直(一八七九〜一九二九)の「大研究会主義」は、有爵議員が研究会に結集し、一丸となって是々非々を発揮することで、ときの政権を扶けつつ、政党政治の弊害があればその矯正をはかるというもので、政党内閣期が到来し、「憲政の常道」が政治システムとして現実化するなか、貴族院のアイデンティティと華族の使命を保持しつつ、憲政の健全な発展に寄与していくための方策として導き出されたものであった。[*8] その点でいえば、研究会もまた革新派となる。

さらには、後藤のいう「華族第三世代」という世代定義の有効性についても疑問が生じよう。「華族第三世代」とは、明治維新で活躍した世代の孫に相当し、明治一〇～二〇年代に生まれた世代という定義であるが、大正八年でみた場合、二〇代～四〇代の開きがあり、同一の世代とは見做し難い。実際、水野もこの定義なら「華族第三世代」に含まれることになる。

もっとも華族に一定の共通性はあったことは確かである。大半の華族が東京に居住し、学習院に学び、卒業後も華族会館を中心にさまざまな会合をもち（十一会もその一つ）、さらには結婚や養子縁組を通じて、縁戚のネットワークが網の目のように張りめぐらされていたことから、[*9] 年齢の近い層を「世代」として大まかに括ることは、学問的厳密さを欠くとしても、現実に即した区分であるため、一定の有効性を持ち得ることはまちがいない。この見地でみれば、有馬や木戸は三〇代の壮年であり、四〇歳の水野はやや上の世代となる。[*10] これらの世代が社会の中堅であることからすれば、議論や活動面において中心であったことも半ば当然である。無論、彼らより上の世代の意見が無いわけではなく、国家の元老で既成勢力の代表格といってよい公爵山縣有朋（一八三八～一九二二）ですら、「社会救済は焦眉の問題である、政体は立憲君主制を執り、政治は民本主義でなければならぬ」[*11] と語っていたことからすれば、いかに当時デモクラシーが普遍性をもった思想として浸透していたかが窺える。

ならば、若い世代はどうか。ここまで来て、ようやく本稿の主人公、子爵三島通陽（一八九七～一九六五）の登場となる。三島は大正八年当時二二歳、まさしく青年であった。[*12] 今日、三島はボーイスカウト運動の指導者としての評価が専らであるが、[*13] 当時は章道の筆名をもつ新進の作家、劇評家として盛んに新聞、雑誌等に作品や評論を発表していた。三島は学習院出身であり、大正五年に発表した処女作『愛の雫』に、武者小路や有島生馬（一八八二～一九七四）に序文を寄稿してもらうほど、白樺派に傾倒、私淑していた。武者小路と三島の差は、白樺派の中心人物と追随者という関係にとどまらない。同じ学習院といっても、武者小路ら白樺派創立世代は、日露戦争期のトルストイの非戦論や、初期社会主義の影響を直接的に受けており、[*14] 明治四三年の雑誌『白樺』創刊時、一三歳であった三島との世代の差は、到底埋まるものではなかった。

だが、三島には「若さ」という絶対的な強みがあった。「私は誇るべき何も持つて居ない男ですが、今は、只「若さ」だけもつてゐます」[*15] という言葉は、若さの資質、すなわち光輝・純粋・無垢・清新の保持者にして、次世代の担い手であるという宣言にほかならなかった。三島は第一次世界大戦中に一〇代後半を送り、その終結を青年として迎えた。大戦終了後のデモクラシー全盛は、青年として迎えた、初めての直接的な社会経験であった。大正七年一二月、三島は、留学のため叔父の牧野伸顕以下ヴェルサイユ講和会議全権団とともに欧洲に渡り、各地を見聞し、帰国後はその経験をもとに、各種の小説や評論を発表した。同様の経験をもつ華族としては、「英米本位の平和主義を排す」を発表し、西園寺公望の随員として渡欧した近衛が有名だが、三島の活動もまた、青年華族の思想の一面を伝えるものとして貴重であり、さらに大正九年からは青年団運動、一一年以降は少年団運動に関与し、特に後者に対しては絶大な影響を残しただけに、その思想的展開を分析することの意味は決して少なくない。

筆者はかつて、三島の日記や手記、新聞のインタビュー記事等をもとに、大正七、八年に三島が学習院の仲間らともに劇団「友達座」を結成し、芸術運動に取り組んだ過程を明らかにしたことがある。[*16] 最終的な射程は、演劇を場として、デモクラシーの全盛と社会主義の擡頭という思想史上の重要局面において、華族がいかに時代を受け止め、処そうとしたのかという点の解明にあり、敏感な時代感覚を備えた三島を青年華族の代表的存在とみなし、考察しようとしたのであるが、紙幅の都合上、史実の解明だけにとどまり、思想的な分析までは及ばなかった。本稿では前稿以来の関心を引き継ぎつつ、青年華族三島の思想に焦点を絞って分析を試みたい。

最後に、本稿で使用する史料であるが、三島家所蔵「三島家文書」より「三島通陽日記」を基本史料として用いる。日記を始めとする文書は三島家のご好意により特に閲覧を許されたものであり、心より感謝申し上げる。なお、文中に出てくる三島の動静はいずれも日記をもとにしているが、繁雑であるため一々出典には挙げない。

1　三島通陽と思想形成

青年華族。この言葉こそ、当時の三島通陽にもっともふさわしい冠称といえよう。三島通陽は明治三〇年（一八九七）一月一日、東京に生まれた。[*17]祖父は薩摩藩士出身で山形県令、福島県令、内務省土木局長、警視総監を歴任した子爵三島通庸、父は米国アマースト大学に学んだ後、金融家となり、横浜正金銀行頭取より日本銀行総裁をつとめ、また貴族院の実力者として君臨した子爵三島弥太郎である。
三島は華族の子弟らしく、明治三六年四月、学習院初等学科に入学したが、在学中の四一年に怪我がもとで肋膜炎に罹り、長期間の入院、転地療養を余儀なくされ、大正元年（一九一二）に復帰した後もしばしば病気で休学するなど、きわめて病弱であった。学業が断続的にならざるを得ないなか、父弥太郎に倣って米国留学が計画されたが、病気や第一次世界大戦の影響など諸事情によってなかなか実行の運びには至らなかった。[*18]
学業が病気によって断続を余儀なくされるなか、三島は文芸への関心を深めていった。病床にあって読書に熱中し、友人・知人にさかんに手紙を書いたが、やがて自ら小説を執筆したり、雑誌の編集・発行を行うようになった。最初は回覧雑誌による真似事程度であったが、大正元年末には活版印刷による本格的な文芸誌『三光』を創刊するに至った。このとき満一五歳であった。大正三年頃より三島章道と名乗り、大正五年には同誌に発表した作品を中心に処女作『愛の雫』を刊行、大正七年頃からは新聞・雑誌にも寄稿するようになり、著作を次々刊行するなど、新進作家としての地歩を徐々に固めていくこととなる。さらには学習院の仲間で『三光』同人の土方与志[*19]・近衛秀麿[*20]らと演劇研究に取り組み、大正六、七年頃に劇団「友達座」を結成した。

以上が大正七年末に欧洲留学に出発するまでの三島の経歴である。子爵家の嫡子として、何不自由なく愛情一杯に育てられたことは自他共に認めるところであったが[*21]、彼の人格形成に最も影響したのは皮肉にも病気であった。病気は得てして人を放縦な性格にするが、三島の場合は、読書や執筆活動を通じ、むしろ内省的となった。同時に病室の孤独を散々味わったことで、人一倍の賑やか好き、交際好きとなった。白樺同人で、絵画の師匠である有島生馬は、三島の性格について次のように述べている。「一面から云へば君の病身だつたといふ悲しむべき不幸が却つて一種の羅針盤となり、やゝもすれば剛慢に流るべき地位にある君をしてよい深い同情心を養はしめ、常に外物の誘惑に接触せねばならぬ君をして内観と自省を捨てしめず、権勢に乗じ安逸の眠に陥り易い境遇の君をして絶えず人道的な正義を憧憬せしめて来たその原因ではなかつたらうか？[*22]」

三島は、文芸への関心を深めるなか、憧れたのが同じ学習院の先輩による芸術集団「白樺派」であった。白樺派の感化は大きく、雑誌『三光』は『白樺』と形態、編集内容など似通っていた。思想形成面においても影響は絶大で、彼が執筆した作品には、トルストイやメーテルリンクの愛好や、人道主義、普遍主義など白樺派の特徴が色濃く出ていた。なかでも武者小路実篤の影響は大きく、文体から、愛と連帯を求めるコスモポリタニズムへの傾倒に至るまで絶大なものがあった[*23]。

学習院関係の思想的影響としては、第一〇代院長乃木希典による、いわゆる「乃木式教育」も大きい。明治四〇年一月、院長に就任した乃木は、大正元年九月までの在任中、知育偏重の教育を排し、高尚なる人格を陶冶して、知徳相俟った純忠至誠の人物を養成することを教育の主眼に置き、さまざまな改革を行った[*24]。具体的には柔道・剣道・射撃を正課に採用するなど武課を充実し、修学旅行のほかに陸軍特別大演習の際、見学行軍を実施するなどした。また寄宿舎を設け、中等学科以上の学生は原則入寮としたことも大きな特色であった。

三島は、本来ならば乃木院長時代の全期間が、修学期間と重なっているのだが、実際には病気療養のためほとんど経験していない。さらに中等学科進学後も、「乃木式教育」の象徴として知られる寄宿舎には身体虚弱のため入れず（入寮後すぐに退寮）、「乃木式教育」の体験はごく僅かで、大半は間接的なものにとどまった。むしろ蒲柳の質であったがゆえに、乃木とその教育は、三島が夢見た健康な身体と教育の象徴として理想化されるに至ったと考えられる。[*25] 周知のとおり白樺派は「乃木式教育」には総じて批判的であり、[*26] 白樺派傾倒と乃木心酔は相容れないようにみえるが、どちらも直接的な体験が乏しく、仮想的要素が強かったことが両立を可能とした。[*27] 白樺派の理想主義、コスモポリタニズムと「乃木式教育」は、三島を後に少年団運動へと進ませる重要な伏線となった。

さらに、これも病気関連といえるが、三島の思想形成には古典的教養の影響が大きい。大正七年当時、欧米留学を見据え、三島は外国語・漢学・哲学を通塾などにて学んでいた。外国語は「三島日記」一月三一日条に「午後神田の独逸語語学会へ行って、仏語の特別科に入るべく月謝もはらって、それから大神宮様へお礼参りに行った」とあり、以後、週三、四日ペースで通っている。その後、四月一六日条に「四時半ごろから暁星学校の仏語上級に入る様手つゞきをしに行き、ル・プチ・ショーズのだない氏の講義をきゝ、本をかりてかへる」とあり、以後暁星学校に通った。漢学は私塾に通っており、三島は漢文を得意にしていた。[*28] さらに哲学は、仏教思想家の小林一郎[*29]にかねてより師事しており、大正七年には四月二三日より六月一八日までの間、毎週火曜を例日として講義を受けていた。

小林の講義はよほど気に入っていたらしく、「午前哲学の講義をきゝに小林先生の所へ行く。いつもの様に愉快だ。どうして小林さんの講義はこんなに面白いだらう。かつて味ったことのないと云っていゝ位愉快な勉強である」[*30]などと毎回楽しみにしていた。具体的な講義内容はわからないが、小林は博覧強記で、古今東西の宗教・歴史・古典に精通しており、しかも「今日では青年の人に国史を教へるのに、其の美しい方面ばかりを教へるやうになつて居るが、是れは大に考慮すべき事と思はれる。若し吾が国は外国と戦つて一度も負けたことが無いとばかり信じて居て、今後の長い間に若し一度でも負けることがあつたら、非常に失望しなければなるまい。「必ず勝つ」といふ意気と「負けても失望せぬ」といふ覚悟と、両方揃つて居なければ、久しい競争に堪へることは出来ぬ」[*31]などと、国粋主義を斥け、バランス感覚に富んだ思想の持ち主であったことから、三島を魅了したものと思われる。

三島の学問で不足していたのは、理科と法律関係の知識であった。前者はともかく、後者は留学先では法律を学ぶ予定のため、準備期間中には語学と古典的な教養を身につけるという方針によるものと思われる。実際に法律を学べばどう言ったかはわからないが、当時の三島は「今の処未だ法律を余り知らないのを其程恥にも思へません。殊に議論をする論拠を法律に置かうとは思ひません。私は寧ろ愛、人類、哲学に置くべきだと思ひます。人道に悖つた法律があるとしたら其が何になりませう」[*32]と、時代や地域によって判断が異なる法律よりも、愛と人道主義、そして哲学の有する普遍性に大きな価値を見出していた。普遍的価値への共感は、終生のものとなる。

大正七年、三島は孟子の和訳を思い立った。その動機は、漢学が得意であったこと、小林の哲学講義の触発等が推測できるが、自身は「私は支那のクラシックが随分すきなのですが、中でも孟子は好きです。やさしい仁慈の心と、何処迄も自分の主義を真直に貫いて行く一本調子な純な卒直な所が先づ第一に私をして敬慕させました。我国に孟子の解釈本は数十種ありますが、現代語に全訳した本は一種もないのを、私は遺憾に思つて、これを訳す気になり、出来るだけ平易なそして現代的な言葉を使つて、所謂漢学に拘泥せず訳してみました。」「私が孟子を訳すに就いて「青二才のくせに、偉大なる孟子を訳すとは生意気にも程がある」とのお説もありませうが、しかし、漢学老先生でない新しき現代の青二才の手によつて訳された「孟子」には又別の味もあらうかと思つて、敢て出版することに致しました」[*33]と、翻訳に取り組んだ意図を明らかにしている。出版まですることに父弥太郎からは、「あまりせんえつであつかましいにも程がある、なぞと笑ひながら云はれた[*34]」という。

孟子和訳は、結果的に三島の国内修学の総仕上げ的な意味をもち、事実上の卒業製作となった。翻訳に着手したのが大正七年七月八日、八月下旬以降、作業を本格化させ、一〇月九日に至り完成した。この間、校閲を小林一郎に依頼している。「三島家文書」には、製本された孟子の和訳原稿全四〇六丁が残されており、これをみると校閲者小林による朱筆が所々にあるものの、全体として修正はそれほど多くない。三島の高い読解能力を窺わせ、いかに孟子に親しんでいたかがみてとれる。

基本的には原典に忠実な訳であるが、三島は「孟子の思想は明らかに、武断主義《ミリタリズム》（覇道）を排し、愛を以て人道主義《ヒューマニズム》、民本主義《デモクラシー》を行はうとするのです[*35]」と、仁義による王道を説く思想をもってデモクラシーとみなしており、翻訳には、そうした意識が投影されているといってよい。「仁者は人を愛し[*36]」とあるごとく、愛を仁の基本に置き、人民本位の孟子の思想に、白樺派譲りの愛と人道主義との精神的共通性を見出していた。人民本位を要諦に据える孟子の主張を三島は以下のように訳す。「天下を得るには方法がある。其人民を得れば、斯に天下を得る。其人民を得るには方法がある。其民心を得れば斯に人民を得る。其民心を得るには方法がある。即ち人民が欲する所はかなへて之に与へ、又人民が忌み嫌ふ所は、やらないやうにすれば、それでいゝのである。これ即ち仁政で、人民が仁に帰服するのは実に水が低い方へ〳〵と流れる如く、獣が広い野へ〳〵走る様なものである[*37]」。

『和訳孟子』には、また三島が華族であったがゆえに、強く意識したであろうと思われる一節もある。その一つが天爵・人爵に関するくだりである。「世の中には天の与へる爵位、即ち天爵もあれば、人間の作つた爵位、即ち人爵もある。仁義忠信の徳を備へた上に善行をするを楽しんで倦まぬ人は、人から爵位は受けずとも、立派な天爵を具へられるのである。而して、公卿とか大夫とか云ふものは即ち人爵で、人の作つた爵位である。昔の人々は、先づ天爵をさづかる様な徳を修め、しかる上で人爵は自然と従つてくるので決して人爵をめあてにせぬ[*38]」。三島家は、祖父通庸の勲功によって華族となり、三島は生まれながらの華族であった。自ら望んだわけでもないのに、すでに人爵を得ていただけに、孟子の言を以て自らの戒めとしようと思ったことであろう。[*39] 同じく「親のあとを嗣いで天子になる者は、その先代の偉大なる功徳の力によつて、その徳先代の如くでなくとも天子になれるのであるが、彼の桀王や紂王のやうな悪虐な者であれば天はこれを廃すのである」[*40] という易姓革命に関わるくだりも、万世一系の日本におけるアレルギーとは関係なく、自身が世襲華族である立場から思いを深くしたことであろう。

三島はまた『和訳孟子』において「告子章句上」を訳す際、原文の「子弟」を「青年」と読み替えた上で、以下のような文章を作っている。

豊年には青年達も善良で如何にも頼もしく見えるが、飢饉年には青年達も乱暴狼藉を働く者が多い。天から性質才能を下すのに年によつてそんなに不同のあるわけはない。只不作年には、衣食が充分でないので、それに迫られてつい悪い事をするのが遂には悪事に溺れる様になつて了ふのである。例へば、大麦の種をまいて土をかけて置くとする。それは播いた時も同じ、場所も同じ畑にやるのだが、いざ勢よく生長して実る時になると皆同一と云ふわけには行かない。それは土地の肥た地や瘠せ地のちがひや、天気や気候の具合や、手入の具合などで違ひを生ずるので、それと同じ理で、天から下す性質才能は等しくても、身の修め方で又差を生じるのである。それ故に同類のものであれば、其はみな、似たりよつたりである。何も一人は性善で一人は性悪だなどと疑ふべき事でない。聖人と雖、やはり人間で生理上別に変つた所があるのではない、我々と同じ人間で、只修学に差があるのみなのである。[*41]

人間を平等論と性善説に立って捉え、「聖人と雖、やはり人間で生理上別に変つた所があるのではない、我々と同じ人間で、只修学に差があるのみなのである」と結論づけた孟子の言は、三島の基本的な人間観、青年観の根幹をなしており、青年と手を携えながら修身に励み、天爵を希求していくという、彼自身の青年団、さらには少年団運動への原点を見出すことができる。

章の終わりに、留学前の三島の思想について、デモクラシー関連を中心に確認しておきたい。

大正五年に執筆された「労働者と未能力」[*42]には、三島の素朴な労働者観が表れている。そこで三島は「私は路傍なぞで憐れな労働者を見ると本当に同情してしまふ。どうかしてやりたい気になる。彼等をどうかしてよくする法はないかと思ふ。しかしそれは今の私の力では到底不可能の事である。不可能なら思つても仕方がない筈である。〔略〕しかし私には思はずに居られないのだからやはりこつちも仕方がない。思はずには居られないと云ふことは又よい事であると思ふ。其度に今にきつとどうかすると思ふから」と、労働者に対し恵まれた立場から、素直に同情を寄せている。

同時期に記された「老人と青年の対話」[*43]では、青年の発言を借りて「私は社会主義は嫌ひです、人間が大勢共同の生活をして行くには、どうしてもこれを統治する人がなくてはだめでせう、而して統治する人は統治される人々を愛し、統治される人々は、統治する人を敬愛してこそよいのでしやう。社会主義者にはそんな事位が解らないのですもの。私は真の忠君愛国の方を愛します」と述べている。どこまで社会主義に関する文献に目を通していたかはわからないが、少なくとも社会主義体制の樹立は不可能とみていた。中国古典の統治論に親しんでいたこと、ロシア革命は翌年であったことからすれば、右のように考えても不思議はない。当時の社会主義に対する一般的な印象は、武力闘争の印象が強いことから、愛の観念が欠けているとして、生理的に好まなかったものと思われる。

もっとも、支持するとした忠君愛国も、「ずるい人々が忠君愛国を看板にしよつて、実は自分の出世の為や、自分の保護のために使ふのです」、「私は真の忠君愛国はあんな浅薄なものではない、もつと深淵な敬虔なものであるべきだと思ひます」と、利己主義者・出世主義者の方便に使われるのが専らであると、現状には批判的であった。[*44]その上で「私の云ふ愛国者とは真に国民の為を計るのを云ひます、あはれな人民を救ふのを云ひます」[*45]と、白樺派以来の愛

有志舎　出版図書目録

2017.4

ご 挨 拶

本年度の出版目録をここにお届けさせていただきます。弊社は、2006 年より本格的に出版事業を開始し、現在で 12 年目を迎えました。

この出版不況はいっこうに出口が見えませんが、それでも無骨に学術書出版一筋で頑張っていきたいと思います。

また、弊社の社名の由来は、つねに志をもって出版を行なっていくこと、そしてその志とは、「知」の力で地球上から戦争を無くしていきたいというものです。

もとより、これは簡単なことではないことは分かっています。しかし、出版業というものは単なるビジネスではなく、理想を追い求める「志の業」でもあると私は信じています。

ですから、これからも理想を掲げ、良質の学術成果を読者の皆さんにお届けできるよう鋭意努力して参りたく念願しております

この方針に則り、小社は近現代史を中心に、人文・社会科学に関する学術出版を行なって参ります。

まだまだ未熟ではございますが、新しい知の風を多くの方に届けられるよう全力を尽くして参りますので、引き続きご支援・ご鞭撻のほど、どうぞよろしくお願い申し上げます。

2017 年 4 月

有志舎

代表取締役 **永滝 稔**

講座 明治維新 全12巻

日本史上の大変革・明治維新とは何だったのか？
明治維新史学会の総力をあげて最新の研究成果を提示！

明治維新史学会［編］　A5判・上製・カバー装／各 **3400円**（税別）

〈編集委員〉佐々木寛司・木村直也・青山忠正・松尾正人・勝田政治・原田敬一・森田朋子・奥田晴樹・勝部眞人・西澤直子・小林丈広・高木博志・羽賀祥二

〈全巻の構成〉

＊第1巻 **世界史のなかの明治維新**
280頁　ISBN978-4-903426-37-2

＊第2巻 **幕末政治と社会変動**
282頁　ISBN978-4-903426-42-6

＊第3巻 **維新政権の創設**
320頁　ISBN978-4-903426-48-8

＊第4巻 **近代国家の形成**
308頁　ISBN978-4-903426-54-9

＊第5巻 **立憲制と帝国への道**
264頁　ISBN978-4-903426-64-8

＊第7巻 **明治維新と地域社会**〈改訂版〉
270頁　ISBN978-4-903426-85-3

＊第8巻 **明治維新の経済過程**
300頁　ISBN978-4-903426-78-5

＊第9巻 **明治維新と女性**
270頁　ISBN978-4-903426-92-1

＊第10巻 **明治維新と思想・社会**
280頁　ISBN978-4-908672-07-1

＊第11巻 **明治維新と宗教・文化**
270頁　ISBN978-4-908672-02-6

〈続刊〉

第6巻 **明治維新と外交**

第12巻 **明治維新とは何か**

＊は既刊、6ヶ月に一巻ずつ刊行予定　【内容案内送呈】

アジアから考える —日本人が「アジアの世紀」を生きるために—

水羽信男［編］
2800円（税別）
Ａ５判・上製・カバー装・290頁
ISBN978-4-908672-11-8

21世紀の現在、国際社会における「アジア」諸国の存在感はますます大きくなっている。「アジア」とはいったい何なのか？アジアの中で生きるための「アジア学」入門！

異教徒から異人種へ —ヨーロッパにとっての中東とユダヤ人—

井村行子［著］
2200円（税別）
四六判・並製・カバー装・190頁
ISBN978-4-903426-11-2

「他者」はどのようにして創られるのか！ 中世ヨーロッパの「異教徒」観から、反セム主義(反ユダヤ主義)の登場までを明らかにする。

イラン現代史 —従属と抵抗の100年—

吉村慎太郎［著］
2400円（税別）
四六判・上製・カバー装・240頁
ISBN978-4-903426-41-9

欧米列強の脅威にさらされ続けてきた激動の100年史。「イスラム原理主義国家」というイメージ先行の理解と異なる、この国の本当の姿と歴史のダイナミズムを描き出す。

英雄になった母親戦士 —ベトナム戦争と戦後顕彰—

京樂真帆子［著］
2800円（税別）
四六判・上製・カバー装・310頁
ISBN978-4-903426-88-4

ベトナム戦争では、母もまた共に戦った！　戦士たる母への顕彰の問題を通して、性別役割分業観にとらわれることなく、戦争とジェンダーとの関係性を再考する。

沖縄の復帰運動と保革対立 —沖縄地域社会の変容—

櫻澤　誠［著］
6000円（税別）
Ａ５判・上製・カバー装・288頁
ISBN978-4-903426-50-1

「保守／革新」「復帰／独立」の分節化は沖縄の地域と住民に何をもたらしたのか。今も続く沖縄社会の保革対立が形作られた過程を明らかにする。

沖縄の保守勢力と「島ぐるみ」の系譜 —政治結合・基地認識・経済構想—

櫻澤　誠［著］
6000円（税別）
Ａ５判・上製・カバー装・280頁
ISBN978-4-908672-09-5

「オール沖縄」の原点とは何か？保革対立軸が形成される以前、「島ぐるみ」の重要な一角を形成していた1950〜60年代における沖縄保守勢力の分析から、現代沖縄政治の原点をさぐる。

小野梓と自由民権

勝田政治［著］
2600円（税別）
四六判・上製・カバー装・280頁
ISBN978-4-903426-34-1

日本に立憲政を根付かせようとした熱き男の生涯を描き、近代日本の歴史の中で失われた「もうひとつの日本の在り方」を考える。

オープンスカイ・ディプロマシー

—アメリカ軍事民間航空外交　1938～1946年—

高田馨里［著］
5000円（税別）
A5判・上製・カバー装・280頁
ISBN978-4-903426-44-0

真珠湾攻撃、「航空大国アメリカ」誕生から冷戦へ。戦時・戦後世界の空をめぐる攻防を描く、新しい国際関係史。

開国期徳川幕府の政治と外交

後藤敦史［著］
6200円（税別）
A5判・上製・カバー装・340頁
ISBN978-4-903426-91-4

「鎖国から開国へ」という予定調和な歴史叙述を克服！明治維新にいたる歴史を考察する上で重要な開国の〈経緯〉を、従来は見落とされていた視点からたどり、新たな幕末維新史を描き出す。

きのうの日本 —近代社会と忘却された未来—

鵜飼政志・川口暁弘［編］
3200円（税別）
A5判・上製・カバー装・220頁
ISBN978-4-903426-61-7

明治維新から、第2次大戦後の1950年代まで——かつて確かに存在しながら、やがて消え去っていった理想や夢。忘却された歴史から現在を考える。

キューバ革命 1953～1959年 —モンカダ兵営攻撃から革命の勝利へ—

河合恒生［著］
2800円（税別）
四六判・上製・カバー装・400頁
ISBN978-4-908672-04-0

キューバ革命を通史として描き出す！1959年、貧しいカリブの小国が戦後国際世界の新しいページを切り拓いた。これまで日本でほとんど論じられてこなかったキューバ革命の過程と、それに身を投じた青年群像を描き出す。

近世・近代における文書行政 —その比較史的研究—

小名康之［編］
2800円（税別）
A5判・上製・カバー装・245頁
ISBN978-4-903426-55-6

近世から近代にかけて、世界の諸地域ではどのように文書行政が展開されていったのか。日本・インド・トルコ・メキシコの比較により、それぞれの地域の文書行政の実態を明らかにする。

近現代日本　選択の瞬間

小林和幸［編］
5000円（税別）
四六判・上製・カバー装・300頁
ISBN978-4-908672-08-8

近現代の日本史は重大な選択と決断の連続であった。
歴史に重い責任を負うことになった当事者たちの決断の瞬間に立ち会い、重大な局面を乗り越えていこうとした姿を明らかにする。

近現代部落史 —再編される差別の構造—

黒川みどり・藤野　豊［編］
2800円（税別）
A5判・並製・カバー装・280頁
ISBN978-4-903426-24-2

被差別部落の存在を無視した日本史像はありえない！
「部落史」のオルタナティヴをめざす新たな挑戦。

近代日朝関係史

趙景達［編］
3400円（税別）
A5判・並製・カバー装・390頁
ISBN978-4-903426-62-4

新しい通史の誕生！　これまでのような一国史同士の叙述や政治・外交ゲームのような日朝関係史を乗り越え、両国の社会に底流する深い歴史的文脈の関係性を重視した新世代の歴史書。

近代日本の形成と租税【近代租税史論集1】

近代租税史研究会［編］
5000円（税別）
A5判・上製・カバー装・288頁
ISBN978-4-903426-16-7

「租税国家」として明治国家を位置づけ直す挑戦の第一弾。近代国家の形成にとって租税とはいかなる意味を持ったのか？

近代日本の宗教概念―宗教者の言葉と近代―

星野靖二［著］
6400円（税別）
A5判・上製・カバー装・320頁
ISBN978-4-903426-53-2

「宗教」とは歴史的に変わらないものなのか？翻訳語として近代日本に新たに登場した「宗教」をめぐって、その概念の展開を宗教者の言葉を追うことによって明らかにする。

近代日本の租税と行財政【近代租税史論集2】

近代租税史研究会［編］
6200円（税別）
A5判・上製・カバー装・260頁
ISBN978-4-903426-86-0

近代の課税や徴収の仕組みは、どのような納税者との関係のなかから作られてきたのか。財政や行政制度と租税の関係を見直し、近代租税史の多様で新しい様相を描き出す。

グローバル化のなかの近代日本―基軸と展開―

小風秀雅・季武嘉也［編］
6600円（税別）
A5判・上製・カバー装・400頁
ISBN978-4-903426-93-8

グローバリゼーション下で展開された日本の近代化。「日本」という存在を自明の前提とせず、世界という地平のなかに日本の近代を位置づけ直す。

現代「生活者」論―つながる力を育てる社会へ―

天野正子［著］
2600円（税別）
四六判・上製・カバー装・320頁
ISBN978-4-903426-65-5

他人まかせにしない、できることは自分で、一人でできないことは他者と支えあって。現代日本の歴史経験のなかで登場してきた「生活者」の実践をとらえ直し、新しい共同性・公共性の回路を見通す試み。

皇国日本のデモクラシー―個人創造の思想史―

住友陽文［著］
5400円（税別）
A5判・上製・カバー装・320頁
ISBN978-4-903426-45-7

日本のデモクラシー思想は、なぜ「皇国」を立ち上げたのか？ナショナリズムに潜む私欲を乗り超え、社会を担う「個人」を求める思想の分析から、そのモメントをあきらかにする。

国民国家の比較史

久留島浩・趙景達［編］
6600 円（税別）
A 5 判・上製・カバー装・480 頁
SBN978-4-903426-32-7

グローバリゼーションがもたらしつつある国民国家の再活性化のなか、その同質性よりも差異性に注目し、国民国家をめぐる新たな議論を提起。

【人間文化叢書】ユーラシアと日本 ―交流と表象―

近衛新体制の思想と政治 ―自由主義克服の時代―

源川真希［著］
4600 円（税別）
A 5 判・上製・カバー装・230 頁
ISBN978-4-903426-28-0

かつて、われわれはデモクラシー再生の劇薬を使ってしまった…。デモクラシーを再生させようとする試みは，なぜ近衛新体制に帰結したのか？激動の昭和戦前期における錯綜した思想状況を解きほぐす。

自他認識の思想史 ―日本ナショナリズムの生成と東アジア―

桂島宣弘［著］
3200 円（税別）
A 5 判・上製・カバー装・220 頁
ISBN978-4-903426-17-4

およそ、あらゆる自己認識は他者表象の産物である。東アジアに向き合うなかから、日本ナショナリズムの生成を問う！

シベリア抑留と戦後日本 ―帰還者たちの闘い―

長澤淑夫［著］
2400 円（税別）
四六判・上製・カバー装・230 頁
ISBN978-4-903426-49-5

戦後日本はなぜシベリア抑留者の補償を拒否し続けたのか？　国会で否定され裁判で何度敗れても、不屈の闘志で運動を続け、ついに補償を実現した抑留者たちの戦後史。

ジープと砂塵 ―米軍占領下沖縄の政治社会と東アジア冷戦 1945 ‒ 1950― 【フロンティア現代史】

若林千代［著］
4800 円（税別）
A 5 判・上製・カバー装・300 頁
ISBN978-4-903426-99-0

戦後沖縄の原点に眼をこらす！　米軍占領下にあっても、沖縄は「民主」と「自治」を志向し続けた。東アジア冷戦のもとで、独自の政治空間を作り上げた沖縄とそこに生きる人びとの姿を描き出す。

主権不在の帝国 ―憲法と法外なるものをめぐる歴史学―

林　尚之［著］
5800 円（税別）
A 5 判・上製・カバー装・270 頁
ISBN978-4-903426-66-2

帝国憲法体制と日本国憲法体制とは、いかなる連続性を内在させていたのか？主権をめぐる〈逆説〉から、新たな思考を提起する。

初期社会主義の地形学《トポグラフィー》 ―大杉栄とその時代―

梅森直之［著］
5400 円（税別）
A 5 判・上製・カバー装・380 頁
ISBN978-4-908672-05-7

資本主義の「終わり」をめざして広がっていく経済的不平等や、それに伴って引きおこされる暴力から人間をいかに救うのか。この課題に正面から向き合い、思索し、戦った初期社会主義者たちの思想と行動から我々は何を見いだすのか。

植民地期朝鮮の知識人と民衆 ―植民地近代性論批判―

趙 景 達［著］
5400 円（税別）
A 5 判・上製・カバー装・324 頁
ISBN978-4-903426-19-8

知識人世界と民衆世界の差異と亀裂！ 日本支配下の朝鮮は、果たして植民地権力のヘゲモニーのもとで“近代”を内面化し得た社会だったのか？

仁政イデオロギーとアイヌ統治

檜皮瑞樹［著］
5800 円（税別）
A 5 判・上製・カバー装・280 頁
ISBN978-4-903426-80-8

「華夷主義」から「同化主義」へ。
19 世紀における、蝦夷地・アイヌ統治政策と仁政イデオロギーとの関係を明らかにする。

精神の歴史 ―近代日本における二つの言語論―

田中希生［著］
5600 円（税別）
A 5 判・上製・カバー装・390 頁
ISBN978-4-903426-25-9

狂気と理性が裁断されえなかった近代日本という時空。そのなかに現在とは全く異質の《精神》を見出す新しい思想史！

戦後日本と戦争死者慰霊 ―シズメとフルイのダイナミズム―

西村 明［著］
5000 円（税別）
A 5 判・上製・カバー装・256 頁
ISBN978-4-903426-06-8

［2007 年度国際宗教研究所賞受賞］
慰霊とは何なのか。そして何でありうるのか。戦後日本の長崎原爆慰霊を通して、死者への向き合い方を問う。死者と生者の宗教学！

戦時期朝鮮の転向者たち ―帝国／植民地の統合と亀裂―

洪 宗 郁［著］
5400 円（税別）
A 5 判・上製・カバー装・264 頁
ISBN978-4-903426-38-9

植民地知識人の主体化と帝国秩序の論理。抵抗と読み替えの相克から戦時下朝鮮の思想史を再考する。

先住民と国民国家 ―中央アメリカのグローバルヒストリー―

【国際社会と現代史】

小澤卓也［著］
2400 円（税別）
四六判・上製・カバー装・240 頁
ISBN978-4-903426-07-5

「敗者」は勝利をもたらすか？ サンディニスタ、サパティスタ、そしてチャベスへ…。国民国家に抑圧されつづけてきた先住民からの問いかけ。

戦争・災害と近代東アジアの民衆宗教

武内房司［編］
6600 円（税別）
A 5 判・上製・カバー装・320 頁
ISBN978-4-903426-82-2

同善社・世界紅卍字会・カオダイ教……。
動乱の近代東アジアで登場した「越境」する民衆宗教の姿を明らかにする。

占領期・占領空間と戦争の記憶

長 志珠絵［著］

【フロンティア現代史】

4800円（税別）
Ａ５判・上製・カバー装・380頁
ISBN978-4-903426-73-0

戦争と記憶をめぐるポリティクス。東アジアの冷戦という時代状況を意識しつつ、戦後日本の「戦争記憶」形成のあり方を問い直す。

脱帝国のフェミニズムを求めて

宋 連 玉［著］

―朝鮮女性と植民地主義―

2400円（税別）
四六判・上製・カバー装・270頁
ISBN978-4-903426-27-3

脱植民地主義のフェミニズムとは何か！　饒舌な「帝国のフェミニズム」にかき消された女性たちの声を聴く。

田中角栄と自民党政治 ―列島改造への道―

下村太一［著］
2400円（税別）
四六判・上製・カバー装・265頁
ISBN978-4-903426-47-1

田中角栄の政治指導と、保守政治再生の政策・戦略とはどのようなものだったのか。その政治手法に着目して、田中角栄の実像に迫った新しい政治史。

田中正造と足尾鉱毒問題 ―土から生まれたリベラル・デモクラシー―

三浦顕一郎［著］
2600円（税別）
四六判・上製・カバー装・310頁
ISBN978-4-908672-10-1

最弱を以て最強に当る！　足尾鉱毒問題を人権問題として捉え、「最弱」の人々の権利や生命を「最強」から守るために闘った田中正造の思想と生涯を描き出す。

中国国境地域の移動と交流 ―近現代中国の南と北―

塚田誠之［編］
5200円（税別）
Ａ５判・上製・カバー装・370頁
ISBN978-4-903426-31-0

中国国境地域に生きる諸民族の姿から、移動と交流の実態を明らかにする。
【人間文化叢書】ユーラシアと日本 ―交流と表象―

地租改正と明治維新

佐々木寛司［著］
7800円（税別）
Ａ５判・上製・カバー装・480頁
ISBN978-4-908672-03-3

日本資本主義化の原点＝地租改正。
近世的な領主－領民関係を、近代的な国家－国民関係へと改装する契機となった大変革の構造を総合的に分析。

中国抗日軍事史 1937-1945

菊池一隆［著］
2800円（税別）
四六判・上製・カバー装・400頁
ISBN978-4-903426-21-1

中国現代史から多角的に描く、本格的な日中戦争通史。弱国・中国は強国・日本をいかにして破ったのか。

創られた「人種」 ―部落差別と人種主義《レイシズム》―

黒川みどり［著］
2600円（税別）
四六判・上製・カバー装・280頁
ISBN978-4-908672-01-9

幕末・明治の言説から現代における中上健次の文学まで。糾弾だけではなく、もう終わったことでもなく、今ここにある差別として人種主義から部落問題を考える。

帝国に抗する社会運動 ―第一次日本共産党の思想と運動―

黒川伊織［編］
6000円（税別）
Ａ５判・上製・カバー装・336頁
ISBN978-4-903426-90-7

共産党創成期の歴史を神話から解放する、東アジア社会運動史の問題作。

帝国日本の「開発」と植民地台湾 ―台湾の嘉南大圳と日月潭発電所―

清水美里［著］
6600円（税別）
Ａ５判・上製・カバー装・320頁
ISBN978-4-903426-97-6

これまで、功罪ばかりが論じられてきた植民地におけるインフラ開発の実態を詳細に調査・分析。台湾現地社会とそこに生きた人びとの姿にまで迫り、真の意味での「植民地的開発とは何か」を論じる

帝国の思考 ―日本「帝国」と台湾原住民―

松田京子［著］
4800円（税別）
Ａ５判・上製・カバー装・280頁
ISBN978-4-903426-83-9

日本「帝国」最初の本格的な植民地である台湾。そこでマイノリティであった台湾原住民をめぐる表象と学知から植民地主義の思考に迫る。

東亜聯盟運動と朝鮮・朝鮮人 ―日中戦争期における植民地帝国日本の断面―

松田利彦［著］
5000円（税別）
Ａ５判・上製・カバー装・240頁
ISBN978-4-903426-95-2

石原莞爾が主唱し、植民地朝鮮の問題にも深くコミットした東亜聯盟運動。戦時下における一つの思想的実験を朝鮮・朝鮮人との関わりから読み解く。

同時代史としてのベトナム戦争

吉沢　南［著］
2600円（税別）
四六判・上製・カバー装・250頁
ISBN978-4-903426-30-3

ベトナム戦争とは何だったのか？ 60～70年代の反戦運動とは何だったのか？「現代史」ではなく、「同時代史」を提唱し、民衆の視点からベトナム戦争とその時代を考える。

トウモロコシの先住民とコーヒーの国民 ―人類学が書きえなかった「未開」社会―

中田英樹［著］
2800円（税別）
四六判・上製・カバー装・308頁
ISBN978-4-903426-70-9

人類学は「未開」社会に何を「発見」してきたのか？
　多文化共生というものが孕む問題を先住民社会の中から描き出す。

盗賊のインド史 —帝国・国家・無法者《アウトロー》—

竹中千春［著］
2600円（税別）
四六判・上製・カバー装・360頁
ISBN978-4-903426-36-5

盗賊や武装勢力とは何者なのか？彼らはなぜ戦うのか？「盗賊の女王」プーラン・デーヴィーはじめ、近現代インドを席巻したアウトローたちの世界に分け入り、その真の姿を描き出す。　［2011年　大平正芳記念賞受賞］

遠野のいまと昔 —もうひとつの『遠野物語』を歩いて—

金原左門［著］
2400円（税別）
四六判・上製・カバー装・196頁
ISBN978-4-903426-96-9

『遠野物語』を「いま」に生かす試み！

柳田国男によって100年以上前に書かれた『遠野物語』を、歴史学者が東日本大震災後の現在において読み解いていく。

都市と暴動の民衆史 —東京・1905-1923年—

藤野裕子［著］
3600円（税別）
A5判・上製・カバー装・320頁
ISBN978-4-903426-98-3

20世紀初頭、民主化のなかで湧き上がった民衆の暴力は、独自の論理と文化をもちながら、やがて排外主義とファシズムへの地ならしとなっていった。名も無き民衆の姿に注目しつつ、新しい歴史学の地平をここに切り拓く。

日韓民衆史研究の最前線 —新しい民衆史を求めて—

アジア民衆史研究会・歴史問題研究所［編］
6400円（税別）
A5判・上製・カバー装・400頁
ISBN978-4-903426-00-6

日韓の研究者による交流から生まれた民衆史研究の最前線！　多様な民衆を描き出し、新たな民衆史を提示する。

20世紀の戦争 —その歴史的位相—

メトロポリタン史学会［編］
2600円（税別）
四六判・上製・カバー装・280頁
ISBN978-4-903426-59-4

戦争の時代は、まだ過ぎ去ろうとしない！
20世紀における様々な戦争の歴史から現代を問い直す。

日本近世社会と明治維新

高木不二［著］
5400円（税別）
A5判・上製・カバー装・265頁
ISBN978-4-903426-20-4

マルク・ブロック（アナール派）に学びながら、幕末・維新史を描き直す。日本近世社会はいかにして近代へと転換していくのか！

日本占領とジェンダー —米軍・売買春と日本女性たち—

平井和子［著］
4800円（税別）
A5判・上製・カバー装・260頁
ISBN978-4-903426-87-7

占領下、日米「合作」の性政策をジェンダー視点から問い直す！　兵士の性暴力は軍隊が生み出す構造的なものである事を明らかにし、それを支える女性同士の分断を乗り越える道筋を描き出す。　【フロンティア現代史】

日本帝国と民衆意識

ひろたまさき［著］
2600円（税別）
四六判・上製・カバー装・300頁
ISBN978-4-903426-58-7

日本と世界は「帝国意識」を克服できるのか？

民衆思想史の歩みを自己点検しつつ、帝国意識と民衆との複雑な歴史的関係にメスを入れる。

幕末維新の政治と人物【明治維新史論集1】

明治維新史学会［編］
4400円（税別）
Ａ５判・上製・カバー装・250頁
ISBN978-4-9086726-06-4

明治維新史研究の最新成果を示す論集、ここに刊行開始！　将軍・藩主・幕臣・藩士など様々な人物の政治指導の在り方からその役割を明らかにし、
幕末維新期の政治・社会を再考する。

東アジアの政治文化と近代

深谷克己［編］
2800円（税別）
Ａ５判・並製・カバー装・280頁
ISBN978-4-903426-22-8

「ウエスタンインパクト」によって、東アジアは自己変革していった！　民間社会にまで浸透していた政治文化の視点から、東アジアの近代化を再考する。

東アジアの民族的世界 ―境界地域における多文化的状況と相互認識―

佐々木史郎・加藤雄三［編］
5200円（税別）
Ａ５判・上製・カバー装・312頁
ISBN978-4-903426-39-6

「日本」の南北に広がっていた民族的な世界。そこで人々はどう生きていたのか。

【人間文化叢書】ユーラシアと日本 ―交流と表象―

武装親衛隊とジェノサイド ―暴力装置のメタモルフォーゼ―

芝　健介［著］
2400円（税別）
四六判・上製・カバー装・260頁
ISBN978-4-903426-14-3

「ヒトラーのボディーガード」から「絶滅のアルバイター」へ。武装ＳＳは、本当に栄光ある軍事組織だったのか？

プロイセンの国家・国民・地域

割田聖史［著］
6600円（税別）
Ａ５判・上製・カバー装・384頁
ISBN978-4-903426-52-5

―19世紀前半のポーゼン州・ドイツ・ポーランド―

これまでドイツ人とポーランド人の混住地ゆえの民族対立の場とされてきた地域を舞台に、国家と地域の関係・構造を問い直す。

兵士と軍夫の日清戦争 ―戦場からの手紙をよむ―

大谷　正［著］
2300円（税別）
四六判・上製・カバー装・240頁
ISBN978-4-903426-02-5

いま、日清戦争が問い直されている！　出征から異国での戦闘、「他者」への視線、そして最初の植民地戦争へ。戦地から届いた兵士たちの声は何を語るのか。

兵士はどこへ行った —軍用墓地と国民国家—

原田敬一［著］
2600円（税別）
四六判・上製・カバー装・330頁
ISBN978-4-903426-68-6

戦死者追悼のあり方は、本当に世界共通なのか？世界各地の「軍用墓地」調査を通して見えてくる様々な追悼の姿から、戦死者と国家・国民のあるべき関係をあらためて考える。

民族浄化・人道的介入・新しい冷戦 —冷戦後の国際政治—

塩川伸明［著］
2800円（税別）
Ａ５判・並製・カバー装・330頁
ISBN978-4-903426-40-2

マスコミが報道する「国際政治」の姿は真実なのか？正邪・善悪の二元論ではない、冷静な分析から新しい世界の見方を提示する。

明治維新史研究の今を問う —新たな歴史像を求めて—

明治維新史学会［編］
3600円（税別）
Ａ５判・上製・カバー装・300頁
ISBN978-4-903426-43-3

明治維新とは何だったのか。この日本史上最大の変革の意味を、今、改めて考える。

明治維新史論へのアプローチ —史学史・歴史理論の視点から—

佐々木寛司［著］
3800円（税別）
Ａ５判・上製・カバー装・280頁
ISBN978-4-903426-94-5

明治維新を問い直すことは、「日本の近代」の内実を問い直すことである。近代に理想的=純粋培養的な社会など存在しないのだから。

明治維新の国際舞台

鵜飼政志［著］
2600円（税別）
四六判・上製・カバー装・320頁
ISBN978-4-903426-89-1

ペリー来航をめぐる国際関係から、1875～76年頃まで、明治維新の歴史を国際的視野から見直し、今も続く「国民の物語」という歴史像を解体する。

明治国家と雅楽 —伝統の近代化／国楽の創成—

塚原康子［著］
5200円（税別）
Ａ５判・上製・カバー装・270頁
ISBN978-4-903426-29-7

近代日本音楽の創成！雅楽制度を改革し、西洋音楽を兼修して、伝統と近代とをつないだ人びとの実像を描く。

【2009年度　田邉尚雄賞受賞】

遊女の社会史 —島原・吉原の歴史から植民地「公娼」制まで—

今西　一［著］
2600円（税別）
四六判・上製・カバー装・280頁
ISBN978-4-903426-09-9

日本の「性的奴隷」制の歴史を、遊女・遊廓史から解明する。新しい解釈や新史料を使った、本格的な廓《くるわ》の歴史。

吉野作造の国際政治論 ―もうひとつの大陸政策―

藤村一郎［著］
5200円（税別）
Ａ５判・上製・カバー装・296頁
ISBN978-4-903426-51-8

大正デモクラシーをリードした吉野作造。彼の闘いは理解されてこなかった。近代日本のリベラリズムはアジアにいかなる希望を残したのか？

リベラリズムの中国

村田雄二郎［編］
6200円（税別）
Ａ５判・上製・カバー装・352頁
ISBN978-4-903426-46-4

かつて中国には「自由」を求める揺るぎない潮流が存在していた。新しい中国近現代史を切り拓く共同研究の成果をここに提示。

私たちの中のアジアの戦争

―仏領インドシナの「日本人」―

吉沢　南［著］
2600円（税別）
四六判・上製・カバー装・274頁
ISBN978-4-903426-33-4

「アジアと日本にとって、あの戦争とは何だったのか」「日本人とは誰か」― 今、改めて考える、戦争体験のオーラルヒストリー。

目下品切（価格は税別）

核兵器と日米関係 ―アメリカの核不拡散外交と日本の選択 1960―1976―
黒崎　輝［著］【2006 年度 サントリー学芸賞受賞】4800 円 A5 判・上製・320 頁 ISBN978-4-903426-01-7

移民・難民・外国人労働者と多文化共生 ―日本とドイツ / 歴史と現状―
増谷英樹［編］ 2800 円 A5 判・並製・240 頁 ISBN978-4-903426-23-5

植民地朝鮮 / 帝国日本の文化連環 ―ナショナリズムと反復する植民地主義―
趙 寛 子［著］ 4800 円 A5 判・上製・310 頁 ISBN978-4-903426-08-2

ボスニア内戦 ―グローバリゼーションとカオスの民族化―
佐原徹哉［著］ 3200 円 四六判・上製・460 頁 ISBN978-4-903426-12-9

明治維新を考える
三谷　博［著］ 2800 円 A5 判・並製・256 頁 ISBN978-4-903426-03-7

満洲国と日本の帝国支配
田中隆一［著］ 5600 円 A5 判・上製・320 頁 ISBN978-4-903426-10-5

植民地朝鮮の警察と民衆世界 1894-1919 ―「近代」と「伝統」をめぐる政治文化―
愼 蒼 宇［著］ 6200 円 A5 判・上製・363 頁 ISBN978-4-903426-18-1

「村の鎮守」と戦前日本 ―「国家神道」の地域社会史―
畔上直樹［著］ 6200 円 A5 判・上製・368 頁 ISBN978-4-903426-26-6

イギリス帝国と帝国主義 ―比較と関係の視座―
木畑洋一［著］ 2400 円 四六判・上製・カバー装・260 頁 ISBN978-4-903426-13-6

もうひとつの明治維新 ―幕末史の再検討―
家近良樹［編］ 5000 円 A 5 判・上製・カバー装・270 頁 ISBN978-4-903426-05-1

明治維新と世界認識体系 ―幕末の徳川政権　信義と征夷のあいだ―
奈良勝司［著］ 6400 円 A 5 判・上製・カバー装・360 頁 ISBN978-4-903426-35-8

戦時体験の記憶文化
滝澤民夫［著］ 5600 円 A 5 判・上製・カバー装・330 頁 ISBN978-4-903426-15-0

幕末民衆の情報世界 ―風説留が語るもの―
落合延孝［著］ 2500 円 四六判・上製・カバー装・220 頁 ISBN978-4-903426-04-1

＊今後の出版予定（書名は仮題）

天皇墓の政治民俗史……………………………………岩田重則著
近代ドイツの歴史とナショナリズム・マイノリティ……伊藤定良著
三遊亭円朝と民衆世界…………………………………須田　努著
共同研究 サークル運動としての思想の科学…天野正子・道場親信編
吉野作造と関東軍……………………………藤村一郎・後藤啓倫編
アンシアン・レジーム期フランスの権力秩序………仲松優子著
「大日本帝国」の膨張・崩壊と満蒙開拓団…………… 細谷　亨著
戦後の教育経験…………………………………………大門正克著

＊書店様へ

●当社の契約取次店は、

トーハン（取引コード　８６２０）

JRC（人文・社会科学書流通センター）

八木書店

です。

トーハン　電話：03-3269-6111（代）

JRC（人文・社会科学書流通センター）

電話：03-5283-2230　FAX：03-3294-2177

メール：info@jrc-book.com

八木書店

電話：03-3291-2968　FAX：03-3291-2962

メール：dist@books-yagi.co.jp

＊また、お客様からのご注文には柔軟に対応しております。
弊社へ直接ご注文ください。
在庫品は日販・大阪屋含め、どの取次店経由でも出荷できます。

＊JRCの場合は、JRC→日教販→貴店帳合の取次店、のルートで送品いたします。また、八木書店の場合は、八木書店→貴店帳合の取次店、のルートとなります。
いずれも、貴店帳合取次店への搬入は、受注日から２～３営業日後となります。
なお、直接、JRC・八木書店までご注文いただいても構いません。

＊また、新刊の刊行ごとに、その案内（注文書付き）を送ってほしいという場合は、その旨ご用命ください。
FAXにて送信させていただきます。

有志舎　担当：永滝（ながたき）

電話　03-5929-7350　　FAX　03-5929-7352

メール　yushisha@fork.ocn.ne.jp

＊読者の皆様へ（書籍のご購入にあたって）

●小社の出版物は、最寄りの書店でお求めになれます。店頭に見当らない場合は、書店にご注文ください。どの書店からでもご注文可能です。

●書店でご注文できなかった場合は、直送のご注文も承っております。お手数ですがＦＡＸ、または電子メールにて小社宛てお申し込みください。１冊であれば、原則として郵便局の「ゆうメール」でお送りしますので、送料は１冊400円です（ただし本の厚さによって変わります）。発送から到着まで３〜４日かかりますのでご了承下さい。

●ゆうメールは、ご家庭のポストへ届けさせていただくもので、原則として受け取りのサインは必要はなく、ご不在時でも荷物が届きます。ただし、ポストに入らなかった場合は不在連絡票が入ります。到着日・曜日などの指定はできません。ご了承願います。

●商品と一緒に、納品書兼請求書・郵便振替用紙（振込手数料は当方負担）をお送りしますので、商品が届き次第お振込みをお願いします。

●なお、一度に２冊以上をご購入の際には、代金先払いとなります。先に請求書と振込用紙をお送りしますのでそれで代金・送料をお振り込み下さい。入金が確認出来次第、商品をお送りします。あらかじめご了承ください。

●ご購入申し込み先

ファクス　03-5929-7352
電子メール　yushisha@fork.ocn.ne.jp

※ご注文の際には、
ご注文書名
冊数
お名前
ご住所
お電話番号
を忘れずにご記入ください。

なお、ご記入いただいた購入者情報は、ご注文いただいた書籍の発送、お支払い確認などの連絡、及び小社の新刊案内送付のために利用し、その目的以外での利用はいたしません。また、ご記入いただいた購入者情報に変更が生じた場合は、小社までご連絡ください。

有限会社

有志舎

〒 166-0003　東京都杉並区高円寺南 4-19-2、クラブハウスビル 1 階

TEL：03-5929-7350　FAX：03-5929-7352

E-mail：yushisha@fork.ocn.ne.jp

有志舎のホームページ

http://yushisha.sakura.ne.jp

と人道主義、そして孟子流の人民本位の思想を基本に、労働者救済を主張した。三島の政治的理想は、治者と人民は愛で結ばれ、為政者は、弱者を救済するなど慈愛をもって人民のための政治を行い、人民もまた治者を敬愛してやまないというもので、古代中国の聖王の統治を想起させる、多分に理想主義的なものであったが、その後に至る彼の主義主張の原型となった。

大正七年一一月に刊行された『若き旅』に収められた「ある対話」[*46]では、「老人と青年の対話」同様、愛や人道主義を重視する議論を展開しているが、ここでも「私は共産主義者の云つてる「ある事」なぞは違ふと思ひます。平等でないものを平等にするのは公平の様で反つて不公平です」と、否定的な見方を変えていない。ここでいう「ある事」とは、「階級の無い平等社会」のことと思われるが、果たして本当にマルクス主義を念頭に置いた発言なのか、それとも無政府主義など別の思想のことか判然としないが、いずれにせよ階級闘争という概念が、心理的に受け付けなかったことはまちがいない。

三島が兄事する二人の作家、武者小路実篤と有島武郎。前者がこの年、社会改造による済民と、寄生階級である自己の解消をめざして「新しき村」を創設し[*47]、後者がその失敗を予言し、さらには社会主義時代の到来と有産階級の没落を確実視し、自身の企てもまた失敗に終わるであろうと破滅的未来像を描いたのに比べ[*48]、三島には革命への切迫感が薄いようにもみえる。だが同じ白樺派でも、志賀直哉が有産階級であることの負い目をほとんど感じていなかったことを思えば[*49]、三島もまたそこまで呪縛されていなかったとしても不思議ではない。

2　三島通陽の海外体験

なかなか機会を得られなかった三島の留学が正式決定したのは、大正七年（一九一八）末である。[*50]叔父の牧野伸顕がヴェルサイユ講和会議に全権委員となり渡欧するのに同行し、欧洲に渡ることとなった。旅程は大正七年一二月一〇日に横浜を出航、太平洋を渡り、サンフランシスコより大陸横断鉄道に乗り、ニューヨークに到着したのが一二月三一日であった。同地の出発は翌年一月八日、滞在中は演劇の勉強のため、連日、各地の劇場に通った。大西洋を越えリバプールに着いたのが一月一七日、即日ロンドンに移動し、翌一八日、英仏海峡を越え、最終目的地であるパリに到着した。[*51]

パリ滞在中は留学の準備に取りかかったほか、全権団のメンバーと各所に出かけるなどしてすごしたが、大正八年三月七日、父弥太郎が急死したため、留学を取り止め帰国することとなった。帰国は再びリバプールより乗船し、大西洋・地中海・スエズ運河・紅海・インド洋と進み、さらにシンガポール・香港・上海を経て五月下旬に神戸に到着した。三島は、家の後始末が片付き、落ち着いたところで、再び留学する予定であったが、結局その機会は訪れなかった。

このように三島の留学は期間も短く、そもそも留学といえるほどのことは何もできなかったが、第一次世界大戦終了直後という時期に欧洲を体験し、さらに世界を一周し、各地を見聞したことの意義は少なくなかった。三島にとって海外での体験は、これまで日本で培った常識を相対化させ、自己の価値観や認識を改めて検証する場となった。以下、日記、及び帰国後に発表した小説や評論をもとにみていくことにする。まず往路に立ち寄った米国では、人々の間に愛国心が昂揚しており、再三パトリオティズムという言葉を耳にしたという。三島はこの現象を各地で目撃しながら、自身が信奉する愛と人道主義を思い起こし、次のように述べる。「成程この言葉は立派な言葉だ。そしてこの言葉が人道と正義と愛に合致した時はなほその光りは増す。いや人道、正義、愛の一分子であるパトリオティズムこそ、本統のパトリオティズムだとも云へる。しかしこの言葉が偉大で美しくあればある程、決して此言葉の濫用は許されない。内容のない言葉だけで濫用される事は、（他の偉大なる標語と同じやうに）危険であり、よくない事である」[52]。真のパトリオティズムを支持しつつも、かつての忠君愛国と同様、実質の伴わない言葉の氾濫を憂えた。

欧洲到着後、三島はパリに滞在しながら、留学準備を進め、あわせて観劇を始めさまざまな経験を積んだが、最も印象的なのは二月一六日にジャーナリストの中野正剛とともにフランス北部の都市ランスを訪れ、第一次世界大戦の激戦の跡を詳しく見て回ったことであった。「軍用乗合自働車ノケツノイタイ《〔痛〕》ノニノッテポンペル保塁ヲミル。ミチミチ《〔道々〕》モ家々ガズイ《〔随〕》分ヒドク《〔酷〕》コワレ《〔壊〕》、一尺四方ノタマ《〔弾〕》ノアタラヌ《〔当〕》所モナイ位デアル」[53]と、想像を超えた惨禍に衝撃を受け、丘の上から眼下に広がる破壊の痕を目の当たりにした際には、「如何に文明の戦争の恐るべき力があるかを我々は只あつけにとられてみるより仕方がなかつた」[54]という。

戦場見学の途中、遺棄されたドイツ軍の戦車をみたときは、「この中には、この怪物の為めに死んだ人、この怪物に乗つて来てこゝで死んだ人々のうらみの魂があふれて居るやうな、気がして私は思はず顔をそむけ」、打ち捨てられたままのドイツ兵士の死体をみたときには、「この人の家族は今もこの人の帰りを待つて居はしないだらうかと思ふとたまらない気」[55]になるなど感傷的になっている。

三島が、さきのドイツ兵の遺体に対し哀悼を表したところ、現地のフランス兵が嫌な顔をして「彼は敵だ」といった。これに対し三島は「彼等には日本武士のやうに敵の屍に敬意を表する事を知らないやうに思はれた。そして私はミリタリズム反対者ではあるが、日本の昔の武士のやつた事の中に沢山美しい話を見出して居る事を思つた」[56]と日本流の人道主義を評価し、西洋的価値観に対し優越性を見出している。

一方で西洋の美点にも着目、評価している。ランスでは、同地で生産されるシャンパンは貴重な輸出品であったため、戦争中も工場は女性を中心に稼働し続けたという。ドイツ軍は女工たちの出勤・退出時を狙って砲撃を加えたため、多数の犠牲者が出たが、それでも屈せず、最後まで生産を続けたという話を聞き、「仏蘭西女と云ふとおつしやればかりが仕事のやうに多くの人は考へて居るが、彼等とて国家存亡の時はこんなにも男以上に働くのだ。如何に

「主義」と云ふもの、人の精神の強いものであるかを私はつく〴〵感じて涙がにじんだ。私は其等の仏蘭西女のした事を哀れにも立派な行ひいだと思ふ」[*57]と、国家の危急に際しての、フランス女性の献身を讃えた。

また、あるフランス軍人から、ランスのノートルダム大聖堂は世界的な宝であるため、フランス軍は「世界芸術ヲマモリ《〔守〕》 Cathedrale ハ陸軍デ使用シナカッタノヲドイツハムセン《〔無線〕》デンシン《〔電信〕》ニツカウトノコウジツ《〔口実〕》デコレヲコワシ《〔壊〕》タノヲ仏国人ハ世界道徳ノタメニフンゲキ《〔憤激〕》シタ、世界ニナ《〔名〕》アル学問ゲイ術ヲダスノハソノ国ノホマレ《〔誉〕》デアル、ソレヲキズツ《〔傷〕》ケラレタカラオコル《〔怒〕》ノダ、カヽル世界的ノタカラ《〔宝〕》ハ世界ノ人ガマモルベキモノダ」[*58]などと聞かされた際には、「彼等が如何に芸術と云ふものを尊敬して居るかと云ふ事」に感心し、翻って「実際多くの日本人は、我国の世界に誇れるいゝもの、、いいことを本統に理解して居ないやうに思へた」[*59]と、日本人が自国の文化や芸術に対し、理解が乏しいことを嘆いた。

ほかにも、フランスにおいて「仏蘭西人が沢山集つたりした時、おとなしく行列でもつくらぬと「これは仏蘭西の仕方ではない」と云つてお互ひに戒め合つて居る」のを目撃し、「若しこれが日本ならお互ひに「これだから日本人はいかん、西洋人ならすぐ行列を作るのに」と云ふだらう。即ち同じ戒め言葉でも人真似と自覚的と二色ある。我々は何も西洋人の真似をしなくつても日本人の謙譲な美点によつて行列なんかわけなく作られるべき方が本統で、さうでない方が嘘なのだと云ふ所が気がつかなくてはだめである」[*60]と人真似、すなわち模倣主義をしりぞけ、独創性の重要さを訴えた。

帰路において三島は、英国に代表される白人支配の不条理を各地で見聞した。地中海では日本海軍による護衛活動が高く評価されていることを喜びながらも、「然るにこんなにも蔭で日本人が努力して居ても西洋人も日本人も是等の人々の熱暑と危険の中の苦心を殆むど認めてくれなかつた」と口惜しがった。さらに「英国あたりは針小棒大のプロパガンダをするのに反し、日本人はあまりに英国の「仰せ」かしこしと遵奉して、何事も秘密々々と口をつぐむ為であらう」と英国と身勝手と、言われるままに沈黙する日本の存在感の薄さ、影響力の乏しさにやるせなさを感じた。さらに船中で日本人に対する各種の差別待遇についても聞かされ、憤慨しきりであった。[*61]その後、スエズ運河通航中には、[*62]目にした英国陣地の物量や機械力に圧倒され、勝ち目のない戦いに敗れたトルコに憐憫の情を寄せた。また当地に駐留する英国軍兵士たちが、実はオーストラリアとインドの出身であることを知り、しかも「この大軍を此処まで送つたのは実に我が海軍のコンボーイと守備のお蔭だときいて」言いようのない矛盾を感じた。さらにはオーストラリアが、日本の主張する移民排斥の不当や人種差別撤廃意見に対し、白豪主義の立場から強硬に反対していることを知るに及んで、胸中に愛国心と人道主義とが燃え上がったという。

> あの獣類に任された豊かな広すぎた空地に、自然の勢ひと、人類の進歩とによつて、人口稠密の地から溢れ流れて行く人の子を、只独り英国のみが独占して拒むのは、いつも人道主義を標榜する英国人にも似合はないと思つた。しかも其濠洲は如何なる手段であの土地を英国が哀れな土人の夢から奪つたものだらう、そして其人道主義に人のいい日本人はいつも騙される。一部の学者の言葉は別だが、一般の殊に外交官の人道主義の如きはさん〴〵世界を貪食してその食つたものを吐き出すのが厭さの方便の人道主義に過ぎぬのだ。彼〔＝三島〕は埃及で土人が余りに英人からひどいめにされて居るのに同情した。[*63]

往路はヴェルサイユ講和会議全権団に同行したため、接する日本人は高級官僚や軍人、有産階級ばかりであったが、帰路は単独行であったために海外で暮らす日本人労働者にも会っている。ある労働者からは「貴様等に何がわかるもんけい。貴様等は日本から金を持つてきやがる。そして戦々兢々としてこつちの風俗に従はうとしやがる。だから気に入られる筈だ。考へてもみろよ。同じ日本の中だつて他人の家へ金を持つて行つて、其処の家風に気に入るやうに〴〵すれば、誰からだつて気に入られらあ。そしてこつちでもちやほやされやがつて帰朝しては外国崇拝になりやがる、馬鹿な奴等だ。己達はさうぢやねえぞ。一文も国からは捨てる金は持つて来ねえ。だからやれ有色人種《カラード》だのジヤツプだのとあらゆる迫害と侮辱の中に生活するんだ。擲られたり蹴られたり何かにつけてひどいめに会ふ。それでこそ日本の難有みも解るんでい。国からどつさり金を持つてきやがる貴様に、何がわかるもんけい」[*64]と、西洋における日本と日本人の偽らざる現実を突きつけられている。

海外見聞を通じて、三島は自分があまりにも自国のことを不明であることを知り、愕然としたという。「とにかく、私は向ふで、余りに日本の事より西洋の事の方を知りすぎて居るのを恥かしく思つたのでした。しかも西洋の事をなまじつか知つてる癖に、それなら西洋人と話してみると、勿論こつちがかなはない。美術なら美術で、私は日本の美術より仏国の美術の方がくわしいけれど、そんなら仏国人の美術のくわしい人と仏国美術について話しあへば、勿論こつちにひけめを感じます。日本の美術の事をきかれても何も答へられない。こうゆう事を私はほんとに恥かしい事だと思ひました」[*65]。

自分だけでなく、日本人の多くが西洋偏重で、自国のことを顧みないことへの反省から、三島は「我々新日本の若い者はもつと、故郷のいゝ事も悪い事ももつとよく知らねばならぬと思つた」[*66]という。その上で、これからの若者は、「世界のよき事に接して感激し共鳴するやうな公平な心持で、故郷にあるいゝもの、自分等のうちにあるいゝ者を静かにながめて喜びたい」、すなわち「人が故郷を愛するのに何の不思議があらうぞ。人は自分を愛し、自分の家を愛するのに何の不思議があらう。故郷の中のいゝ者があるのを知つてそれをのばす喜びは、他郷のものを真似する喜びに数百倍の値がある」[*67]、あるいは「我々が世界の事を知らうとする前には、先づ第一に自分を知らねばなりません。自分を知らないでどほして故郷が知れませう。故郷を知らずして世界が知れませう。又凡て新しきものを開拓するには古い事も知つて居なければなりません」[*68]ということであった。もちろん、これは「日本のクラシックのみに没頭しろと云ふのでは勿論ありません。私は我々の祖先の残してくれた立派なクラシックを、クラシックとして愛し、その中に又別の色の自分を見出すために保存をのぞむ」[*69]というもので、いわば国民としてのアイデンティティの確立であった。

3　三島通陽のデモクラシー論

三島が、海外を体験した時期、日本の国際的地位は戦前期において最高に達しようとしていた。これに対し、欧洲各国は疲弊し、各地で民族主義の機運が高まっていたが、その一方で、英国は依然として国際社会の主導権を握り続けていた。三島は帰国後、新聞、雑誌などさまざまな機会に西洋体験を発表した。以下その内容を検証する。

帰国直後に発表した「眼の印象を」において三島は、日本と英国の人道主義を比較している。英国について三島は、「英国の人道主義の如きは（一部の学者の説は別だが）、さん〴〵世界を貪食して満腹した上で、その食つた物を吐き出すのが嫌さの方便の人道主義にすぎない」と、いかに高邁な理想を謳おうとも、実態は利己的で欺瞞に満ちており、到底受け入れがたいとした。逆に日本人の寛大さを高く評価し、「此寛大は誇るべき寛大で、決してこれは今初まつた美徳ではない。日本では何百年前の武士時代からの美徳なのであ」り、「僕は日本人の唱へる人道主義こそより本統の人道主義だと思ふのである」と、日本人の伝統的精神の中に真の人道主義を見出した。その上で、「我々がトルストイやユーゴー等の人道主義を尊敬するのは彼等の真似をするのではなく共鳴をするからである。共鳴はこつちに持つてるからするのだに、西洋の偉人から皆教へられるのだと思つて居る人々もある。僕は日本人こそ精神的に美しい人種だと云ひたい」と述べ、世界普遍の思想である人道主義を日本人が真に受け入れられるのは、模倣ではなく、「本統にオリヂナルな気持に正義人道を持つて」いるからであるとした。

翌年一月発表の「若き声と人真似」では「世界の大勢や流行に盲従すると云ふ所には人真似根性があるが、世界の最新知識を吸ふと云ふのは、そうではない。何故なら知識と云ふものは、世界共通のものであるべきで、これは真似であるとは云へない。その知識を生かす点に於て真似か真似でないかがあらはれるのではなからうか?。我々はもつと、自己に眼ざめ、故郷に眼ざめねばならない。外国を先進国だと思つて真似をして居た時代はすぎた。より若い我々は独創と個性によつて進まねばならない」[*70]と、模倣をやめ、「独創と個性によつて進」むべきとしている。

デモクラシーに関しても同様で、外来の政治思想ではなく、日本人が長年培ってきた東洋思想に立ち返って、そこを起点に理解すべきとした。具体的には、孟子の思想に普遍性と現代的意義を再確認し、そこから世界標準としてのデモクラシーに共鳴していくべきとした。かかる認識は、大正九年（一九二〇）末に『和訳孟子』が増刷された際の宣伝文に端的に示されている。[*71]そこで三島は「孟子の思想は明らかにミリタリズム（覇道）を排し愛を以つてヒユウマニズムとデモクラシーを行ふとする者である」と、改めて孟子の思想にデモクラシーを認めた上で、「真理は何年たつても真理である。今や現代人はヒユウマニズムとデモクラシーの上に立たうとして居る秋、孟子の言葉には如何に鋭く我々の心に響くであらう。東洋人である我々は先づ東洋のデモクラシーを研究するのが一番早道ではないだらうか。私は昔の道学先生等の云ふやうに「日本人はどうしても漢学や儒教で行かなくてはいけない」とは云へないと思ふけれど「日本人は東洋人なり故に世界のどの人種よりも一番早くピツタリと東洋の思想を理解するものなり」とは云へると思ふ」と訴えた。

以上のように三島は、デモクラシーの核心をなす人道主義を日本の伝統の中に見出し、その上で今後の日本は模倣ではなく、独創と個性をもって進むべきであるとした。利己主義の便法として用いられる、英国のごとき理想から乖離した人道主義は峻拒し、「本統の人道主義」をもってデモクラシーの理想を体現していくべきとした。これが単純な国粋主義でないことは、「支那や朝鮮の学生が騒いだりするのは日本人にも責任がありはしないか……心配である」[*72]と、英国の利己主義と日本の憤懣を日本と中国・朝鮮との関係に置き換えたとき、真の人道主義が貫徹しきれないことに気づき、憂慮を表明していることからも明らかである。

三島の思考では、世界標準的価値としての人道主義、デモクラシーがまず存在し（多分に西洋由来であるが）、これに対して、日本人が伝統的に培ってきた精神的美質や、優れた東洋思想のなかに同等、同質なものを見出し、共鳴をはかっていくというものであり、そのための共通の場がコスモポリタニズムであった。

最後に、三島の認識を公爵近衛文麿と比べてみたい。[*73] 近衛は当時二七歳、ヴェルサイユ講和会議全権西園寺公望の随員として、往路はインド洋廻りで欧洲に渡り、ドイツを始め欧洲各地をめぐった後、米国経由で帰国した。洋行中、フランスの戦跡見学を始め各地を訪ね、一連の見聞は帰国後に『戦後欧米見聞録』としてまとめられた。[*74] 近衛は出発前の大正七年一二月、政治家としての出発点となる論文「英米本位の平和主義を排す」を発表した。[*75] その内容は①社会政策論の影響を受けた国民生存権論、②アジア主義的心情への共感に立つ人種平等論、③新理想主義的な正義人道論、から成る。[*76]

右論文において近衛は、大戦後の世界でデモクラシー・人道主義思想が盛んとなることを予想し、これらの思想は「人間の平等感」から生じる「人間道徳の永遠普通なる根本原理」であり、我が国の国体に反するとの批判には、「我国体の観念は此人類共通の根本的倫理観念を容る、能はざる程しかく偏狭のものに非ずと信ず」とこれを斥け、「何はともあれ、民主主義人道主義の傾向を善導して之が発達を期するは我国の為にも吾人の最も希望する事」であるとした。ただしデモクラシーの受容については、「我国民がとかく英米人の言説に呑まる、傾ありて彼等の言ふ民主主義人道主義の如きをも其儘割引もせず吟味もせずに信仰謳歌する事」は遺憾であると苦言を呈した。近衛は、大学時代に西田幾多郎の影響を受けており、白樺派の影響が強い三島とは思想形成過程が異なるものの、デモクラシー理解において両者の認識はよく似ている。

英国に対する厳しい評価も同様で、同国の世界支配とは「早く已に世界の劣等文明地方を占領して之を殖民地となし、其利益を独占して憚らざりし」という、きわめて利己的、独善的なもので、また彼らは「平和人道」と一口にいうが、その実態は「自己に都合よき現状維持」であり、「之に人道の美名を冠した」にすぎないと厳しく批判した。

要するに、彼らの平和主義は、所詮「現状維持を便利とするもの、唱ふる事勿れ主義」にすぎないと看破した。にも拘わらず日本が「彼等の所謂民主主義人道主義の背後に潜める多くの自覚せざる又は自覚せる利己主義を洞察し得ず」、盲目的に英米本位の国際聯盟を謳歌し、正義人道に合すると考えることは陋劣であると慨嘆した。英米支配の現実に対する反撥に関しても、近衛と三島の認識はよく似ている。ただし三島の場合は、より体験的要素が濃い。

近衛の議論を続けると、第一次世界大戦は、英米がいうような民主主義・人道主義と専制主義・軍国主義の戦いではなく、「已成の強国と未成の強国との争なり、現状維持を便利とする国と現状破壊を便利とする国の争」であり、ドイツと同様、現状打破を唱えるべきはずの日本人が、英米人の美辞に酔って英米本位の平和主義にかぶれ、国際聯盟を天来の福音のごとく渇望する態度は、「実に卑屈千万にして正義人道より見て蛇蝎視すべきものなり」と強く批判した。三島の議論には英国の独善に対する憤懣はみられるが、その方向性は理想の追求、体現へと向かっており、近衛のような政治的昇華はない。芸術家をめざす三島には、政治を志し、すでに貴族院議員であった近衛のような感覚は乏しかったのかもしれず、あるいは、芸術家志望でフランスに惹かれる三島と、かつて父が学んだドイツに愛着を覚える近衛の感性の差もあるかもしれない。

近衛は国際社会の現実を見据え、今後の日本の採るべき態度は、「日本人本位に考へざる可からず」とする。もちろん利己主義という意味ではなく、「日本人の正当なる生存権を確認し、此権利に対し不当不正なる圧迫をなすものある場合には、飽く迄も之と争ふの覚悟なかる可からず」というものである。そのため講和会議では、「経済的帝国主義の排斥と黄白人の無差別待遇」を「少くとも日本として主張せざる可らざる先決問題」とし、最後に「想ふに、来るべき媾和会議は人類が正義人道に本く世界改造の事業に堪ふるや否やの一大試錬なり。我国亦宜しく妄りにかの英米本位の平和主義に耳を籍す事なく、真実の意味に於ける正義人道の本旨を体して其の主張の貫徹に力むる所あらんか、正義の勇士として、人類史上永へに其の光栄を謳はれむ」と訴え、主張を結んだ。

三島と近衛、二人の青年華族の認識は、ともに英米が主導する啓蒙主義的普遍主義の二重性を見抜き、日本の独自性を説くなど共通点も多い。両者の差は、この段階では固有の歴史と伝統の中で培った精神を基礎に、世界的普遍と共鳴させようとする三島のコスモポリタリズム志向と、デモクラシーや人道・平和を人類道徳の根本原理としてその受容、発展を支持しつつも、現実政治の観点に立った近衛の反啓蒙主義的特殊主義という方向性のちがい程度であったが、その後の歴史のなかで次第に距離を広げていくこととなる。

4 三島通陽と社会主義

大正八年（一九一九）五月に帰国した三島は、二二歳の子爵として、千駄ヶ谷の広大な本邸をはじめ、莫大な財産を継承した。当時、日本国内では、デモクラシーが流行語として巷に溢れていた。三島は、自己の「思想がデモクラティックである」ことは認識していたが、かかる風潮に対しては「ついこのあいだまで、よく人々が忠君愛国と云ふ言葉を看板にした位危険のものである」[*77]として反撥した。かつての忠君愛国、パトリオティズムと同じ構図である。

帰国後、三島が真っ先に取り組んだのが友達座による演劇研究であった。友達座をめぐる活動については、拙稿「大正デモクラシーと青年華族」で触れたので詳細は割愛し、概略だけを述べると、友達座は、メーテルリンク作「タンタジールの死」を演題に、大正八年秋に試演を行うことになった。友達座同人は全員男性のため、女優公募、いわゆるオーディションを行ったところ、これが新聞等で有閑華族の乱痴気騒ぎであるかのごとくに紹介されたことから思わぬ騒動となり、ついには風紀の紊れを嫌う宮内省からの干渉を招くに至った。同年一二月に試演は何とか行うことはできたものの、友達座は宮内省の圧力によって劇団から芸術集団「友達会」への変更を余儀なくされた。動機の純粋性はほとんど理解されず、それどころか華族の体面を汚し、無産階級を挑発するものであるなどと散々な非難を浴びるという苦い経験をした。

年が明けて大正九年に入っても、三島の活動の中心は友達会であった。だが、演劇という共通目標を失ったことで、もはや会としての一体性は保ち得なかった。かろうじて同人雑誌『TOMODACHI』が刊行されたものの、これも実態は三島が編集する同人雑誌にすぎなかった。友達会の活動は、同年一一月に刊行された同誌第七号をもって事実上終了する。最終号にはメンバーの近況が報告されているが、三島は「新潮社より出版の「地中海前後」初版売切れました。十二月頃大同館より感想集「若き泉」を出版します。「和訳孟子」も近く再販されます」[*78]とあり、作家・劇評家として自らを紹介していた。

日記には記述はないが、友達座をめぐる騒動が世間に喧伝されて以降、三島は無産階級の一部より目の敵にされており、ほかにも左右両翼さまざまな方面からの中傷に晒されていた。すなわち「老人連や時代後れ連からは、かゝる者が河原乞食の真似をしてはいかんとか何とか云つて叱られ、或る新聞や世評からはさん〴〵罵倒され」、かと思えば「或る若い人々からはお前達こそ芸術を大いにやつて我国の文化に貢献しろと云つて激励され、或る自由思想家からは、芸術と云ふものは「民衆のものである。故に貴族の人がそれへ入つてくると云ふのは、或る意味で貴族の自衛の為にも必要だ」と云ふその人の主張のもとに大いに励まされ、又平民病院なぞをやつて居られる或る社界政策家（?）からも「貴族廃止論たる我等からみれば、貴族の若い人達が大いに平民的気分になつて、芸術の研究をしやうといふ意気が寧ろ大に愉快」と云ふ主張のもとにも賞められたりした」[*79]こともあったという。

大正八年から九年にかけては、「社会主義」と称された各種思想が、乱立状況から次第にマルクス主義（共産主義、ボルシェビズム）優位へと収斂し始めた時期であった。[*80]こうした最中、三島は、おそらく共産主義者、またはサンジカリストのある労働者から手紙でもって罵詈雑言を浴びせられ、精神的打撃を受けた。送りつけられた手紙には「お前は有閑階級にあつて、道楽に芝居をやつて、しかもその上に芸術がどうのこうのと囈言を云つ〔て〕居てるから、自分のやうなその日の暮しに追はれてる貧民階級の者は、敵愾心を持つてる事を知るまいと云ふ事や、お前に一つ教へてやりたい事があるが、それは自分等は、お前のやうに、人間を人間として見るやうなことは既に通りこして、或る種の人間、例へばお前のやうな怠惰階級の人間などは、もう人間として見ないのだ」などと誹謗のかぎりを尽くしてあったという。[*81]

「三島日記」には、芸術方面の師として有島武郎・生馬兄弟がしばしば登場するが、[*82]大正九年には、「或る女」や「生れ出づる悩み」を読み進めていたことが確認できる。[*83]「生れ出づる悩み」の読書情報は一月二九日条にあるが、同書の刊行は大正七年九月であり、あえてこの時期に三島が同書を紐解いた動機を考えたとき、さきの脅迫状の存在を窺うことは、決して不自然ではない。実際、同書には、生活のため漁夫をしながら、すぐれた絵を描く木本青年が登場し、主人公による「世の中には、殊に君が少年時代を過ごした都会といふ所には、毎日々々安逸な生を食傷するほど貪つて一生夢のやうに送つてゐる人もある。都会とは云ふまい。段々とさびれて行くこの岩内の小さな町にも、二三百万円の富を祖先から受嗣いで、小樽には立派な別宅を構へてそこに妾を住はせ、自分は東京のある高等な学校を兎も角も卒業して、話でもさせればそんなに愚鈍にも見えない癖に、一年中是れと云つてする仕事もなく、退屈をまぎらす為めの行楽に身を任せて、それでも使ひ切れない精力の余剰を富者の贅沢の一つである肝癪に漏らしてゐるのがある」[*84]という、三島のような者には胸に刺さる発言も出てくる。

三島は、労働者階級に対しては、予てより同情を寄せていたが、大正九、一〇年の「三島日記」からは、労働問題や社会主義について、知識を深め、関係者と交流するなど、さまざまに模索していたことがみてとれる。順を追っていくと大正九年二月一三日には慶應義塾大学教授堀江帰一の講演を聴いている。「午前堀江さんの話をき〔き〕に帝国教育会へ行く。かなり面白い。社会主義のはなしだ。日本流のしかたをわるく云ひ、又労使協調会の悪口など云っていた」とある。

堀江は、著名な経済学者で、諸産業の民主的監督、労働者の経営参加を主張しており、[*85] フェビアン主義を発展させた国家資本主義を唱えたことで知られる。「堀江日記」に当日の記事はないが、同年一月二八日条に「朝帝国教育会講演、「社会主義[*86]」とあること、三島自身、日記に「社会主義のはなし」と記していることから、この日の演題は社会主義乃至それに近いものであったことはまちがいない。講演内容はわからないが、同時期の堀江の講演「労働組合の現在及将来[*87]」から、おおよその推測はできる。このなかで堀江は労働組合の発展を必然視し、「日本の一部の人は非常に嫌やがる事でありますが、所謂階級闘争の色彩を帯びて来る。即ち労働者が一団となつて資本家と云ふ団体に打付かる、何を以て打付かるかと云へば、労働と云ふ大なる団結で産業を管理する権利を得やうとする。〔略〕さう云ふ風に労働者の団結で産業を支配する権利を得ることを名けて産業上の民主主義と申すのであります[*88]」と、労働者階級の進出によって経営は資本家の独占物たり得ず、彼らはやがて産業を支配する権利を獲得していくだろうと述べていた。また政治面においても「普通選挙になれば日本でも結局は労働者の団体が出来て、其団体が色々の運動をすることになり、又議会の席を占めると云ふことになれば、そこで一国の労働に対する立法と云ふものは正しい道を進んで来るものだらうと思ひます[*89]」と、普通選挙が導入されれば無産政党が一定の議席を得ることとなり、延いては日本の労働関係の立法に良い効果をもたらすとしていた。

堀江は、原敬内閣や、当時の資本家の労働者対策を強く批判しており、[*90] 三島も同じく、「要するに温情主義とは云つてゐるもの丶真の温情ではなく、只ごまかし主義を温情主義と呼むでるだけの事だ」、「これは大ぴらの悪辣手段より、確かにより悪辣だ。そして、今のより多くの資本家が、か丶る恩恵を施すのを私は悲しむものだ[*91]」と、対症療法的な労働者対策を批判していただけに、無産階級の権利拡大に肯定的で、社会主義的傾向を取りつつも、労働者と政府・資本家との対決ではなく、協調を説く堀江の主張に対し、大いに共感を覚えたものと思われる。無論、三島には、労働政策に関する専門知識があるわけではない。彼は孟子の「惻隠の情」を引き、「若しある資本家が正義《ジャスティス》によつて、人類に対する責任と、愛とを持つて、本統に徹底した同情をするのであつたら——同格なる人間の正当なる権利と認めた上での——その同情の徹底した行為は、同じく人間である労働者に又本統に、あたゝかく、快よく、美しくひゞかないわけはないと思ふ」[92]と、批判の根拠を労働者に対する資本家の愛の不足に求めていた。

七月二日には、三島は新橋の東洋軒で行われた、社会主義者山川均・菊栄夫妻の上京歓迎会に出席している。新聞によれば「知己友人百廿余名が集まり、同氏夫妻の為め一夕の歓迎宴を開いた。来会者には黒須龍太郎、三島章道子、山崎今朝弥、森戸辰男等の諸氏が見え、歓迎の辞があつて、盛会の裡に十時散会した」[93]とある。当時の警察資料によれば、山川と同志荒畑寒村の一派は「労働組合ニ依リ漸進的ニ革命ヲ達センコトヲ主張シ、大正八年六月以来両名主催トナリ、毎月二回「労働組合研究会」ト称スル一味ノ会合ヲ催シ、常ニ労働組合ノ理論及其ノ「戦術」ト称スル「ストライキ」「サボタージ」其ノ他ニ関スル過激ノ研究論議ヲ試ミ、屢々中止解散ヲ命セラレタリ」[94]とあり、大杉栄のような過激な無政府共産主義は採らず、「本派ハ組織的労働組合ニ依リ漸進的ニ行カンストスルモノ、如シ」[95]とされていた。三島の参加は、堀江のときと同じく、労働問題、社会主義への関心があってのことと思われるが、少し後に有島武郎・堺利彦・山川均・馬場孤蝶・大庭柯公・小泉鉄らが会合し、著作家組合に新部会を創設する件を協議していることから、[96]その関連かもしれない。当日の模様は「三島日記」に以下のように記される。

夜山川均氏歓迎会へ出る。よさの《〔与謝野〕》、沖野〔岩三郎〕、小泉〔鉄〕、山本〔実彦〕氏等にあふ。食事後社会主義の人がけんかして、ナイフをテーブルにたゝきつけなり《（ママ）》するのでいやになった。もっと落ついて考へなければだめだ。しかし頭のいゝ奴の演説のうまい若い人々に感心した。反社会主義の人々はぐづ〳〵して居るとだめだ。ことに古い忠君愛国主義の人々はくづ〳〵して居られまいと思った。今日のさまなぞみると同情はもてるが、社会主義の人々のランボーなヴルガーさがいやになった。

三島は、主義者たちの暴力的な言動には肌が合わないと感じつつも、若い主義者の巧みな演説に感心するなど、全体的には共感するところも多かったようである。

逆に右翼的、国粋主義的思想に関しては、日記中にそうした方面の人々との交流が希薄なことからも明らかなとおり、あまり関心を示していない。右派系との接触としては、一一月二七日、哲学講義の師小林一郎に誘われ、皇民会の会合に出ているのが目を引く程度である。「皇民会の招待へ行く。小林先生にさそはれしなり。どうも頭の古い人々が多いので、あれではだめだと思ふ。自分の新日本主義を演説しやうかと思ったがやめた」とあり、評価は低い。当日の議論はわからないが、皇民会より大正一〇年に刊行された東郷吉太郎『建国の大本と現代思潮』によれば、「君民間に於ける関係は民を本とせらるゝ「デモクラチック」の御仁徳が我が国体に伴ふて居るのである[*97]」とあるように、同会の思想は頭ごなしにデモクラシーを否定するものではなく、むしろ当時の時流に沿い、国体論とデモクラシーの整合につとめている。だが「「デモクラシイ」が我が国に生きん為めには我が国の国体国情に適合せねばならぬ[*98]」と、デモクラシーの余地を国体論の範囲内でしか認めておらず、偏狭さに三島は納得できなかったと思われる。

ほかにも「三島日記」より社会主義への関心を窺わせる記事を抽出すると、大正九年八月二日条には「自分は「貴族制度論（解放）」をよみ上げた。どれも一理あるが、充分と思へなかった。しかしいろ〳〵参考にはなった」とある。大正一〇年一月一一日には、銀座で「社会主義の人々が本を売りかけて居た。買うかと思ったが、うっかりけいじににらまれてもつまらんからやめた」とあり、同月二四日条には「或る労働者の手記をよみはじむ」とある。さらに、三月六日には、武者小路実篤ら白樺派の作家らと一緒のとき、萩原という労働者に詰問されている。このとき満足な回答ができなかったことに自己嫌悪を感じたという。

午後三越の東洋器具のチンレツを見、それから武者さんへ行く。丁度お〔は〕なしが終って、萩原とか云ふ人の質問に武者さんが答へて居られる時だった。それからその人が武者さんに対してかなり失敬なことを云った。それから一寸はなしてかへる。その人が一所について来た。木下〔利玄〕、犬養〔健〕の諸君とかへる。四ッ谷の停車場でその人が、あなた方の社会の人が社会の為にやらうとしたらずい分やれそうな気がするのに、やらないのは何かわけがあるかと云ったのにたいして、馬鹿な返事をした。私はあまりに自分の悪いとこのみをみやうとする傾きがある（こうゆうとき）。あとでそれをかんがへて、いやな気がした。

一連の記述からは、三島が社会主義に対し、暴力的側面への反撥は消せないものの、労働問題に関心を寄せ、無産階級と資本家・有産階級との間に融和を望み、自分なりに模索していたことが窺える。それでは三島はどのような結論に到達したのか。次章において検証する。

5　デモクラシー論と青年との紐帯

華族であるというだけで、無産階級からむき出しの憎悪と敵意を突きつけられるという経験は、三島にとっては衝撃であった。彼が答えを模索した過程については、前章で確認したので、本章では、思想面について考察する。[*99]

「怠惰階級」という誹りに深く傷ついた三島であったが、食うに困らない特権階級の負い目は、かねてより自覚するところであっただけに、批判に衝撃を受けつつも、これを無視したり、即座に撥ね除けることはできなかった。「実際、眼を転じて私の近所の人々を見ると、その中の一部の人は、随分心細い感じがしないでもない。何と云はれても仕方がない気がする。その所謂或種の人間は、怠惰であると云ふ事をすまなく思ふどころか当然だと思つて居る。中にはそれ以上に怠惰である事を得意になつてる人も居る。彼等には、人類の愛も本統の正義もない。利己的のコンヴェンションがあるばかりだ。そして色々の意味に於ての贅沢と我儘と勝手を振つて人間と人間とも思はぬ傲慢で満ちて居る」、「実際こうゆう人々は、皮肉な意味での人間以下である」。実際、自己の周囲を見回すと、反論は難しい気がしたという。その上で、自身の現状についても、左のように率直に反省した。

私は今決して食ふ事に其日を追はれては居ない。それのみか、かなり無駄の多い生活をして居る。私にはそれは余りにもつたいなさすぎる。私は本統に、その日暮しに追はれて居る人々に対して、それをすまなく思ふ。恥かしくも思ふ。又或る意味に於て厳粛な宗教的気持にもさせる。

批判を受け入れ、己の無力を認める一方で、三島は自分の個性に適った仕事に取り組むべく、日々勉強に励んでおり、決して怠けてはいないと反論した。

しかし私とても、そうのらくらばかりしては居ない心算だ。私とても人類の一員と生れて来た以上、しかも幸か不幸か、かなり余裕のある生活をして居る以上、私とても何か、私の個性にかなつた仕事を熱誠を以つてやりたいとは思つて居るのだ。私は実際やゝもすれば、ゆるみ、怠惰に流んとする私の心を自ら叱り励ましながら、かなり病弱な私の身体と、鈍い私の頭脳をひつぱたき〳〵私の道をこつ〳〵と牛の歩むやうなのろさでこれでも勉強して居る心算なのだ。私は決して怠けては居ないつもりだ。怠けると云ふ事は人類に対して余りに申わけない事である位は知つて居る心算だ。しかし私には未だ力がないのだ。あせるばかりで何も出来ないのだ。だから私は何と云はれても仕方がないのかもしれない。私は今これを見てやはり、何と云はれても仕方がない気がした。がそして敵愾心云々の事も決して憎めなかつた。

三島にとっての「私の個性にかなつた仕事」こそ芸術であった。これに関しては「私が閑だもので、道楽に芝居をしたのかどうかは、今更繰返して云ふ必要はない。私は幼稚ながら、相当深い考察の後に、或る確信と決心とを以つて、芸術の道を撰むだのである。職業と云へば即ち芸術が職業なのである。この事について私は私の心に一点の恥しさも持たない」と、強い自負を示した。さらに各方面からの賛否に対しても、「要するに私自身の心に正しいと思ひ、良心や愛に少しも恥づる所がなければ、それでいゝのだと思ふに至つた」と結論づけた。

芸術が職業であると聞けば、無産階級が反感を抱いたであろうことは容易に察しがつく。まして三島は作家、芸術家としては駆け出しにすぎない。デモクラシー高揚期の華族の認識としてはあまりに純真すぎ、危機認識が乏しいように思える。孟子の思想の影響もあるが、それ以上に彼の若さが、保身よりも信念に向けて直進することを選ばせたというべきであろう。

三島は社会主義に対しては、かねてより愛と人道主義の欠如を理由に批判的であったが、この考えを変えることもなかった。対立や闘争を嫌忌する彼は、某労働者の中傷に対し、「他へ公言したり、何か事を行ふとするものは、正義と愛をこそ土台とすべきで、決して敵愾心や嫉妬心やそねむ心を土台にしてやるのはよくない事である」、まして社会の改造を唱える者は「正義や愛でやつてこそ、或時は戦ふことの止むなきものも許されるものを、敵愾心や嫉妬心でやつては本統の美しき仕事は成就されるべきでない事も知つて居る。嫉妬心からくる敵愾心はいやしい心であるのも知つて居る」と、徹底的に反論した。さらに反論の対象を無産階級全体に広げ、「皮肉な云ひ方が許されるならば、私は同じ事は所謂その無産階級の人々の中の一部の人に云へると思ふ。彼等の或者には人類的の愛がない。只ひがみと反抗と嫉妬と敵愾心と偏見でかたまつて居る。そう云ふときは正義さへ失ふ。中には野獣性さへ持つて得る。人間としてもつべきデリカシイをも欠いて居る」と強く非難した。[*100] 一連の主張が、共産主義社会を否定するものであることは言を俟たない。

社会主義の擡頭に対する華族・有産階級の対応としては、有馬・木戸や東久邇宮でみた社会事業に尽力することで革命からの自衛をめざす路線があり、他には有島武郎が選択した財産抛棄の道、土方与志や後の赤化華族がとった華族階級の否定、決別路線などが知られるが、これらが社会主義の時代の到来を不可避と位置づけていたのに対し、三島は彼らとはまったく異なる方向性をめざすこととなった。それは階級を超え「若い世代」が、愛と人道主義を基底に、デモクラシーとコスモポリタニズムでもって連帯するというものであった。

今や我々は、一人の人間として、又よき国民として、又忠実なる人類の一員として、各自は各自の正しき人間として、真に生くべき道を、お互ひに助け合つて行くべきです。上面な肩書に眼を晦まされたり、概念に囚はれて居る時代は、とうに過ぎた筈です。貴族だと云つて、別の人種だと思つて難有がつたり面白がつた時代は過ぎ去つたと若い人々は思つて居ました。〔略〕本統に徹底したデモクラツトなら、もう貴族とか新平民とか、そんな肩書に眼を晦まされず、一人の人間として行為を、善いか悪いか見るべき筈です。[*101]

三島にとって「若さ」は、元々、創作活動を始めた当初からの立脚地であったが、[*102]海外体験を通じて、これが世界共通の普遍的な感覚であることを知った。例えば、フランス滞在中の回想に、「私が巴里に居た時、ある人はこう云つた。『我々はお互ひに若い。我々には共通の「気持」がある筈だ。共通の思想もある。この若い故に持つ共通さは、日本人でも支那人でも又は英米仏伊独露白人等でも、今の若い人なら共通に持つてゐる共通さだ。この共通の「気持」乃至思想は老人には解らない。ヂエネレエシヨンと云ふものは不思議なものだ。この共通さはヂエネレエシヨンの共通さだ』と云つた。この言葉は本当だ。大ざつぱのコスモポリタンだが、しかし、この言葉には、たしかに本当さがある」[*103]とある。また同じくフランス滞在中、「あるフランス人が私につぎのやうなことを申しました、「私とお前とは国柄も違ふし、人種も違つて居る、しかし私にはお前を理解することが出来る。それはヂエネレエシヨンの共通性が二人の間にあるからだ、日本人どうしでもお前とお爺さん達とは理解し難からう、之に反してインド人でも同じ年頃の者なら気持を充分に理解出来るだらう」この言葉は可なり大ざつぱなコスモポリタンですが、確にジエネレーシヨンの原因の一つに相違ありません」[*104]とも述べている。三島は「若さ」を世界中が結ばれる紐帯と認め、これをコスモポリタリズムにまで昇華させている。

三島は、労働者からの非難に悩んでいる最中の大正九年四月二四日、地元千駄ヶ谷の青年の訪問を受け、青年団の団長就任を要請された。当初は肩書き目当てとみて乗り気でなかったが、青年たちと交流していく間に、次第に青年団に関心をもち、運動に熱中していくことになる。「若さ」が有する共通の感覚や認識は、国内においては階級間の障壁を克服するキーワードとなったわけである。当時、三島は自らの進む道について、愛好する孟子の言葉「内に顧みて直くんば、千万人と雖も、我行かん」や、孔子の言葉「内に省みて疚しからずんば、それ何を恐れ、何をか憂へん」を引いて以下のように述べている。

我々がこの現代の若人であると云ふ事が自然であり、そして今や世界の最新知識を充分に吸ひ込んで、新しき教育の上にはがひされたるが故に、これ〱の事は正義であると信じ、自覚し、内的要求があるのなら、我々はその道を又平気な顔をして歩るいてゐゝ筈だ。かゝる時は世界の大勢にこわ〲従ふのではなく、我々は我々の内的要求によつて、当然歩まねばならぬ道を、自然にあゆむのだ。[*105]

青年団は、従来、青年の修養機関たるべく位置づけられていたが、その性格は、近世以前からの「若者組」の系譜を引くものや、夜学校など社会教育施設に関係するものなど区々で、軍隊の補完機能に重点を置く団体も少なくなかった。また青年団の多くが、地元の名望家や在郷軍人の指導下にあった。[*106] これに対し、三島が団長をつとめる千駄ヶ谷青年団は、青年主体の平等主義を取り、文化講演会やレコード鑑賞会など文化的な活動が中心で、婦人部が設けられるなど、女性の地位向上にも熱心であった。逆に、軍事的要素は希薄であった。団は、まさしくデモクラシー思想の啓蒙や実践の場となった。

その後、三島は、青年団運動の過程で「新しき村」とも交流を持つようになり、さらに千駄ヶ谷青年団傘下に弥栄少年団を発足させ、これを機に少年団運動に本格的に取り組んでいくことになる。少年団運動には、三島以外にも複数の皇族や華族が深く関わっているが、なかでも三島の影響力は絶大であるだけに、デモクラシー状況への華族の実践的対応という面でも注目されるが、もはや紙数も尽きたので、こうした点に関しては、稿を改めて論じたい。

おわりに

三島のデモクラシー認識をまとめると、その原型は、武者小路実篤など白樺派の感化や、中国古典、とりわけ孟子思想の影響を大きく受け、愛と人道主義、コスモポリタニズムを信奉するというものであった。三島が支持するところのデモクラシーとは、愛と人道主義を基本に、人民本位の政治が行われ、統治者と人民は愛によって結ばれるというものであった。労働者には同情を抱いていたが、階級闘争は愛の観念が欠落しているとして批判的であった。こうした認識は、ロシア革命を経ても変わることはなかった。

大正七年（一九一八）末から翌年前半にかけて行われた外遊は、三島の思想面において大きな転機となった。第一に、人道主義について、同種の精神を日本人の伝統の中に見出すことができた。それと同時に、人道、博愛、平和といった高邁な精神が喧伝される一方で、国際社会では依然力が支配しているという現実を知った。実際、英国が高唱する人道主義は、自己の正当性や利己主義を押し通すための方便にすぎず、むしろ日本人が抱く同主義こそ、理想を体現しているものであると認識するに至った。第二に孟子の思想の中に、武断主義を排し、愛に基づく人道主義、人民本位の思想を見出し、日本人はこれらの伝統に根ざした精神的美質や東洋の思想を通じて、世界普遍の主義と向き合い、共鳴していくべきだとした。無論、欧洲側にも美点があり、日本にも欠点はあるゆえ、自国の良い点、悪い点をよく理解した上で、世界の良きものと共鳴して行くことこそ大切であると主張した。

海外体験の影響としては、それまで同世代の華族や芸術家など限られた範囲としか交際してなかったのが、国や人種を超えてさまざまな人々と接する機会を得たことも大きい。三島は、それまでも小説などで繰り返し「若さ」の価値を訴えていたが、海外で多くの若者と交流した結果、同世代の間には、国や言葉、人種がちがっても、通じ合う共通の感覚や意識があることを知った。

帰国した三島は、社会主義思想が擡頭するなか、無産階級からの攻撃に晒された。トルストイを愛好し、武者小路実篤に兄事する三島にとって「怠惰階級」などと中傷されることは堪えがたいことであった。彼は社会主義と自らの労働観を見つめ直した末に、愛と人道主義とデモクラシーに関する自身の認識がまちがいでないことを再確認した。

同じ時期、三島は地元千駄ヶ谷の青年たちの訪問を受け、これを期に多くの青年たちと交わることとなった。海外において三島は、「若さ」の普遍的価値とコスモポリタニズム的共感を確認したが、国内の体験を通じて、これが階級を超えて連帯する概念となることを見出した。これは、有馬や東久邇宮のように階級的自衛を目的としたものではなく、革命を不可避としながらも、社会主義的な社会を嫌った武者小路が、共産社会的ユートピアとして「新しき村」を創設したのとも異なり、次世代の担い手である「青年」の連帯を通じて、社会に愛と人道主義とデモクラシーを広げて行こうとするものであった。

運動には階級闘争や革命状況に対する、いわば大団円的克服の論理が内包されており、さらには第一次世界大戦後より本格化する社会の平準化傾向、青年団や少年団運動を通じての国民再編をも射程に収めていた。三島の活動は、すでに一定の歴史を有する青年団運動においては、共感よりもむしろ周辺との摩擦を生んだが、歴史が浅く、しかも貴族主義的でコスモポリタニズム的傾向の強い少年団運動において花開くこととなる。青年団・少年団をめぐる三島の実践に関しては、別の機会に論じたい。

註

＊1　伊藤隆『大正期「革新」派の成立』（塙書房、一九七八年）二九八頁。

＊2　伊藤前掲書、二九九頁。

＊3　有島武郎・武者小路実篤に関する研究は膨大であり、そのすべてをあげることはできない。ここでは比較的近年の研究として、

亀井俊介『有島武郎』（ミネルヴァ書房、二〇一三年）、大津山国夫『武者小路実篤研究―実篤と新しき村―』（明治書院、一九九七年）をあげておく。

＊4 後藤致人『昭和天皇と近現代日本』（吉川弘文館、二〇〇三年）四五～六二頁。

＊5 社会事業を通じて、華族階級の生存をはかるという有馬の考えが広汎な支持を得ていたことは、労働者のため夜学校を経営する信愛会（有馬らが創立）や、学習院出身者の親睦会である桜友会の公益事業に、華族より多額の寄付金が寄せられたことからも窺える（後藤前掲書、五八～六二頁）。ほかにも、有馬より三歳年少で、長期にわたるフランス滞在を経験し、皇族における進歩的思想の持ち主と目された東久邇宮稔彦王（一八八七～一九九〇）は、「吾々自らマルクスの理論等を読んで共産主義なるもの、観念を修得したる後、此の理論と社会の実際とを考へ、又他方我日本の現代の社会問題を研究して現代日本の社会的欠陥を探究し、是に応する社会政策を実行して彼等が現社会を呪ふ点を少しでも寛和し得るならば、斯る不平不満より危険なる共産主義の思想に移り行く青年の幾分なりとをも未然に防くことが出来るだろうと思ひます」（稔彦「現代の社会相に面しての所感」、『近き御垣』〈皇族親睦会、一九二九年〉一五～一六頁）と、社会主義を積極的に取り入れ、社会的問題や矛盾の解決をはかることで、共産革命の危険性を回避することを主張し、他の皇族にも同調を呼び掛けていた。華族だけでなく、皇族にも革命回避のための社会事業振興論が広がっていたことがわかる。

＊6 藤原彰『天皇と軍隊』（青木書店、一九七八年）、ディビッド・A・タイタス『日本の天皇政治―宮中の役割の研究―』（サイマル出版会、一九七九年）。

＊7 小田部雄次『華族』（中央公論新社、二〇〇六年）二三六～二三八頁。

＊8 拙著『貴族院』（同成社、二〇〇八年）一二五～一二七頁。

＊9 タキエ・スギヤマ・リブラ『近代日本の上流階級―華族のエスノグラフィー―』（世界思想社、二〇〇〇年）、森岡清美『華族社会の「家」戦略』（吉川弘文館、二〇〇一年）。

＊10 もっとも水野の場合、早くから研究会の幹部をつとめてきたこともあり、年齢以上に高い世代に属していたともいえる。実際、水野が研究会少壮幹部として活躍を始めた当時、三人組としてともに行動することの多かった子爵青木信光（一八六九～一九四六）は一〇歳、子爵前田利定（一八七四～一九四四）は五歳年長であった。

＊11 岡義武・林茂校訂『大正デモクラシー期の政治　松本剛吉政治日誌』（岩波書店、一九五九年）大正七年一二月二日条。

＊12 三島よりさらに下の世代として想起されるのは、いわゆる「赤化華族」を生んだ一九一〇年前後に誕生した華族である。「赤化華

族」に関しては、浅見雅男『公爵の娘―岩倉靖子とある時代―』(リブロポート、一九九一年)を参照。

＊13　秦郁彦編『日本近現代人物履歴事典［第二版］』(東京大学出版会、二〇一三年)の三島通陽の項目では、「ボーイスカウト指導者」と総括されている。

＊14　西垣勤『白樺派作家論』(有精堂出版、一九八一年)三〜七頁。

＊15　三島章道「自序」(『若き泉』大同館書店、一九二一年)三頁。

＊16　拙稿「大正デモクラシーと青年華族―三島通陽と「友達座」を中心に―」(慶應義塾福沢研究センター『近代日本研究』第二九号、二〇一二年)。

＊17　以下、三島の経歴は前掲拙稿「大正デモクラシーと青年華族」による。

＊18　『三光』第六巻第四号(一九一七年七月)収載「三光と自分」によれば「向ふではたぶん法科をやりますが。側ら文学も研究したいと思ひます。一二年言葉を稽古してそれから大学に入る考へで、たぶん四五年位居る心算です」(五五頁)と語っているが、法科というのは三島家の嗣子として将来、貴族院議員となることを見据えたもの、文学は彼自身の愛好によるものであろう。

＊19　尾崎宏次・茨木憲『土方与志―ある先覚者の記録―』(筑摩書房、一九六一年)、土方梅子『土方梅子自伝』(早川書房、一九七六年)。

＊20　大野芳『近衛秀麿―日本のオーケストラをつくった男―』(講談社、二〇〇六年)、藤田由之編『音楽家近衛秀麿の遺産』(音楽之友社、二〇一四年)。

＊21　三島章道「錦華鳥―小さき思ひ出―」(『愛の雫』洛陽堂、一九一六年)四頁。

＊22　有島生馬「序文」(前掲『愛の雫』)二頁。

＊23　有島生馬は前掲「序文」のなかで、「失敬な云分かも知れないが。まだ君の作風は絶対に独立してゐるとは思はれない。或ものには武者小路君の感化が見へ、或ものには(鈴木)三重吉君の俤が出てくる」(二頁)と述べている。大津山国夫『武者小実篤論―「新しき村」まで―』(東京大学出版会、一九七四年)三四三頁。

＊24　学習院百年史編纂委員会編『学習院百年史』第一編(学習院、一九八一年)五七四〜六〇三頁。

＊25　三島には『回想の乃木希典』(雪華社、一九六六年)という著作がある。表題に「回想」と謳っているものの、直接的な体験談は乏しく、学習院の野営の描写を「乃木さんが江田島でやったキャンプは、(我国最初の少年集団キャンピングだが)まだまだ実に幼稚でプリミティブなものだった。しかしこの小説には、多少、今やっている青少年のキャンピングのやり方のように書いてみ

た」（同書、八五頁）と改変したように、多分に理想化された世界が描かれている。

＊26　ただし、武者小路は乃木希典の殉死に対し、因習に引きずられた行為であり、人類的の分子がないと述べてはいるものの、乃木の人間的誠実は少しも疑わず、むしろその死を声高に顕彰しようとする風潮をこそ批判した（大津山前掲『武者小路実篤論』三三八～三三九頁）。乃木を敬慕する三島にとっては共鳴できる内容である。

＊27　三島の親友土方与志は、乃木式教育・白樺派、いずれも直接知っているが、どちらも好まなかった（前掲『土方梅子自伝』四四頁）。

＊28　三島章道「地中海前後」（『地中海前後』新潮社、一九二〇年）一七頁。

＊29　小林一郎（一八七六～一九四四）は神奈川県出身で、仏教思想家。東京帝国大学、日蓮宗大学、東洋大学、中央大学などで教鞭を執った。中国古典関係の著作として『経書大綱』全二五巻（平凡社、一九三八～四〇年）、『易経大講座』全九巻（平凡社、一九四〇年）などがある。

＊30　「三島日記」大正七年五月二八日条。

＊31　小林一郎『自由の生活』（大同館書店、一九二〇年）一二一～一二三頁。

＊32　三島章道「ある対話」（『若き旅』洛陽堂、一九一八年）七一頁。該当部分は初題「対話と手紙」（『三光』第六巻第二号、一九一七年三月）。この時は「僕は法律をあまり知らないのをちつとも恥と思はない。僕は論拠の立場を愛、人類、哲学に置きたくも法律に置くのぢやない。又法律だつて立場を、愛、人道、哲学に置くべきだ。人道に悖つた法律があるとしたらそれが一体何になる」（二一二頁）と記している。

＊33　三島章道「序文」（『和訳孟子』）三～五頁。

＊34　「三島日記」大正七年九月一四日条。

＊35　三島「序文」（『和訳孟子』）三頁。

＊36　『和訳孟子』二七四頁。

＊37　『和訳孟子』二二九～二三〇頁。

＊38　『和訳孟子』三八〇頁。

＊39　三島が兄事した武者小路は一九〇九年三月の『輔仁会雑誌』に発表した「貴族主義」において「自分のこゝで云ふ貴族主義は元より人爵上の貴族主義ではなく、天爵上の貴族主義を云ふのだ。〔略〕自分を高くし凡人を超越して凡人を憐み、愛し、導く人が天

爵上の貴族である、貴族主義と云ふのは先づ第一に自分がこの天爵上の貴族になり、さうしてこの貴族をつくることが最大急務だと云ふことを信ずる主義である」（『武者小路実篤全集』第一巻〈小学館、一九八七年〉六八九〜六九〇頁）と記している。同誌は学習院の校友誌だけに、三島が目にした可能性は高い。

＊40　『和訳孟子』三〇八〜三〇九頁。

＊41　『和訳孟子』三六二〜三六三頁。

＊42　三島章道「労働者と未能力」（『愛の雫』）二七〇〜二七一頁。

＊43　以下は三島章道「老人と青年の対話」（『愛の雫』）二八八〜二八九頁。本論考は、「那須野ヶ原より（雑感）」（『三光』第五巻第三号、一九一六年）と「老人と青年の対話」（『三光』第五巻第二号、一九一六年六月）を合わせたもの。初出の「那須野ヶ原より（雑感）」では「どうかしてやりたいと思ふ。世の階級を不思議に思ふ。彼等をよくする法はないかと思ふ」（二一頁）などと若干ちがっている。

＊44　『三光』初出の「老人と青年の対話」では、「兄貴方方のやうに忠君愛国を看板にしよつて振廻はして実に自分の為や自分の政党の為を計るやうなことが出来ないだけです」（三七頁）などと、具体的な衆議院議員の行状に当てはめて露骨な批判をしている。

＊45　初出の「老人と青年の対話」では「貴方は政治家なんですからそれこそ始終国の為を考へて居たつてようでしやう。そのかんじんの政治家が我利〱で良民を自分の為にのみおさへつけるのも困つたものです。又人民をおさへつけるのが国の為ではなく人民の為を計るのが真の国の為なんです」（三七頁）と述べていた。

＊46　三島「ある対話」（『若き旅』）五九頁。

＊47　大津山前掲『武者小路実篤研究』八〜九頁。

＊48　有島武郎「武者小路兄へ」（『有島武郎全集』第七巻、筑摩書房、一九七九年）二〇六〜二一〇頁。

＊49　大津山前掲『武者小路実篤研究』五六〜五八頁。

＊50　「三島日記」大正七年一一月三〇日条など。

＊51　三島の旅程に関しては「三島日記」だけでは判然としないことから、国立国会図書館憲政資料室所蔵「竹下勇関係文書」所収の「日記　大正七年」（資料番号398）、「日記　大正八年」（同399）を併せて参照した。

＊52　三島章道「仏国ランス紀行」、『若き泉』一四〜一五頁。

＊53　「三島日記」大正八年二月一六日条。

＊54　三島「仏国ランス紀行」二一一頁。
＊55　三島「仏国ランス紀行」二一三頁。
＊56　三島「仏国ランス紀行」二一三～二一四頁。
＊57　三島「仏国ランス紀行」二一六頁。
＊58　「三島日記」大正八年二月一六日条。
＊59　三島「仏国ランス紀行」三三一～三三三頁。
＊60　三島「地中海前後」七四頁。「三島日記」大正八年四月一二日条。
＊61　三島「地中海前後」五四～五五頁。
＊62　以下は「三島日記」大正八年四月一四日条。
＊63　三島「地中海前後」七一～七二頁。
＊64　三島「地中海前後」七二～七二頁。
＊65　三島章道「故郷に帰りて」（『若き泉』）七五～七六頁。
＊66　三島「故郷に帰りて」（『若き泉』）七六頁。
＊67　三島「地中海前後」七六～七七頁。
＊68　三島「故郷に帰りて」（『若き泉』）七六頁。
＊69　三島「故郷に帰りて」（『若き泉』）七六頁。
＊70　三島章道「若き声と人真似」（『若き泉』）八五～八六頁。
＊71　『若き泉』巻末所収。
＊72　三島章道「眼の印象を」（『若き泉』）六一頁。
＊73　近衛文麿に関しては、矢部貞治『近衛文麿』上（弘文堂、一九五二年）七六～九五頁、岡義武「近衛文麿」（『岡義武著作集』第五巻、岩波書店、一九九三年）一六二～一六九頁、筒井清忠『近衛文麿』（岩波書店、二〇〇九年）三二～四八頁、古川隆久『近衛文麿』（吉川弘文館、二〇一五年）四一～四九頁などを参照。
＊74　外交時報出版部、一九二〇年。
＊75　近衛文麿『清談録』（千倉書房、一九三六年）二三一～二四一頁。

＊76　中西寛「近衛文麿「英米本位の平和主義を排す」論文の背景―普遍主義への対応―」（『法学論叢』第一三二巻第四・五・六号、一九九三年）。ほかに庄司潤一郎「近衛文麿の対米観―「英米本位の平和主義を排す」を中心として―」（長谷川雄一編『大正期日本のアメリカ認識』慶應義塾大学出版会、二〇〇一年）もある。

＊77　三島「眼の印象を」（『若き泉』）六一～六二頁。

＊78　章道生「編輯者より」〈『TOMODACHI』第七号、友達会編輯部、一九二〇年）七七頁。

＊79　三島章道「ある手紙を読みて」（『若き泉』）一〇一～一〇二頁。

＊80　荻野富士夫『初期社会主義思想論』（不二出版、一九九三年）六四〇～六四八頁。

＊81　三島「ある手紙を読みて」（『若き泉』）一〇〇～一〇一頁。

＊82　「三島日記」に有島武郎は小説の、生馬は絵画の師としてしばしば登場する。「有島先生」という場合は武郎を指すことが多いが、兄弟いずれを指すのか判然としない場合も珍しくない。三島と有島兄弟との交流は一九二〇年までは頻繁であるのに、二一年以降は年数回程度に減少し、武郎が亡くなる一九二三年は七月七日条の「夜有島氏が情死されたとて新聞社よりでんわかゝり、萬朝の人来り、おどろく」が初出である。有島との関係が希薄化する一方で、武者小路実篤とは一九二二年より接触が増えている。この時期、三島は青年団、少年団運動との関与を強めつつあり、武者小路の「新しき村」に対しても紹介映画を製作するなど緊密であった。村の評価とその将来をめぐり、有島と武者小路は関係が悪化しており、三島の両者との関係にも影を落としているようである。

＊83　このほか「或る女」読書は「三島日記」大正九年一月一〇日・一三日各条で確認でき、また八月二八日には「夜「惜しみなく愛は奪ふ」をよみ上ぐ」とある。

＊84　有島武郎「生れ出づる悩み」（『有島武郎全集』第三巻、筑摩書房、一九八〇年）四三七頁。

＊85　堀江帰一（一八七六～一九二七）の経歴に関しては、上久保敏「堀江帰一の人物像・学説・思想」（池田幸弘・小室正紀編『近代日本と経済学　慶應義塾の経済学者たち』慶應義塾大学出版会、二〇一五年所収）を、国家資本主義については、堀江「国家資本主義」（『堀江帰一全集』第七巻所収）をそれぞれ参照。

＊86　「堀江帰一日記」大正九年一月二八日条（『堀江帰一全集』第一〇巻）八七五頁。

＊87　堀江帰一「労働組合の現在及将来」（慶應義塾出版局『慶應義塾大学社会問題講演』国文堂書店、一九二〇年）所収。

＊88　堀江「労働組合の現在及将来」四三頁。時期はやや後になるが、堀江「国家資本主義」では、日本に階級闘争が起きる原因として、

①「日本の華族、アリストクラシーの制度」、②「金持が社会的地位を保護する為めに家憲を制定し、又株式会社を造ること」、③「教育制度の不備」を挙げた。このうち①については、「封建制度を打破して折角四民平等といふ事をやつたのですから、又そんな殊更に特殊階級などを作る必要はなかつたのであります」とし、世襲財産制度や貴族院議員などの政治上の特権、職業の便宜などを有することを批判し、「さうして何時までも特別な階級として社会上に於て、或は財産上に於て色々な特権を持ちまして、一遍なつたら滅多に潰れない、こんな特別な階級が居る訳になるのでありますから、この制度のある限りは日本には華族といふ階級と平民といふ階級と二つの越ゆべからざる階級の差別といふものが生ずる訳である」(前掲『堀江帰一全集』第七巻、九六四～九六六頁)と、日本に階級闘争が発生する最大要因として、その存在をきびしく非難していた。

＊89 堀江「労働組合の現在及将来」七八頁。

＊90 原敬内閣の労働政策に関しては、成沢光「原内閣と第一次世界大戦後の国内状況（二）」(『法学志林』第六六巻第三号、一九六九年)を参照。

＊91 三島章道「温情と云ふこと」(『若き泉』) 八七～八八頁。

＊92 三島「温情と云ふこと」(『若き泉』) 九〇～九一頁。

＊93「歓迎の宴　山川氏夫妻が久振りの上京で」(一九二〇年七月三日付『読売新聞』)。

＊94「特別要視察人ノ現状及其ノ取締ノ概況　大正九年六月調」(『続・現代史資料2　社会主義沿革2』みすず書房、一九八六年) 三一頁。

＊95「特別要視察人ノ現状及其ノ取締ノ概況　大正十年一月十五日調」(『続・現代史資料2　社会主義沿革2』) 四一頁。

＊96「著作家組合の新部会」(一九二〇年七月一〇日付『東京朝日新聞』)。

＊97 東郷吉太郎『建国の大本と現代思潮』(皇民会、一九二一年) 四二頁。

＊98 東郷『建国の大本と現代思潮』七三頁。

＊99 以下は三島「ある手紙を読みて」(『若き泉』) 九八～一〇九頁。

＊100 この点、武者小路は「社会主義其他」において「日本にもし社会主義が本当に根をはるには、さう云ふ底力のある人物が出なければ駄目だが、今後は出るかも知れないが、今表面に立つてゐる人は心ある人には毛嫌ひされる素質をもつてゐる。社会主義には賛成でも、あゝ云ふ人と一緒に行動をとるのは不安心だ、不愉快だと思ふ人が多いだらう」(『武者小路実篤全集』第七巻、小学館、一九八八年、八頁) と述べている。

＊101　三島章道「冠を被つた筆誅」（『若き泉』）九四〜九六頁。
＊102　三島が「若さ」に格別の思い入れを抱いていたことは、註15を参照。
＊103　三島「若き声と人真似」（『若き泉』）八二頁。
＊104　三島章道「若さの集ひ」（一九二二年六月七日付『三田新聞』所収）。
＊105　三島「若き声と人真似」（『若き泉』）八四〜八六頁。
＊106　日本青年館編『大日本青少年団史』（日本青年館、一九七〇年）四〜一三頁。

※本稿はJSPS科研費25370970の助成を受けたものです。

第四章　新渡戸稲造の門下生たち
——時代と対峙したエリートたち——

古川江里子

はじめに——新渡戸の門下生（芦田均・河合栄治郎・矢内原忠雄）と昭和戦前期——

筆者は、なぜ、太平洋戦争という選択に至ったのかの原因の究明のため、戦前期に最も指導者層を輩出した旧制第一高等学校（以下、一高）の教育の検討を行ったことがある。[*1] 旧制高校は、帝国大学での専門的教育の前提となるべき予備的知識の教授と内面教育を行う教育機関であった。旧制高校の中でトップ校と位置づけられた一高については、カリキュラムにおいて哲学・文学などの人文科学的科目が重視され、授業外でも読書などを媒介とした人文的教養の習得による人格の陶冶（教養主義）がなされ、傑出した人材を輩出した成功した教育機関とする旧制高校神話[*2]がある。その一方、出身者の回想や読書傾向などから人文的教養が大衆との差別化として機能し、人格の陶冶という点で相対的であったとし、旧制高校神話を疑問視する研究[*3]もあり、その評価は分かれていた。そこで、一高関係者による『校友会雑誌』や日記など当事者たちの同時代的な史料を中心に、教養主義を含めた人格の陶冶の様々な取り組みの成果の分析を行った結果、一部の生徒への感化に止まる限定的な成果であった点を明らかにし、成功した教育機関という評価の見直しを行った。[*4] 確かに、多くは成果が上がらなかったが、傑出した人材が輩出された時期があった。新渡戸稲造が校長を務めた明治三九年（一九〇六）～大正二年（一九一三）の時期である。新渡戸が校長に就任して力を入れたのが、人格の陶冶すなわち内面教育であった。新渡戸自ら倫理学講義を担当し、授業外でも茶話会などを通して、国家・社会を担うことを期待された一高生たちのモラルや責任意識の向上などの人格の陶冶に努めた。

こうした新渡戸の教育により、前田多門（国際労働会議政府委員、戦後、文相、育英会会長）、鶴見祐輔（衆議院議員）、川西実三（社会局保健部長、京都、東京府県知事、戦後、日赤社長）など社会派官僚の他、芦田均、河合栄治郎、矢内原忠雄、森戸辰男など軍部の台頭や満州事変、日中戦争を阻止しようとした人材を輩出した。ただし、それらの人々の中には、戦前、国家から弾圧を受けた人物もあり、その多くの人々の活躍は戦後に持ち越された。つまり、彼らは戦争へと向かおうとしている危機の時代に直面し、自らの社会的地位をなげうって、その流れを止めようとした。彼らこそが自己犠牲の精神を持ち、国家をよりよき方向に導こうとした真の指導者たちであった。それゆえに、彼らを育んだ新渡戸の教育内容から、それぞれの満州事変後の行動をとり得た理由を考察することは、高等教育のあり方とともに、重大な岐路において有益な決断を行うための歴史的叡智を得られると考える。また、真に国家・国民の行く末を考えた人物が国家から排除されたことの意味の探究は、戦前の問題性を孕んだ国家の特質を考えることにもつながるであろう。

なお、ここでは、芦田、河合、矢内原を中心的に取り上げる。それは彼らが満州事変から日中戦争に至る太平洋戦争につながっていく政治・社会的潮流を押し止めるべき活動を行ったからに他ならないが、もう一点は三者の一高在学の時期が新渡戸の校長就任から退任の時期と重なるからである。芦田は、明治三七年（一九〇四）から明治四〇年（一九〇七）、河合は明治四一年（一九〇八）～明治四四年（一九一一）、矢内原は明治四三年（一九一〇）～大正二年

（一九一三）に在学し、彼らは新渡戸の就任から退任までを見届けた。そして、三者はいずれも日記でその様子を記録している。それが、三者を取り上げる二つ目の理由である（なお、〔　〕内は古川の註記である）。

1　教育者としての新渡戸稲造

新渡戸稲造（一八六二～一九三三）は、札幌農学校教授、台湾総督府技師、京都帝国大学（京都帝大）教授、一高校長、東京帝国大学（東京帝大）教授、国際連盟（国連）事務局事務次長、貴族院議員を歴任し、多方面で活躍した。とりわけ、新渡戸の名は、国際人として知られている。それは、新渡戸が一八九七年にアメリカで療養中に執筆した『武士道』が欧米で広く読まれ、[*5]国連事務次長に就任するなど、国際的に活躍したことにある。その一方で、新渡戸の職歴が教育者として出発したように、同時代的にも今日的にも評価されてきたのが教育者としての側面であり、それは、後述するように新渡戸自身が強く認めることだった。教育の中身は主に青年層への人格教育であり、中でも一高でのエリートたちへの内面教育に力を注いで成果をあげたが、まずは一高校長になるまでの新渡戸の軌跡をたどりたい。

新渡戸は、一八六二年盛岡南部藩の上級武士の子として生まれた。新渡戸の祖父は十和田湖周辺の開拓事業に従事した人物で、明治九年（一八六七）明治天皇の東北巡航の時に行在所となり、その功績のため報奨金を与えられ、新渡戸自身も拝謁を許された。その際に天皇から農事に励むようにという言葉をかけられ、農学を志したと自ら回想している。[*6]内村鑑三と共に札幌農学校で学び、ジョンズ・ホプキンズ大学に留学後、札幌農学校で一八九一年から九八年まで七年間にわたって、教鞭をとった。新渡戸は、この時代に教育者としての基盤を築いた。札幌農学校では、本科と予科の両科を担当し、政治経済学、農政学を中心に授業を行ったが、本科よりも予科で教えることを好んだ。[*7]それは、妻メアリーの弟ジョセフに、「私は自分の専門としている学科の首尾よりも、この仕事〔『道徳を教える学科目』〕の成果にいっそう多くの関心を抱いています」[*8]と書き送っている通り、倫理学などを媒介とした「道徳」教育、青年たちへの人格教育を最重視したからである。新渡戸は、倫理学の講義前には、「いつも心の中で神の御前にひざまずき、私の言葉と人格と霊に神の御加護のあらんことを祈」[*9]って臨み、歴史学の講義も「私が特に青少年（十六―二十歳）に願うことは、歴史を読むうちに人格の高潔さや個人の偉大さを知るようになること」[*10]と明言したように、人格教育に力を入れた。

人格教育は、講義の場だけではなく、生徒たちと野球やスケートを共に楽しむなど課外活動を通しても実践された。新渡戸は、「古い師弟関係をある程度刷新」し、生徒と密接に関わることにより、「お互いに尊敬し合い反省し合う関係」[*11]を築くことにより、それによって教師が単なる情報の貯蔵器ではなく、人間形成の影響力を持つ者とみなされる関係を築くことにより、教育的効果をあげようとした。こうした新渡戸の取り組みは、生徒たちに受け容れられ、「校内でも指折りの人気教師になった」[*12]。

このような青年に対する人格教育は、農学校以外でも展開された。新渡戸は、高等教育進学の前提となる中等教育機関がなかった札幌での中等教育機関（北鳴学校）の設立に協力し、自ら校長となった。新渡戸はここでも倫理の授業を担当したが、週に一晩を生徒たちの面談に当て、人格教育に力を注いだ。こうしたパーソナルな教育方法は、後の一高での教育に生かされていく[*13]。

さらに、新渡戸は高等教育を受ける青年たちだけではなく、貧困家庭の少年少女を対象とした夜間学校の遠友夜学校を私財を投じて設立した。この時期の義弟への書簡で新渡戸が「貧しい子供たちを教え育てる、このような仕事は恵みある仕事です」[*14]と述べたように、熱意を持って取り組み、札幌を離れた後も生涯を通じて、名誉校長として同校の運営に携わった。

札幌農学校時代において、新渡戸は青少年、少女の人格教育に心血を注いだが、教育以外にも北海道庁顧問など約二〇を数える組織に関係し、多忙を極めたため、神経衰弱を患い、一八九八年に札幌農学校を辞職した。静養のために渡米した後、台湾総督府民政部長官の後藤新平の強い要請により一九〇一年に台湾総督府技師となり、製糖業を軌道にのせることに従事したと同時に、[15]同年に『英学新報』を津田梅子らと創刊し（一九〇三年『英文新誌』に改題）た。同誌は英語の習得を主目的としたものだが、ここで新渡戸は人生や宗教などの問題を論じる記事を連載し、自らの人格を高める修養の大切さを説いた。この連載は和文訳の単行本が出版されたほど好評だった。[16]新渡戸は、この他にも『中学世界』、『新公論』、『実業之日本』という青年向けの雑誌にも同様の主張を執筆し、彼らからの支持を得ていた。[17]教育の直接的な場からは一端離れた新渡戸だったが、メディアを通して、より多くの青年たちに対する人格の教育にも挑戦していたのである。

2　一高時代の新渡戸の教育と門下生——理想主義的人間像の生成——

台湾の製糖業を軌道に乗せた新渡戸に対し、後藤新平は新渡戸をそのまま技師としておくのは惜しいとし、京都帝国大学法科大学長織田万に大学に植民地政策講座を設置し、新渡戸を就任させることを勧めた。[18]新渡戸自身も、前述したように台湾総督府での仕事のかたわら、青少年への人格の向上を図る目的で雑誌の創刊や執筆に携わっていたことから、望んで明治三六年（一九〇三）京大教授に就任し、再び、研究と教育に従事することになった。

京都での充実した生活を送っていた新渡戸に、[19]明治三九年（一九〇六）、転機が訪れる。文部大臣の牧野伸顕が新渡戸を第一高等学校（以下、一高）校長に強く望み、同年九月に就任した。

外交官としてのキャリアを持つ牧野は、日露戦争前後の藤村操に代表される「煩悶青年」、国家主義を掲げながらも内実は、「自己一身のため」の立身出世に走る「成功青年」化している一高生の現状を憂慮し、国際的視野を持ち、雑誌執筆や札幌農学校での教育によって青年層への人格教育に実績があった新渡戸に大きな期待を寄せた。[*20] 牧野の要請を新渡戸は何度も断ったが、牧野の「再三依頼」し、「漸ク無理ニ承諾ヲ得」[*21] というような強引な説得により引き受けることになった。[*22] はじめは固辞した新渡戸だが、結局は引き受けたのは、札幌農学校時代に専門教育よりも人格教育に力を入れ、明治二七年の高等学校令で試みられた井上毅の成功を煽る実学重視の功利的な教育方針の影響による札幌農学校のカリキュラム改革に批判的だったことから、[*23] 人格教育への熱意を強く持っていたためと考えられる。特に青少年に対する教育の重要さを強調していた新渡戸にとって、一高生への内面教育は、意欲をもって取り組むべきことに映った可能性が高い。事実、就任を決意した直後の九月一日の木下広次京都帝大総長への書簡で、「転任後ハ一層勉強致候て、力を致す考」と意気込みを語った通りである。[*24] 新渡戸の一高校長の就任は、世間からも注目され、様々な報道がなされた。八月二四日には、『東京朝日新聞』、『読売新聞』が一高校長に新渡戸が決定したと報じ、九月七日の『読売新聞』が、「今村新校長と新渡戸博士」の見出しで、「豫て世評のありたる新渡戸稲造氏」が「後任」と報じた。この読売の文面から煩悶青年の存在などで憂慮するべき一高の状況を打開する存在として新渡戸が期待されていたことがわかる。

新渡戸は一高に着任すると、一〇月二日の就任式での演説で、「clear head, clear heart, sociality」という言葉を掲げて、世に貢献できる真のリーダーとなるには、頭の良さではなく、私心など邪心のない美しい心と人々に親近感を抱かせる寛容な態度が重要であることを説いた。[*25] と同時に、新渡戸は、「一高の籠城主義に胚胎するの弊〔中略〕何ぞや。㈠Exclusive〔閉鎖的〕なること是也〔中略〕㈢高慢心を起すこと是也〔中略〕一高生亦往々此の非難を免かれ難きが如し」と述べ、寮生活によって世の中と隔絶し、人格の向上を図るべきという一高伝統の籠城主義がかえって高慢な人物を生成すると否定し、個々に人格の向上を図るべきとした。[*26] このような新渡戸の教育方針は、儒教的な忠君愛国主義を内容とし、それを籠城主義、行軍や運動部を中心とするクラブ活動など集団主義的な方法によって実現しようとする伝統的な一高の教育方針を改めようとするものだった。[*27]

就任と同時に自己の教育方針を示した新渡戸は、一高で精力的に人格の向上に特化した教育を精力的に開始した。[*28]

新渡戸の教育は、一年生を対象とした倫理の講義の他、一高の近くに家を借り、週に一回の面会日を設けた。川西実三と同期の小林俊三の回想によると、「当時これを木曜会といった」[*29]が、「多きは三四十人、少きは十数人のグループの学生」を対象に、[*30]学生たちは、緑茶やせんべいをかじりながら、人生や学問について様々な疑問をぶつけ、新渡戸がそれらを聞き、答えではなく示唆を与え、自ら考えさせるという「近代的カウンセリングの雰囲気」（森戸辰男の回想）でのパーソナルな課外的な教育だった。[*31]新渡戸がこうした教育の場でよく説いたのは、「to be or to do」、人としての真価はその人の人格にあるのか、それとも地位・名誉・富などその業績にあるのかという言葉だったが、新渡戸はそこで人格にあることを生徒たちに説き、国家利益を掲げながらその実、自己一身の立身出世に走りがちな一高生たちの心性の改善をはかった。また、その一方で、人格に目を向けながら、個に閉じこもり煩悶に陥っている生徒たちには、「ソシアリティ」の重要性を説くことにより、自己の存在の社会的意義に目覚めさせ、社会貢献していく人材へと改変することを目指した。[*32]

まず、授業を通した教育に対して、一高生たちの反応は概ね良好なものであった。当時、三年生だった芦田均の日記の明治四〇年（一九〇七）一月二五日の記述に「新渡戸先生のサータレザータス〔カーライルの『衣装哲学』〕の講義が毎週あることになつて聴講志願者ハ非常に多い」、同じく二月七日には、「新渡戸先生のレザータス一時間半ハ非常に面白かつた〔中略〕流石に風を望んで集るもの数百、第一大教場に溢れる程居た」とある通りである。[*33]また、新渡戸の教えを受けた山岡柏郎が、「学科の内で一番好きなのは修身」、「その時は成丈先生の御身近くへ行きたいというので争つて最前列の腰掛を占領した。一年許りで腰掛が全部占領されてしまふが其他に二年三年の者は随意聴講とあつて四周の壁に沿うて一面に立ち並ぶ[*34]」と回想した通り、一高生が新渡戸の講義に感銘を受け、新渡戸を積極的に受け容れていたことがわかる。

次に、パーソナルな課外的教育についても同様で、山岡によると、「十畳位の一間」の「両側の椽先」にも「絨毯を敷いて一面に座れる様」にした会場に、生徒たちが「あとへどんどん詰めかけて来るので終には殆先生と膝をつき合はす許りになる[*35]」というように、盛況だった。

新渡戸が生徒たちに受け容れられていたことは、生徒たちの証言だけではなく、当時の外部からの証言からも裏付けられる。『読売新聞』の記者が一高で講演した様子を書きとめた明治四〇年（一九〇七）二月二日のコラム記事「いろは便」には、新渡戸と生徒たちの良好な関係が描かれている。

講演後に記者が新渡戸と談話した際の様子だが、「右終わりて校長室にて故人と雑談致居候処、学生八九、来会、校長も介意なく、無造作に彼等を引見、閑話致し、師弟間の情誼、如何にも深く、互ひに相親愛する様に被見受候」とある通りである。さらに興味深いのは、続けて、「冷遠迂疎は官学の常弊と信じ候に誰か図らん。一千人の学生を包容する此学校にして、此私学的美風あらんとは。小生はかゝる学風が、天下を風靡せんことを希ひ候」とあるように、新渡戸が赴任してわずか数か月でこれまでの官学的な懸隔のある師弟関係が変化し、新渡戸の教育の成果が顕われていたことである。

もちろん、すべての生徒が新渡戸に感化されたわけではない。新渡戸は、個人主義的人格の陶冶を推奨したことから、文芸部や弁論部の生徒たちが周辺に集まり、彼らを庇護した。その一方で、儒教的国家主義や籠城主義など伝統的な一高の教育方針によって育まれたバンカラな校風（「勤倹尚武」）の信奉者、運動部を中心とする伝統的な校風論者もおり、彼らは新渡戸に反感を抱き、後述するように排撃の行動をとっていく。

生徒の大勢に受け容れられた新渡戸だが、その中でも特に新渡戸を慕った生徒たち（鶴見祐輔、前田多門、青木得

三、川西実三ら）がおり、その中から理想主義を掲げ、芦田均、河合栄治郎、矢内原忠雄など戦時に批判的な人物が輩出する。彼らは、新渡戸の教育に日々感銘を受け、いずれも日記や回想でその内容について詳細な記録を残している。

まず、芦田は、一高への在籍期間が明治三七年（一九〇四）～明治四〇年（一九〇七）で、新渡戸の赴任の時期と重なることから、その日記から新渡戸が受け容れられていく過程がわかる。新渡戸の就任は九月二八日で、五日に就任した仏文学者の今村は、狩野亨吉校長が京都帝大文科大学長に転任した後の三週間あまりの臨時の校長職で、実質的には新渡戸が狩野校長の後任だった。一〇月一日に新渡戸が就任の演説をしたが、九月に入学した和辻哲郎が、「校長の演説を聞いて同感しない連中があるだろうなどとはその当時まるで考えなかった」[*36]と回想している通り、多くの生徒たちに感銘を与えた。その約二ヵ月後の一二月一二日の芦田の日記には、「午后、授業がすむと、新戸辺〔ママ〕校長を訪ふ。色々の話をきゝ、得た処が多かつた。新戸辺〔ママ〕先生の開放主義に八驚いた」[*37]の記述があり、新渡戸が親しく生徒たちと交流することによって、受け容れられていったことがわかる。

その成果がわかるのが、芦田日記である。明治四〇年（一九〇七）一月二四日に一高で行われた金子堅太郎の講演についての記述では、「題ハ日本教育の基礎といふので、要するに忠孝主義、国粋主義の鼓吹で余り面白い事もなかつた」[*38]とあるように、そこでは、忠君愛国の儒教的な国家主義に基づく内面教育（それは一高の伝統的な内面教育でもあったわけだが）への疑問が吐露されており、その改変を試みた新渡戸の教育が受け容れられつつあったと言える。

さらに、同年二月一五日には、「校長室にて話あり、夕方帰る。感極まつて涕《なみだ》下れり」と新渡戸の話に感涙したことが書きとめられ、その後も七月一日に一高を卒業するまで、計九回にわたって新渡戸の記述があるが、いずれも講義や面会での新渡戸の言動に感動した内容である。中でも、重要なのは、新渡戸の講義終盤の五月二八日の「サーターレザータスの講義。これも今日と明日で終結の都合になつた。例によつて有益。こんな話は聞き馴〔ママ〕れると目立たないが、併し一週一、二度の修身的訓話がいかに弛びかけたる心を締直すかは想像以上[39]」という記述で、新渡戸の言説が芦田の行動規範となるまでに影響を与えていたことがわかる。なお、和辻も、「そのころ新渡戸先生が修身講話で唱道されたことは、すぐにわれわれの日常生活に現われて行った[40]」と回想していたことから、生徒たちの行動規範となるような新渡戸の言説の影響力は、新渡戸門下に止まらず、一高生全般に及んでいたと言える。

芦田の卒業後、明治四一年（一九〇八）に一高に入学し、明治四四年（一九一一）まで一高に在学した河合栄治郎も芦田と同様に新渡戸から感化を受けた。新渡戸家での談話会に招かれ、より親しく教育を施された門下生の一人だった河合[41]は、その教育を回想というかたちで残している。

東京下町の酒屋の次男として生を受けた河合は、「立身出世と巧妙栄達」とを「人生の目的」とし、「巧名に焦り出世を求め[42]」一高に入学した。それは、「貧乏から頭を擡げた父」の「功名心」と、「学問」も「立身出世の為に必要な手段」という考えを「相続」してのことだった[43]。このような河合は、煩悶青年とともに問題視されていた「自己一身のため」の立身主義者、国家利益を犠牲にしかねない一高生の一人であったが、河合は新渡戸に出会い、その考えを一新させた。

その契機となったのが、明治四二年（一九〇九）三月一日記念祭の夜の全寮茶話会での新渡戸排斥事件である。排斥は、儒教的な国家主義を内容とし、それを籠城主義など集団的な方法によって実現させようとしてきた一高の伝統的教育方針を信奉する末弘厳太郎、石本恵吉らによってなされた。この時帝大法科学生の末弘は、一高時代に水泳部と柔道部を掛け持ちし、「その上野球部のマネージャー」も兼ねるという[44]「運動部のスポークスマン[45]」の伝統的な校風論者だった。末弘の主張は、「新聞に先生を八方美人と云ふ」と新聞紙上でも新渡戸批判があることを踏まえ、新渡戸の個人主義や理想主義は外来の軟弱な思想で、一高の伝統の「勤倹尚武」の伝統を脅かすので、断固排撃すべきというものだった[46]。こうした批判に対して、前田多門、鶴見祐輔らが校長擁護の演説を行い、運動部を中心とする儒教的、集団的な伝統的校風論と弁論部を中心とする欧米的、個人主義的な新たな校風論の戦いが繰り広げられたが、この時の河合の立場は、「まだ、校長を直接知ら」ず、「弁論部の先輩とも格別の交際もなかった」、「その故に私も亦無批判的な無反省な校長反対派の一人であった」[*47]。

両論が拮抗する中で、新渡戸が演壇に立ち「一身上の弁明」[*48]を行った。『自治寮略史』では、「校長壇上に現れ、校長としての覚悟、教育家としての理想を感極まる言辞を以て一時間に亘りて説かる」[*49]と記録されている。新渡戸が語った内容とは、自分の本意は一高の伝統を否定するのではなく、人生の目的が栄達ではなく、人格の向上にあることを知らしめ、生徒たちの人格の成長を図ることであるので、国家、社会的指導者たるべき人格の向上を目的としてきた一高の校風と矛盾するものではない[*50]。もし、自分の試みが無用なら校長をやめる[*51]というものだった。

演説後の一高生たちは、新渡戸門下生の一人の石井満によると、「満場闃《げき》として声なく、歔欷《きょき》感激、先生に対して慊焉《けんえん》たらざるもののあつた人までも心より賛仰するやうになつた、石本恵吉氏の如き現に熱心なる先生の讃美者となつた」[*52]と批判者までも感化したというが、河合自身も自ら「千余の寮生に感激の涙を流さしめた、私も亦その一人で〔中略〕、それから私の生涯は転回的な影響を与えられた」[*53]と回顧した通り、新渡戸の門下生の一人となった。

なお、その結果としてもたらされた「転回」とは、河合によれば、「日本伝来の国粋主義者であり、帝国主義者であり、全体主義者であり、立身出世主義者」から、「理想主義者」となったことである。新渡戸の説いた「理想主義者」とは、新渡戸による感化について、河合が、「博士〔新渡戸〕はよく to be or to do と云う言葉を使われた、人の価値はその為した事業の結果にあるか、或いは人その人にあるかと云う意味であるが、云うまでもなく博士は to be の方を肯定され〔中略〕最も価値のあるものは、名誉でも富でもなく、又学問でも事業でもなく、彼れの人格に在ると云う彼の理想主義は、私に教えられた」と述べている通り、地位や名誉、富よりも、理想すなわち自身の良心に殉じること、国家、社会全体の幸福につながると自らが信じる道を貫くことだった。感化の強さは、「私の価値の判断は転倒した。従来の私は死んで新しき私は生まれた」とある通りである。それゆえに、その結果として、「理想主義が私の確守すべき人生観であることだけは、爾来今日〔一九三六年〕に至るまで変わらなかった」とその後の河合の生涯を決定づけていくものとなった。また、ここで河合はこうした理想主義は新渡戸を介して、接することになった内村鑑三によってより強固なものとなったと付言している。河合が、「博士にはどこか弱さがあったが先生〔内村〕には人格的の強さがあった、私はそれに牽引された」と回顧したように[*54]、新渡戸は自らにはない意志の強さを親友内村に求め、自らが見こんだ生徒たちを内村の下に送り出し、キリスト教をバックボーンとして理想主義を貫徹できる真の指導者を育成することを試みたのである[*55]。ただし、河合は、キリスト教への信仰には至らなかったが、信仰や性格から由来する内村の強固な意志に惹かれ、新渡戸からの理想主義を貫く強さを得て、時代と鋭く対峙していくことになる。

新渡戸から理想主義、内村から強固な意志を受け継いだ河合だが、自らが両者に感化された理由を、「直接人格的に触れることの出来た」点と、「自ら探るべき過去の名著を指示して呉れ」た点に求めている[*56]。パーソナルで緊密な交流と読書の推奨に、感化された理由を求めたわけだが、前者については既に言及した談話会の他、河合においては、新渡戸の家に出入りが許され、さらに深い交流がなされたこともあった。談話会で特に新渡戸が見こんだ生徒たちが新渡戸家への出入りが許されたのである。河合の他、前田多門、川西実三、三谷隆信、矢内原忠雄らで、彼らは「ニトベ宗」[*57]と言われ、最も新渡戸に近い門下生となった。

その近さは、新渡戸家に頻繁に出入りした河合を新渡戸の養女の琴子が気に入り、いったんは婚約に至ったエピソードが物語る通りである。結果的には、宗教や家庭環境の違いから新渡戸家からの申し出により破談になったが、極めて親しい交流が河合と新渡戸の間ではあり[*58]、その他にも新渡戸を介して後藤新平の女婿となった鶴見祐輔の例もある。「ニトベ宗」のメンバーはいずれも人格・学力ともに優れた精鋭であり、真のエリートを輩出するための教育を新渡戸は試みたと考えられる。

後者の読書の推奨であるが、小林俊三の回想によると、読書の推奨は、新渡戸が「青年時代に読書とか思索というものに心を潜め、広く泰西の大思想大文学に接しようということ、さらにこれらによって血となり肉となった心の糧を常に形を変え、自分のもの」にと、一高生全体に呼びかけていた。[*59] 特に、新渡戸の門下生たちは、新渡戸に応える形で「読書会」を作り、読書を媒介としての親睦を深めた。[*60] 新渡戸が読書を推奨したのは、自ら「唯書物を読んだ〔中略〕と云ふだけが教育ではない」、読書により、「社会に出」て「事に当た」る時に、「誤らないようにする」「心棒」「自己のバイブル」を養うためと述べた[*61]ように、指導者に求められる倫理的な行動規範を涵養するためだった。

このように、芦田、河合というように新渡戸門下生たちが形成されたが、その最後が矢内原忠雄である。矢内原は、新渡戸を介してキリスト教に接近し、内村によって信仰を深めた、三谷隆信、川西実三、前田多門らに連なる新渡戸門下生での中心的人物であり、信仰を核として、時代と鋭く対峙した。矢内原は、中学時代からの日記を残しており、[*62] そこからは新渡戸門下生の形成過程や動向など、より詳細な新渡戸と門下生の関係性を知ることができる。

矢内原が新渡戸門下になったのは、神戸第一中学の三年先輩の川西を介してであった。矢内原によると、一高生となった川西が「私ども、中学にいます後輩に対して、しきりに手紙をよこ[*63]」し、「新渡戸先生や内村先生に接して得た思想的感激をば、そのまゝ私ども後輩に伝へ[*64]」、「その後の私の生涯に決定的な影響を与えた[*65]」という。この決定的な影響とは、一高法科志望を決意したことである。生家が医者であった矢内原は医科か法科に進むべきかを悩んでいたが、中学五年生の一二月二五日に帰省した川西に会い、新渡戸や内村の話を聞き、一高法科の受験を決意する。その時の心情を矢内原は、日記で「読書会のことや新渡戸先生のことや内村先生のことやを話してくれた〔中略〕どうしても一高へはいらねばならぬ〔中略〕志望問題も久しく迷ってゐたが、もう一部にする。僕は真の人間となりたい[*66]」述べている通りである。

川西からの感化によって新渡戸に憧れ、一高法科を志した矢内原は、入寮日の明治四三年(一九一〇)九月一二日の日記に思いを遂げたことの感激を次のように書きとめた。

僕は一高の名に酔ってここを志望したのではない。川西兄の引用多きによれど、川西君より更に大なる引力があったのである。新渡戸先生!僕は先生を慕って向陵へ足を向けた、換言すれば僕は人間にならうと向陵に来たのである。[*67]

その憧れの新渡戸を翌日の入学式で目の当たりにした矢内原は、その時の新渡戸の「演説を忠実に筆記して長く手元に保存」し、昭和一五年(一九四〇)に出版した『余の尊敬する人物』(岩波新書)で発表した。[*68] その内容は、「人格の感化」の重要性であり、そのためには「親しき友」を得ることによる「友情の力を借りて」の「訓育」の重要性であった。[*69] 矢内原は、入学当初の日記に「自分もどうにかしてよい友人を得たいと思っているが、自分のような性質では容易に友人もできない」[*70]という記述があることから、新渡戸の言葉を真摯に受け止め、苦悩しながらその実践に励んだことがわかる。また、日記によると、毎週月曜日の午後の新渡戸の倫理の授業を熱心に聴講し、[*71] 火曜日の面会日に欠かさず出席し、上級生とともに質問をするなど積極的に参加していた。[*72]

矢内原の入学後ちょうど六ヵ月たった明治四四年(一九一一)三月一八日の日記によると、川西実三を介して、「来週土曜」の新渡戸宅で開かれる「読書会の特別会」に矢内原を招待するという知らせが伝えられた。その知らせについて、矢内原は、「best news」と書きとめ、その日を心待ちにした。[*73] 一週間後の二五日の記述には、メンバーや会の内容、雰囲気、そして矢内原の感想が詳しく書きとめられている。

会するもの、川西、森戸、三谷兄弟、樋口、膳〔桂之助〕、沢田〔廉三〕、岩切〔重雄〕、佐藤伝次郎、那須、加藤、河合、石本、中島、亀井〔貫一郎〕、太黒の諸君。先生と、達介さん〔田島達介〕とも見えられた。この席末につらなるを得た僕たるものの恐懼、欣喜、光栄思ひ見るべし。〔中略〕先生の暖き春の如き人格に包まれて僕は何ともいへぬ嬉しさを感じた〔中略〕十時辞して帰途につく。あゝ有難かりし一夜！実にありがたい！群星燦たる中にわれの如き！大いなる太陽の側にわれの如き！あゝ。[*74]

この文面から、新渡戸によって人格、学力ともに優れたメンバーが集められ、矢内原もそのメンバーを介して新渡戸と接触を持ち、選抜されたことがわかる。新渡戸が生徒たちを選び抜き、自身のいう「clear head clear heart sociality」を兼ね備えた真のエリートをサロンともいうべき場を設け、彼らとより親しく接点を持つことにより、育てようとしたことである。矢内原が、こうした場に自らが選ばれたという高揚した気持ちを「恐懼、欣喜、光栄」、「郡星燦たる中にわれの如き」と書きとめている通りである。ただし、このようなエリート教育は運動部の生徒など漏れたものの反発を助長した可能性があり、これが学内外の新渡戸排斥の伏線になっていく。

入学直後、友を得られずに苦悩しながら人格の陶冶に励んだ矢内原であったが、この読書会の日の日記に、「僕は昨年の末までは寧ろ甚だしき無口」、「それが今年になつてから所謂僕の life は jump した〔中略〕思つて居た以上の友情を楽しむ身となつた」と記していることから、当初の悩みを克服したといえる。友とともにの切磋琢磨とは、「信さんを訪れて語る〔中略〕to be と to do の問題が出る。信さんはあくまでも to be 説で、決して他に向つて事をなすべきの時でないと言はれる。僕もさう思ふ」[*75]というように、新渡戸の言説の意味を相互に議論し、自身の行動の規範とするものだが、ここでの両者のやりとりから新渡戸の言説を忠実に受け止めていたことがわかる。

川西を介して、新渡戸門下生となった矢内原だが、明治四四年（一九一一）一〇月に内村門下となったのも同様に川西の紹介だった。川西が、回想で「矢内原君を一高に引っ張ったのも僕だし、新渡戸稲造先生、内村鑑三先生に紹介したのも僕なんだ」[*76]という通りである。

この当時の内村は、個人雑誌『聖書之研究』の発行に従事しつつ、柏木の自宅（現在の新宿区）に限られた二〇人ぐらいの青年を集めて、聖書の講義をしていた。[*77]その門戸は狭く、矢内原が望んでもなかなか参加できず、「友人の三谷隆信君とよく話しあつて、『柏木へ往きたいなあ』と言つてゐたが」、『聖書之研究』を一年以上の読者に門戸が開かれる旨の広告を見て、「すれすれであつたが、この機会をはづしてはと思ひ、先輩に口添へをしてもらつて、特に入会を許していただいた」[78]。前引した川西の証言からここで口添えしたのは川西と考えられるが、入会を許された一〇月一日の日記に、「信さん（三谷隆信氏）と相携へ畏敬の念に胸を躍らせつつ今井館に至りぬ」[79]と記したように、その喜びは大きなものだった。

その後、矢内原は、昭和五年（一九三〇）に内村が死去するまで、日曜日の聖書研究集会に欠かさずに出席した。[80] 集会への参加を許された日から「内村先生」というノートを作って、内容を詳細に記録する熱心な信徒となり、内村の死後、聖書講義と時局批判の『通信』を出し、家庭聖書集会を開き、内村の精神と教えを受け継ぐ忠実な継承者となった。[81] それは、内村が死んで二ヵ月後に開催された内村鑑三記念キリスト教講演会で、「我々はここに内村鑑三先生記念のために集りました。それは先生を追悼して過去の記念に生きんがためではありません」、「先生の戦ひし戦ひを我等も戦ひ続けんがため」、「社会的不義に向つて我等は憤ります」[82]と述べている通りである。すなわち、内村が日露戦争を非戦論で痛烈に批判したように、神のもとの揺るぎない「義」を判断基準に、満州事変以後の日本国家を、「不義」を侵したと厳しく批判し、国家と鋭く対峙していくことになる。

このように新渡戸は、「ニトベ宗」の人々を中核に、同心円的に影響力を及ぼし、人格教育の成果をあげたといえるが、一方で伝統的な校風論者の一高生からの反発も受けていた。河合時代に起きた明治四二年（一九〇九）の新渡戸排斥事件と同様の事件が矢内原時代でも起き、さらに学外の批判と結びつき、新渡戸の一高退任の一因となる。新渡戸が一高去る経緯を見届けたのが矢内原であり、新渡戸退任の原因も近い立場から述べているので、次節で引き続き矢内原の日記や回想などを踏まえて、これらを論じる。

3　新渡戸の教育への批判と一高退任――エリート批判と理想主義への反発――

新渡戸の個の内面性を高める個人主義的な教育は、一高の内外からの厳しい批判の目にさらされた。学内の批判者は伝統的校風論者の生徒たちや卒業生たちや他の教授陣であり、学外の批判者は新聞、雑誌であった。学内外からの批判は相互に連動し、新渡戸を一高退任に追い込んでいく。

河合時代の明治四二年（一九〇九）の記念祭の夜の茶話会の後も、運動部所属で籠城主義の集団主義的な人格の陶冶を図ろうとする伝統的な校風論者たちの批判は続き、矢内原時代の明治四四年（一九一一）三月一日の全寮茶話会で再び新渡戸批判が起きた。矢内原の日記によると、新渡戸の演説に続き、約三〇名が午後六時から演説し、午前一時半までの会だったが、その中で新渡戸批判の声があがった。

末広〔末弘厳太郎〕君の新渡戸先生批難は一も二もなく野次に葬られてしまつた〔中略〕新渡戸先生の人格は遂に勝つた〔中略〕紛々たる新聞紙の言そも何ぞ。あゝ一高は向上しつゝある〔中略〕新渡戸先生をかれこれ言つたり、徳富氏の演説につきかれこれ言ひ出したりした時には実に僕自ら演壇に上つて述ぶる処あらんと欲した位であるが、那須〔浩〕さん鶴見〔祐輔〕さんなどが出られて熱誠の弁を振はれたので僕はうれしかつた。先生がどこかへ行かれるなら僕もついて行く。あゝ先生！[*83]

この記述によると、新渡戸批判をめぐる応酬が茶話会でなされ、新渡戸を批判したのが前回と同様に末弘で、その内容は二月一日の徳富蘆花の講演「謀叛論」をめぐるものであった。この場の一高生たちは批判者に「雷同」せず、新渡戸擁護の立場に立ったので、一高生たちの新渡戸への信頼が不動なものになっていたことがわかるが、こうした信頼を勝ち得たのが、蘆花の講演をめぐる騒動への新渡戸の対処だった。

茶話会の一ヵ月前の二月一日の蘆花の講演「謀叛論」は、河上丈太郎など弁論部の委員の企画によるものだが、日記に「紛々たる新聞紙の言」とあるように、一高内外に物議を醸した。「謀叛論」の主旨は、幸徳秋水らの大逆事件の政府の処置の不当性の糾弾だが、単に幸徳らを謀反人とみなし、処刑した政府の不当性を批判しただけではなかった。蘆花は、吉田松陰に言及し、時代を切り開くのが、「時の権力からいえば謀叛人」であるとし、それゆえに、「謀叛人となるを恐れてはならぬ。新しいものは常に謀叛である」とし、最後に、「要するに人格の問題である。諸君、われわれは人格を研くことを怠つてはならぬ」と締めくくった。自らを「勤王の血が流れてゐる」と言明した蘆花のいう「謀叛」の対象は、天皇ではなく、「富の分配の不平等に社会の欠陥」をもたらした「狭量にして神経質な政府」だった。その政府が保身のために、幸徳らを天皇への「謀叛」と断じて、天皇の名の下に処罰したことは、かえって天皇への反逆心を持つ人々を生みだすので、「時の権力」の桂太郎らこそが「不忠不義の臣」と断じた。[*84]

この時の一高生たちの反応は、矢内原の日記に、「弁者熱烈を以て説き聴衆熱誠を以て静聴す[*85]」とある通り、講演は彼らに感銘を与えたが、講演内容は文部省に伝わり、末弘厳太郎など一部の学生の反感を買った。[*86] また、新聞でも大々的に報じられた。[*87] 講演時、新渡戸はいなかったが、翌日、文部省に呼び出された新渡戸は、進退伺いを口頭で出すに至った。[*88] 二月三日に、新渡戸は生徒を倫理講堂に集め、「身を以て責任を負ふべし、諸子乞ふ意を安んじて学業に就かれよ[*89]」と全責任を自己が負うことを述べた。この時の一高生の様子を、矢内原が「言々荘重にして嗚咽するものあるに至る」と書きとめ、さらに彼自身の心情を、「先生亦進退伺を呈出せられし上は今後如何になりゆくか〔中略〕どうぞ無事で納まりまする様に[*90]」と記述した。五日、生徒たちの代表一四名が「文部省に向け、今回の事件は全く新渡戸校長の関知する処に非ず、弁論部委員の失態なれば云々の嘆願書を差出」した。その結果、文相小松原英太郎らが「新渡戸校長は事実上然《さ》したる責任ありとも謂ふ可からず旁た譴責に止め置くことに決定[*91]」となり、落着した。

自己一身の責任とし、生徒たちを庇った新渡戸の行動は、生徒たちに感銘を与え、一ヵ月後の茶話会において生徒たちを新渡戸擁護に向かわせ、新渡戸批判は一端は終息した。

学外では、明治四二年（一九〇九）から新渡戸に対しての攻撃がなされたが、その批判は『実業之日本』顧問に就任した社会教育者としての新渡戸に向けられたものだった。『実業之日本』は、高等教育を受けられない「実業青年」に対する「精神の修養と、人格の鍛錬」を目的とした通俗的な雑誌だった。[*92] 札幌農学校時代から学校教育の恩恵を受けられない青少年、少女たちの教育に力を入れていた新渡戸は、一高校長に就任する前に、こうした雑誌への執筆を行っていたことは前述した通りだが、そもそも一高校長、帝国大学教授に相応しくないという批判があり、親しい友人で同僚の小野塚喜平次、吉野作造なども執筆を止めるように忠告していたという。[*93] 批判の声は、顧問就任とともに高まり、それが深刻な事態を引き起こしていくことが一月八日付『読売新聞』の記事からうかがえる。すなわち、「新渡戸稲造君が、某雑誌の顧問と為りしとて、世間にては、豪らく之れが為に気を揉む者あり、余計な事と存候」、「新渡戸君の第一高等学校長として、適任者なりや否やは、自ら別問題」というように、読売の論調では新渡戸に好意的だが、「豪らく」という言葉が示すように世論の大勢は批判的だったことがわかる。

と同時に、こうした世論の批判に呼応するかたちで起きたのが、前述した三月の新渡戸校長排斥事件であった。その時に新渡戸批判に立った末弘厳太郎が「新聞に先生を八方美人と云う」と自らの主張の正当性の一端を世論に求めた通りである。

この時期の新渡戸評として、興味深いのは、明治四二年（一九〇九）『中央公論』五月号の特集「新渡戸稲造論」中の三宅雪嶺である。雪嶺の論調は、「凡てを差引して氏は善人の部類に属する」と結んだように批判的だった。新渡戸について、

　氏の従来の行動に徴するに、権力あるもの財力あるものと事を共にして、弱貧で枉屈するものに手を仮すの暇が無かつた様である〔中略〕高官にして罪悪顕著なる者がある〔中略〕然るに此等の矯正に氏が勉めたことを聞

かぬのみか、却つてその徒と與に共にし、偶《たま》ま事の非なるものがあれば、已れは欺れたりとして慰まうとする〔中略〕幾らか長いものに捲かれて諦めて仕舞ふ様であるが、此先如何であるか、今日の処では分らぬ。

と新渡戸の強い権力志向と義侠心のなさ、そして大勢に抗えない意志の弱さを指摘し、一層の影響力を増すであろう新渡戸の行く末に懸念を示した。その他に、○△生の「一高長としての新渡戸氏」の「新渡戸氏の弁護の側の生徒は大抵よい生徒で、学問も出来、人格もあり、高等学校で一、二番で、大学に行ても大いにい、といふ生徒だといふ噂さ」という内容が興味深い。ここで示された新渡戸周辺の生徒が選抜された人材という評判の存在は、贔屓として後の新渡戸非難の一因となる。

その後の動きを詳細に報道した『読売新聞』によると、学内外の攻撃は新渡戸に打撃を与え、六月に新渡戸辞職問題が起きた。第一報は六月七日、「新渡戸第一高等学校長は客月末突然辞表を提出し飄然北海道に赴きたれば文部当局も其処置に困り目下其候補者選定に苦心中なりとの風説あり」だった。その五日後の一二日「新渡戸博士の病状」では、岡田良平文部次官への取材から詳細な事情が報じられた。その内容とは、新渡戸に辞任の意志はないが、「宿痾たる神経衰弱再発」によって三ヵ月前から自宅療養していたこと、良くならないので暑中休暇を利用して、北海道に転地療養することであった。六月三〇日には帰京した新渡戸の談話記事が掲載されたが、そこで新渡戸は療養を認めながら、辞職とその原因とされた報道を否定し、騒動は終息した。事態の推移から見えてくるのは、一高校長としての新渡戸への世論の風当たりの強さと世論と学内での批判が連動していることであり、こうした動きに新渡戸の精神が消耗していったことである。

一端は終息した新渡戸への批判は、明治四四年（一九一一）八月から野依秀市の『実業之世界』を中心とする批判が展開され、学内での新渡戸批判と連動したことで、新渡戸を精神的に追い詰め、辞職に追い込んでいく。野依は、慶応の商業夜学校で学び、『実業之世界』を創刊し、代議士になった人物である。『実業之世界』での批判は、大正四年（一九一二）まで続き、野依の署名記事だけでも二八回あって、そのうち二六回分が単行本『青年の敵』となった。[*94]興味深いのは、野依が自伝『我が赤裸々記』において、自身の原稿の「三分の二は堺〔利彦〕氏が書いてくれたので後の三分の一は白柳秀湖君」と述べているように、口述筆記という形で売文社が関わっていたことであるが、[*95]その批判は道徳的な偽善者というものから女性問題などの人格攻撃までに及んでいた。

中でも反響を呼んだのが、明治四四年（一九一一）一〇月一五日号に掲載された「新渡戸博士の良心に訴ふ」であった。批判は、新渡戸の言説の矛盾を問うものだった。新渡戸は、西川光次郎が編集した『労働世界』に明治三五年（一九〇二）六月三日号に社会主義を肯定する「社会主義談」を寄稿した。その西川が筆禍事件などで何度かの投獄の後、社会主義との絶縁を宣言した『心懐語』を明治四三年（一九一〇）に刊行した際に、新渡戸は序文を寄せた。それは、「四、五年以前」に西川が社会主義者として行ったことを新聞で読み、「寒心」したが、「自ら悛むるの日あらんことを余は心中信じて疑はざりき」というように、かねてから社会主義に対して批判的という見解を示した内容であったので、この矛盾を野依が追求した。すなわち、『労働世界』に執筆したことがある新渡戸が、「四、五年以前と云へば、明治三十九年頃」に「社会主義者になつた事を、初めて知つたと空とぼけるのは、随分甚たしい遣方である。博士の言ふ事は大概此通りな嘘である」という通りである。野依の批判は、社会主義の分が悪くなったので批判に立場を変えたというもので、雪嶺の「枉屈するものに手を仮すの暇が無かつた」と相通じる批判である。この論説も堺の筆によるが、[*96]社会主義者が野依の依頼を受けたのは、雪嶺の批判を考慮すると新渡戸が体制的、野依がそれへの対抗者に見えたためと考えられる。雪嶺、野依、堺など三者は一様に新渡戸に批判的だったが、言説的なつながりだけでなく、毎月雪嶺の家で談話を楽しむ会合「二八会」で交流を持つなど個人的なつながりも強かった。[*97]

さらに、新渡戸に衝撃を与え、一高生を巻き込んだ騒動を起こしたのが、大正元年（一九一二）一一月一五号掲載の押川春浪「偽善者！新渡戸博士の醜行を許発す」だった。押川が新渡戸批判を執筆したのは、野依が二年間の入獄の判決が確定したための代わりだったが[98]、批判内容は、「日本一の贅沢なる学者」から始まり、「女中上りのおきち」と「情を通じ」というような女性問題などの私生活を詳細に記述した上で、「自分は内々そういふ不品行を働きながら青年には情欲を制せよの、品行を正しくせよの、声色を遠けよのむづかしい道徳を強ゆる博士の虚偽を悪む」と結んだ、新渡戸個人を著しく貶めるものだった。

誹謗中傷とも言える批判に、一高生たちは言論や行動で新渡戸を全力で擁護した。言論では、一一月二五日に寄宿寮委員の名前で反論「敢て天下に告ぐ」を読売、朝日などの主要な新聞社に掲載した[99]。反論文の主旨は、「近時我校を横議する愈甚しく、甚しきは我信服せる校長の人格をさへ疑はんとする者を出すに至れり」、「衆愚の論に迷はされて偉材を傷ふ」状況は看過できないとして、新渡戸の人格の高潔さとその新渡戸に対する一高生たち揺るぎない信頼を宣言することによって一高や新渡戸への汚名を雪ごうというものだった。一高生たちの新渡戸への強い思いは、「慈父の愛児に於けるが如く其崇高にして廉潔なる人格に対するや吾人は絶対に信服するものして」、「仮令世を挙げて誹議し万人之に左袒すると雖も、吾人が此信念は遂に牢乎として動かすべからざるものなり」という文面に現れている。また、「押川某を訪ひて其謝罪文を得たり」というような実力行使に及んだ生徒たちもいた。

野依が新渡戸を激しく批判した要因の一つは、新渡戸が野依の雑誌と競合する『実業之日本』の顧問だったことだが、野依すなわち堺、押川、さらに三宅の批判や一高生の反論文の文面から、エリート対非エリートの構図、三宅の言葉からいえば「権力あるもの財力あるもの」（新渡戸、一高生）対「枉屈するもの」（社会主義者、民衆）の構図があって、自らを無学者と任じた野依[100]は後者の擁護を第一義の目的とした[101]。

一高生たちは新渡戸を全力で擁護したが、野依らによる一年に及ぶ一連の攻撃は、新渡戸を精神的に追い詰めていった。河合の回想によると、野依による批判が展開されていた大正元年（一九一二）八月に交換教授として帰国した新渡戸を歓迎する祝賀会を「門弟たち」が開いたが、その時に新渡戸は、「新聞雑誌に先生に対する誹謗が散見してゐた時であつたので、それを先生はよほど不快に思はれたと見えて」、「社会の自分を待つことの不当を恨んで、涙を流された」というように、気に病んでいたのである。ちなみに、河合はこの時、「先生に対する同情と云ふことよりも、あゝした社会の批評がそんなに先生の気になるのかしら、齢五十の先生はそんなに弱いのかしら」と感じたというが、[*102]新渡戸はこの時から辞意を洩らすようになっていった。[*103]

また、新渡戸を追い詰めた背景には、一高内部での他の教授陣との確執や新渡戸に批判的な生徒によって引き起こされた再びの排斥演説が辞職の原因となった。

まず、確執についてだが、狩野亨吉校長時代最後の卒業生だった亀井高孝の「新渡戸さんと教授側の間にシックリせぬものがあったことは、今はすでに悉く亡くなった教授方からもれきいた片言からも察せられる」と云う証言の通りである。[*104]

次の生徒による排斥演説は、明治四五年（一九一二）三月に再び全寮茶話会で起きた。[*105] 矢内原の回想によると、「『新渡戸校長はその弟子の嫁に某男爵の娘を世話した』といふ事を攻撃材料にしました」。いつもだったら、「ニコニコ聞いて、最後に起つて静かに諭すのが常」であった。だが、これまでの生徒の批判は、「教育者としての思想とか、態度とか、言論とか公の問題に関する事柄」だったのに対し、「『生徒の中に、こんな事を言ふ者が居るか』と、先生は心に深く憤り且つ嘆じて辞職の決心をつけたのであると、後になつてから伺ひました」[*106]というように、人格攻撃を行った一高生への失望から辞職を決意した。批判を行った生徒は後の社会主義者の細川嘉六だが、細川の回想では右の発言以外に「今日の生徒の修養の目的は専ら立身出世にあるようだが、校長は一体それをどう思うか」「学生の間ではそれ〔縁談のとりもち〕を羨望の的にしているとの噂が流されているが、あなたはこれをどう思うておられるのか」[*107]という発言があった。夜学出身の苦学生だった[*108]細川の主張とは、新渡戸は富、権力、名声など立身出世よりも人格といいながらも、一高内での門下生という形で特権的エリートを作り、彼らを閨閥による特権的階級化する橋渡しをしていることは矛盾であり、その言説は偽善というものだった。それは、野依らのエリート、特権階級批判に通じるもので、新渡戸の教育の根本を批判したものだった。それゆえに、新渡戸には衝撃で辞意につながったと考えられる。

翌大正二年（一九一三）四月二二日新渡戸の辞職が突然発表されると、生徒たちは翌日、生徒大会を開き、復職に奔走したが、新渡戸の辞意は固く、結局は一高を去ることになった。五月一日送別会が開かれ、四年前新渡戸を糾弾した石本恵吉は「往年の非を謝し、先生の徳を彰し」た。[*109]会の後、寮生の五・六百人が雨上がりの泥濘の道を新渡戸の小石川の自宅まで送り、玄関前で寮生が作った送別歌を歌い、生花と造花の花籠を贈呈し、代表で矢内原が「涙ながらの挨拶」を述べて、別れを惜しんだ。「挨拶中、踞坐せる数百の生徒は泣きつづけであつた」という。

これほどまでに惜しまれた校長は無く、別れを惜しむ生徒たちの様子に新渡戸の教育的効果の大きさが見て取れるが、矢内原が別れの挨拶で「諸君の胸中には必ず先生の蒔かれた種子があるに違ひない。其の種子を養ひ育てて、先生が平素より訓へられたるGreater Japan（大日本）の建設を志し、精神的の向上をたすける様に決心しようではないか。これ我々が先生に酬い奉る最大の事である」[*110]とのべたように、新渡戸の教えを受けた門下生たちはそれぞれ理想と考える国家像を確立し、それを基準に現実の国家に向き合い、格闘していく。

むすび――新渡戸とその門下生の敗北の歴史的意味――

戦争に向かおうとしていた危機の時代に直面し、自らの地位を擲ってまでもその流れを止めようとした芦田、河合、矢内原などを育成した新渡戸の教育の詳細を主に同時代的な史料の分析から論じてきた。最後に、三者と新渡戸の満州事変後の軌跡を概観した上で、こうした成果を出し得た新渡戸の教育の特質とともに、それが同時代的には批判を浴び蹉跌し、さらに育成した三者が危機を回避できる提言をしながらも受け容れられずに排除されたのはなぜかを論じる。なぜなら、時代に彼らが敗北した要因こそが戦前日本社会の特質を映し出すからである。

芦田、矢内原、河合は、一高を卒業後、それぞれ、東京帝大法科に進み、芦田は外交官から政治家、河合、矢内原は東京帝大教授として、一高時代に培った理想をもとに、それを実現するために奮闘していった。

芦田は、昭和七年（一九三二）に外交官から衆議院議員（政友会）に転身し、対外的には国際協調主義、内政的には議会重視の自由主義を政治理念とし、議会活動や言論活動を通じて、軍部の台頭や満州事変の拡大阻止に全力をあげた。同年八月三〇日、初めての議会質問で「国ヲ焦土ニシテモ」満州国の承認を貫くと主張した内田康哉外相に対して[*111]、「戦ハズシテ勝ツ、即チ最小ノ犠牲ヲ以テ最大ノ効果ヲ収メルト云フ方法ニ付テ、十分ノ考慮ヲ拂ハレタカ、ドウカ」[*112]と外交による平和的解決の必要性を主張し、軍部を牽制した[*113]。さらに、昭和一〇年（一九三五）の天皇機関説事件では、二月二七日衆議院での美濃部への攻撃に対して「癪に障って怒鳴」[*114]り、三月二二日機関説排撃の「鈴木総裁の演説を止める為に奔走した」[*115]。中でも、昭和一五年（一九四〇）二月三日斉藤隆夫の反軍演説で、芦田は斉藤を「国家的英雄（national hero）」（二月三日）「国民のために闘い殉ずる者（martyr fighting for the people）（二月四日）、称賛し[*116]、除名に反対し、三月七日本会議で除名をめぐる採決に、反対票を投じた。反対は、芦田、宮脇長吉、牧野良三ら七名で、賛成は二九六名、棄権と欠席者は一四四名で、斉藤の除名は決定した。その日に党から離党勧告を受けたが[*117]、「理屈が通れバ離党もしようが、筋の通らぬ事を出来ぬ」と拒否する一方で、「僕は議員としての義務を果したとし信じて誇を感ずる」[*118]と日記に記した。結局、芦田は除名処分を受けたが、その後、昭和一五年（一九四〇）首相近衛文麿らの新体制運動に対して、芦田は鳩山一郎らと抵抗し、大政翼賛会の政党化の阻止に成功し、ナチス的な一党独裁体制の構築を阻んだ。だが、太平洋戦争は阻止し得ず、昭和一七年（一九四二）の翼賛選挙では非推薦で憲兵、特高の干渉の中で辛うじて当選するが、政治、言論活動が著しく制限を受け、不遇のうちに敗戦を迎えた[*119]。

個の様々な自由意志を尊重する理想主義の立場から議会主義による平等社会（社会民主主義）を国家の理想とした河合栄治郎[*120]は、満州事変以後の国家主義の台頭を自らの理想国家の実現と自由を阻害するものと認識し、満州事変、五・一五事件、二・二六事件批判を展開した。まず、満州事変については、昭和七年（一九三二）一月一日〜二五日「国家社会主義の批判」（『帝国大学新聞』）において、資源の国際的格差による対立は「止揚されるべき対立」として、「不正」の「除去」の必要性を主張しながら、「戦争に訴へて除去せんとするは、侵略主義の主張[*121]」と強く批判した。五・一五事件については、一一月の被告への判決後に、被告への同情的な声が上がる中、軍人の政治介入や青年将校の根底にある「天皇親政」を日本の歴史的経緯から批判し、「君民」の一体化の制度として「議会主義」を主張した（「五・一五事件の批判」『文芸春秋』一一月号[*122]）。二・二六事件については、「二・二六事件の批判」（『帝国大学新聞』三月九日）において、総選挙で岡田内閣が勝利した選挙結果にかかわらず、暴力によって打倒しようとしたのは、「ファシストの何よりも非なるは、一部少数のものが暴力を行使して、国民多数の意志を蹂躙する[*123]」すなわち少数による多数の否定＝「ファシズム」と批判した[*124]。その結果、昭和一二〜一三年（一九三七〜三八）にかけて、蓑田らが河合への攻撃を開始し[*125]、二月一六日貴族院本会議で井田磐楠が横田喜三郎、田中耕太郎、宮沢俊義らとともに河合を「我ガ国民精神ニ反スル国家道徳観ト謂ハナケレバナラヌ」「全ク是ハ共産主義ト紙一枚ナノデアリマシテ、目的ハ同一デ方法ヲ異ニスルト云フダケノ学風[*126]」と非難し[*127]、一〇月『ファシズム批判』などが発禁処分にされ、翌年一月休職処分とされた上、二月出版法違反の嫌疑で起訴された。結局、昭和一六年（一九四一）二審で有罪確定し、裁判闘争で消耗した河合は昭和一九年（一九四四）不遇のまま死去した。

　矢内原忠雄は、新渡戸の後任として東京帝大法科の植民政策学を担当した。矢内原の研究は統治技術ではなく、植民現象がなぜ起き、人間にどのような影響を与えるのかという科学的研究だった[*128]。新渡戸が講義で佐久間左馬太台湾総督の蛮社討伐に「激昂」した姿が「忘れられない」と回顧した[*129]矢内原の研究は、その「人道主義」を継承した上、キリスト教に基づく社会正義の観点から、植民地の自主独立、解放による平和を目指したものだった。[*130]

満州事変については、昭和九年（一九三四）刊行の『満州問題』序文で「今尚ほ継続しつつある満州事件の性質、内容、及び影響は、〔中略〕活きたる学問の材料である。余がここに諸君に提供せんと欲するところはただ一の批判的精神にあるのみ。蓋し批判の欠乏するところ、盲目の危険は最も大であるが故に[*131]」と述べているように、満州事変の批判的検討を行ったものだった。そこでの主張は満州が日本の生命線という当時の主潮に対して、武力による日本の権益拡大こそが日本を危機に陥れ、道義的に問題であるという警鐘だった。[*132] さらに、昭和一二年（一九三七）七月、盧溝橋事件が起きると、九月に「国家の理想」（『中央公論』）において、国家の理想のあり方を問い質し、満州に勢力を拡大しようとしている日本国家を根本から批判した。矢内原は、冒頭「現実国家の行動態度の混迷する時、国家の理想を思ひ、現実国家の狂する時、理想の国家を思ふ。之は現実よりの逃避ではなく、却つて現実に対して最も力強き批判的接近を為す為めに必要なる飛躍である[*133]」と理想の国家像をもって現実の国家を批判することが、救国の道とした。その上で、「国家の理想が対内的には社会主義、対外的には国際正義であるべき」で、「正義と平和こそが国家の理想」であって、「領土の増大、資源の獲得等、物質的に考慮せらるべき事柄ではない[*134]」と満州進出を図る日本国家を暗に批判した。

この論文は削除処分となり、後に問題化するが、さらに矢内原を辞職に追い込んだのが、一〇月一日藤井武の追悼演説会での講演「神の国」（矢内原の『通信』四七号、昭和一二年〈一九三七〉一〇月掲載）である。矢内原は、「義であることを不義と呼び、不義であることを義と呼び、叛逆でないことを叛逆と呼び、愛国であることを愛国と呼ばない」、事変の拡大という「不義」の戦闘を続けている日本の現状から、「今日」は、「我々のかくも愛したる日本の国の理想、或は理想を失つたる日本の葬りの席であります〔中略〕日本の理想を生かす為めに、一先づ此の国を葬つて下さい[*135]」と現日本国家を激しく批判した。

こうした矢内原の主張を、蓑田胸喜が『真理と戦争』(原理日本社)で反国体、反戦主義者と激しく批判し[*136]、東大経済学部の学内抗争ともむすびついて、学内でも問題化し、結局、一二月一日に矢内原は辞職する。矢内原は、新渡戸の教えの通り、自らの地位などの「to do」をなげうっても、自らが信じる理想を貫徹し、指導者としての役割を全うしようとしたのである。

三者とも、新渡戸の教えの通り、国家、社会的指導者に求められる理想の国家・社会像とそれを貫くための人格形成を一高時代に模索、確立し、その理想をもって国家、社会に警鐘を鳴らし、危機の時代に向かう日本の進路を止めるべく、全力を尽くした。「自由」「平和」「正義」という掲げた理念の意義、特に矢内原の「国際正義は世界平和、すなわち、国家間の平和として、社会正義は国内平和、即ち貧者弱者の保護として現はれる」(「国家の理想」、『矢内原全集』一八、六三頁)という言葉は、格差社会と国際紛争の時代の今日において国家のあり方を問う材料となろう。また、何よりも国家、社会の向上のために、自己犠牲を払ってまで、その理念を貫こうとした姿勢、すなわち理想主義こそが指導者のあり方を考える一つの手がかりとして、今日的な意義を持つといえよう。

一方で、自らの利益を顧みることなく、信念をもって、国家の危機を回避するための提言をした人物を排除した戦前の国家は、問題性を孕んだ国家と言わざるを得ない。そこから言えることは、矢内原が、「真の愛国」とは、「理想を失ひたる国家・民族は遂に滅亡を免れない」、「国民中一人有りて、之を堅持し、之を明徴するを要す」と述べたように、高い理想により、たとえ孤立しても動ぜずに現実の国家を批判できる人物が求められるということと、矢内原の言う孤高の「預言者」が活躍できるための許容性を国家、社会が持つこと、言い換えれば言論、思想の自由が絶対不可欠であるということである。「現実界の混迷が加はる時代に於て益々必要」なのである[*137]。それは、日本が大きな犠牲を払ったゆえの歴史的教訓といえよう。

次に彼らを育成した新渡戸の教育の特質とは、国家、社会的な指導者となるべき一高生に理想のあり方を明示し、正規の授業の倫理の他、面会日や茶話会などで親しく生徒たちと交流を持ち感化していく、パーソナルな教育方法であった。また、そこで示された理想のあり方は、「clear head, clear heart, sociality」「to be or to do」、すなわち指導者に求められるのは頭のよさだけではなく、高潔な心と社会性であり、このような人としての核を形成するとともに、こうした人としてのあり方を国家、社会像に敷衍し、その実現を図る人材となることであった。人としてのあり方を国家、社会に敷衍すれば、平和的、友好的、理性的国家、社会となる。また、新渡戸は個人的な接触を持った生徒の中で、学力、人格ともに兼ね備えた人材を特に選抜し、より親しく教育を施すエリート教育を行ったが、そこから三者が輩出したように大きな成果を上げた。新渡戸が行ったパーソナルな教育は、マスプロ化が進む今日の高等教育に同じように生かせないが、人格教育の内実など示唆されるべき点は多い。

なお、新渡戸は三者とは対照的に、軍部に屈服し、満州事変を擁護する行動をとり、昭和八年（一九三三）にカナダで客死した。新渡戸が三者と異なる対応をとったのは、彼自身に内在した強いナショナリズム、アメリカの対日感情の悪化への危機感など様々な要素あるが、一面では弱さだった。満州事変直後、松山で記者との内密の懇談での新渡戸の軍批判が漏れたため軍関係からの攻撃を受けた際（松山事件）に、新渡戸は在郷軍人会代表に対して、「ろうばい一方ならず」「陳謝」を約束し[*138]、これが本意ならずのプロパガンダ活動となった[*139]。新渡戸自身は晩年に雪嶺のいう長いものに巻かれてしまったが、自身の弱さを熟知していたからこそ、指導者の要件の強靭な精神力を涵養するために門下生たちを内村に託したと考えられる。新渡戸はやはり優れた教育者だった。

成果を上げた新渡戸の教育だが、一方でこうしたエリート教育の一面が常に内外の批判の目に晒され、大衆社会化により「平準化」への要求が高まる当時の時代状況の中で[*140]激しい風当たりを受け、潰えることになった。野依の『実業之世界』の批判の背後には堺ら社会主義者たちがいた通りである。大衆社会化、平等化の流れの中で、ある程度立身出世が保障されている一高生に立身出世よりも人格を説く新渡戸の教育は、受けることができない側にとっては、雪嶺の言葉を想起すると特権的で偽善に見えた可能性がある。ただし、新渡戸は一高生のようなエリート層以外にも雑誌を媒介に、教育を受けられない青年、少女たちへの社会教育を行っていたので、特権的なエリート教育に特化したわけではないが、実質的に、学歴が社会的上昇の第一義の手段だったことから、学歴のない階層の人々にとっては「偽善」に見えたのかもしれない。戦前の階層化した社会の中での教育機会の不平等性が一高など高予算のかかる指導者層教育への攻撃の原因となっていたのであり、教育機会の実質的な平等性を担保することが、高等教育の発展、向上には求められるといえよう。

時代と対峙し、開戦という決定的瞬間の回避しようと奮闘した新渡戸門下のエリートたちを輩出した新渡戸の教育とその後の三者の行動から混迷の今日の前途を考えていく上での豊富な手がかりを得ることができるであろう。

註

＊1　古川江里子「近代日本のエリート教育における内面教育の検討―第一高等学校『校友会雑誌』を中心に―」（『メディア史研究』第三五号、二〇一四年）。

＊2　天野貞祐「高等学校の運命」（『教育試論』岩波書店、一九四九年）一一四頁。有馬朗人「指導者考　八」（『読売新聞』二〇一二年二月一〇日）。

＊3　竹内洋『立身出世主義』（日本放送出版協会、一九九七年）、高田里惠子『グロテスクな教養』（筑摩書房　二〇〇五年）。

＊4　前掲古川論文。

＊5　ジョージ・M・オーシロ『新渡戸稲造』（中央大学出版部、一九九二年）九五～九七頁。

＊6　石井満『新渡戸稲造伝』（関谷書店、一九三四年）五六～六〇頁。石井は、矢内原忠雄と一高寄宿舎で同室で、新渡戸の愛弟子なので、同書の内容は史料的な意味を持つ。新渡戸自身は、『農業本論』（裳華房、一九〇六年）の序文において、この点について語っている。

＊7　前掲オーシロ書、五八頁。札幌農学校時代の新渡戸については、同書に依拠。

＊8　一八九一年四月二三日付義弟ジョセフ宛書簡、新渡戸稲造全集編集委員会編『新渡戸稲造全集』二三（教文館、一九八六年、以下、『新渡戸全集』と略記）四一三〜四一四頁。前掲オーシロ書、五八頁。
＊9　一八九一年四月二三日付義弟ジョセフ宛書簡（前掲『新渡戸全集』二二、四一四頁）。
＊10　一八九三年二月一九日付義弟ジョセフ宛書簡（同右、四四五頁）。
＊11　一八九二年四月二一日付義弟ジョセフ宛書簡（同右、四三三頁）。
＊12　前掲オーシロ書、六〇頁。
＊13　同右、六一頁。
＊14　一八九六年一月三日付義弟ジョセフ宛書簡（前掲『新渡戸全集』二二、四六三頁）。
＊15　前掲オーシロ書、八三〜八六頁。
＊16　同右、八九〜九〇頁。
＊17　同右、一〇六頁。
＊18　松隈俊子『新渡戸稲造』（みすず書房、一九六九年）二〇五頁。前掲オーシロ書、八八〜八九頁。
＊19　新渡戸は、親友の宮部金吾に「京都は学問の研究にとり仙境である」と書き送り、同地を永住の地と考えていたという。前掲松隈書二〇五頁。
＊20　岡義武「日露戦後における新しい世代の成長」（『岡義武著作集』三、岩波書店、一九九二年）、丸山眞男「個人析出のさまざまなパターン」（細谷千博編訳『日本における近代化の問題』岩波書店、一九六八年）。
＊21　前掲オーシロ書一〇五〜一〇六頁。
＊22　一九〇四年八月二二日付木下広次宛沢柳政太郎書簡、京都大学文書館寄託の「木下広次関係資料」。新渡戸の一高就任の経緯については、註＊1の拙稿で詳しく論じたが、その際には、清水善仁「京都帝国大学法科大学教授・新渡戸稲造―その着任と転任の一齣―」（『新渡戸稲造の世界』一七号、二〇〇八年）を参考にした。
＊23　前掲オーシロ書、六五頁。
＊24　京都大学文書館寄託の「木下広次関係資料」、註＊22の清水論文に依拠。
＊25　和辻哲郎「自叙伝の試み」（『和辻哲郎全集』一八、以下『和辻全集』、岩波書店、一九七八年）四五〇〜四五二頁。森上優子「読書と教育―新渡戸稲造の一高における道徳教育活動―」（『道徳と教育』五二二号、二〇〇八年、一三四頁）から教示。

＊26 『校友会雑誌』明治四〇年一月号に掲載。
＊27 前掲古川論文。
＊28 新渡戸の人格教育と明治後期の立身出世の閉塞感との関係は、筒井清忠氏が『日本型「教養」の運命』（岩波書店、一九九五年）で指摘している。
＊29 小林俊三『わが向陵三年の記』（実業之日本社、一九七八年）五〇頁。
＊30 前掲石井書、二三八頁。
＊31 森戸辰男『私の履歴書　文化人二〇』（日本経済新聞社、一九八四年）一七頁。前掲森上論文、一三六頁から教示。
＊32 前掲拙稿、九六頁。
＊33 福永文夫・下河辺元春『芦田均日記』一（柏書房、二〇一二年）二〇八、二八五頁。
＊34 山岡柏郎『向陵三年』（博文館、一九一八年）三〇〜三一頁。なお、同書については、矢内原伊作『矢内原忠雄伝』（みすず書房、一九九八年）一五四〜一五五頁から教示を受けた。
＊35 前掲山岡書、二四四頁。
＊36 前掲和辻「自叙伝の試み」（『和辻全集』一八）四五二頁。
＊37 前掲『芦田均日記』一、二五八頁。
＊38 同右、二七九頁。
＊39 同右、二八七、三二九頁。
＊40 前掲和辻「自叙伝の試み」（『和辻全集』一八）四五五頁。
＊41 松井慎一郎『戦闘的自由主義者河合栄治郎』（社会思想社、二〇〇一年）一五頁。
＊42 河合栄治郎「学生時代の回顧」一九三六年一二月（『学生と教養』、『河合栄治郎全集』一七、以下『河合全集』社会思想社、一九六八年）一五三頁。
＊43 前掲河合「学生時代の回顧」（同右）一四九頁。
＊44 前掲和辻「自叙伝の試み」（『和辻全集』一八）四一八頁。
＊45 前掲河合「学生時代の回顧」（『河合全集』一七）一五六頁。
＊46 第一高等学校寄宿寮『自治寮略史』（一九二〇年）三八頁、江上照彦『河合栄治郎伝』（社会思想社、一九七一年）三八頁。

＊47 前掲河合「学生時代の回顧」一五六頁。

＊48 同右。

＊49 前掲『自治寮略史』三八頁。

＊50 前掲江上書、三八頁。

＊51 前掲オーシロ書、一一七頁。

＊52 前掲石井書、二五八頁。

＊53 前掲河合「学生時代の回顧」一五六頁。

＊54 ここまでの引用は、前掲河合「学生時代の回顧」一五七〜一五九頁。

＊55 前掲松井書、一八〜九頁。

＊56 前掲河合「学生時代の回顧」一五九頁。

＊57 森戸辰男「教育者としての新渡戸先生」（『新渡戸博士追憶集』一九三三年、前掲『新渡戸全集』別巻一）三〇〇頁。前掲松井書二三一頁から教示。

＊58 松井慎一郎「近代日本における人格教育の系譜―新渡戸稲造と河合栄治郎―」（『新渡戸稲造の世界』第一九号、二〇一〇年）。なお、河合は、回想「新渡戸先生の思出」（前掲『新渡戸博士追憶集』三二五〜三二六頁）で、「先生と接触することのそれほど多くなかった」と記述しているが、それは琴子との破談のためと考えられる。

＊59 前掲小林書、六四〜六五頁。

＊60 一九〇七年入学の川西実三が三年生の時の一九〇九年九月二四日の日記に、前田多門ら先輩が読書会を作っているにならって三谷隆正らとともに読書会結成を試みたことが記されている。川西薫「一高校長新渡戸稲造とその弟子たち―川西実三の日記を通して―」（『新渡戸稲造の世界』第一九号、二〇一〇年）。

＊61 読書についても前掲森上論文から教示。引用は、「女子教育について」（『基督教世界』一九〇七年）と一九二九年『読書と人生』（前掲『新渡戸全集』一一巻）四〇〇、四三八〜四三九頁。

＊62 矢内原の一高時代の日記は、『矢内原忠雄全集』二八（以下、『矢内原全集』、岩波書店、一九六五年）に、明治四四〜大正二年までが公刊されている。中学時代から一高入学年度は、この時期の矢内原の文章からその生活ぶりがわかるので全集に所収しなかったというが、前掲の御子息矢内原伊作氏の『矢内原忠雄伝』で引用されているので、この時期については同書に依拠した。

＊63　矢内原忠雄「私の人生の遍歴」一九五八年（前掲『矢内原全集』二六）二二六頁。
＊64　矢内原忠雄「私は如何にして基督信者となったか」（前掲『矢内原全集』二六）一四〇頁。
＊65　註＊63と同じ。
＊66　一九〇九年一二月二五日の矢内原の日記、前掲矢内原伊作『矢内原忠雄伝』一二二頁。
＊67　前掲矢内原伊作『矢内原忠雄伝』一四五～一四六頁。
＊68　同右、一四六頁。
＊69　矢内原忠雄『余の尊敬する人物』（岩波書店、一九四〇年、前掲『矢内原全集』二四）一三五頁。
＊70　前掲矢内原伊作『矢内原忠雄伝』一五七頁。
＊71　同右、一五〇頁。
＊72　同右、一五七頁。
＊73　前掲『矢内原全集』二八、六〇頁。
＊74　同右、六二～六三頁。
＊75　同右、七四頁。
＊76　「わが友　わが父　矢内原伊作・川西実三・三谷隆信の座談会」（前掲矢内原伊作『矢内原忠雄伝』付録）四四八頁。
＊77　鴨下重彦「昭和初期からの風雪の人」（鴨下重彦・木畑洋一他編『矢内原忠雄』東京大学出版会、二〇一一年）一四頁。
＊78　前掲『矢内原全集』二四、四八八頁。
＊79　同右、四二五頁。
＊80　前掲矢内原伊作『矢内原忠雄伝』一九四頁。
＊81　同右、四三一、四三六～四四〇頁。
＊82　同右、四〇八頁。引用は、矢内原忠雄「内村先生対社会主義」昭和五年（一九三〇）五月二八日（前掲『矢内原全集』第二四巻）三六五～三七一頁。
＊83　前掲『矢内原全集』二八、五一～五二頁。
＊84　徳富蘆花「謀叛論」（小田切秀雄編『現代日本思想大系17ヒーマニズム』筑摩書房、一九六四年）一二四～一三四頁。
＊85　前掲『矢内原全集』二八、二六頁。

＊86 橋川文三『日本の百年7明治の栄光』（筑摩書房、一九六七年）三一六～三一七頁。
＊87 『読売新聞』二月五、六、七、八日。
＊88 前掲矢内原伊作『矢内原忠雄伝』一六二～一六三頁。
＊89 前掲『自治寮略史』四〇頁。
＊90 前掲『矢内原全集』二八、二八頁。
＊91 『読売新聞』二月五日「蘆花氏演説事件の成行」、八日「一高校長の譴責」。
＊92 増田義一「新渡戸博士の思ひ出」（前掲『新渡戸博士追憶集』『新渡戸全集』別巻一）一七四頁。
＊93 前掲松隈書、二二二～二二三頁。
＊94 横田順彌『熱血児 押川春浪』（三一書房、一九九一年）一六五頁。野依と野依の新渡戸批判については、横田書と佐藤卓己『天下無敵のメディア人間―喧嘩ジャーナリスト・野依秀市―』（新潮社、二〇一二年）の詳しい分析があるので、両書に依拠。
＊95 前掲横田書、一六二～一六四頁。
＊96 同右、一六五～九。前掲佐藤書、一一七頁。
＊97 前掲佐藤書、九〇～九一頁。
＊98 同右、一一一頁。
＊99 全文は、前掲『自治寮略史』四三～四五頁に再録された。
＊100 前掲佐藤書、二四頁。
＊101 同右、一〇二頁。
＊102 河合栄治郎「新渡戸先生の思出」（『新渡戸博士追憶集』、前掲『新渡戸全集』別巻一）三二六～三二七頁。
＊103 前掲松隈書、二一四頁。
＊104 前掲横田書、一八四頁から教示。引用は、亀井の随想『葦蘆葉の屑籠』（時事通信社、一九六九年）二三五頁。
＊105 前掲佐藤書、一一六～一一七頁。
＊106 前掲矢内原『余の尊敬する人物』（前掲『矢内原全集』二四）一四九頁。
＊107 木村亨『横浜事件の真相』（笠原書店、一九八六年）一六一頁。同書は前掲佐藤書から教示。
＊108 細川であることを特定したのは、前掲佐藤書、一一六～一一七頁。

＊109　前掲『自治寮略史』四七〜四八頁。
＊110　前掲矢内原『余の尊敬する人物』（前掲『矢内原全集』二四）一五七頁。
＊111　田中時彦「斉藤内閣」（『日本内閣史録』三、第一法規出版、一九八一年）三一三頁。
＊112　昭和七年八月三〇日『予算委員会議録』第六回、五頁。
＊113　村井良太「解題」、『芦田均日記』五（柏書房、二〇一二年）四六頁。
＊114　前掲『芦田均日記』三、六八六頁。
＊115　同右、六九一頁。
＊116　前掲『芦田均日記』四、三四五〜三四六頁。翻訳は、前掲村井論文、五八頁に依拠。
＊117　前掲村井論文、五八頁。
＊118　前掲『芦田均日記』四、三四〇頁。
＊119　前掲村井論文、五九〜六二頁。
＊120　前掲松井書、一一一〜一一二頁、以下の河合の考察については松井書に依拠した。
＊121　前掲『河合全集』一一、八二頁。
＊122　前掲松井書、一三六〜一三八頁、引用は、前掲『河合全集』一一、五八頁。
＊123　前掲『河合全集』一二、四六頁。
＊124　前掲松井書、一六〇頁。
＊125　美濃部亮吉『苦悶するデモクラシー』（文藝春秋新社、一九五九年）二二六頁。
＊126　昭和一三年二月一七日『官報号外　貴族院議事速記録』第一三号、一六三〜一六四頁。
＊127　前掲松井書、二〇一〜二〇三頁から教示。
＊128　将基面貴巳『言論弾圧─矢内原事件の構図─』（中央公論新社、二〇一四年）一三〜二四頁。
＊129　前掲『矢内原全集』二四、七二三頁。前掲矢内原伊作『矢内原忠雄伝』二六六頁から教示。
＊130　前掲将基面書、二三〜二四頁。
＊131　前掲『矢内原全集』二、四八七頁。
＊132　前掲矢内原伊作『矢内原忠雄伝』四二八頁。

＊133　前掲『矢内原全集』一八、六二三頁。
＊134　同右、六三〇～六三一頁。
＊135　同右、六五二～六五四頁。
＊136　前掲将基面書、五五頁。
＊137　「国家の理想」（前掲『矢内原全集』一八）六四二～六四四頁。
＊138　前掲オーシロ書、二一五頁。
＊139　同右、二一八頁。
＊140　筒井清忠『昭和期日本の構造』（有斐閣、一九八四年）四七～四八頁。

第五章　「天皇機関説」排撃問題と貴族院

――「政教刷新ニ関スル建議案」と院内会派――

小林和幸

はじめに

第六七帝国議会、美濃部達吉の「天皇機関説」は激しい排撃にさらされた。この問題は、戦前期の玉沢光三郎検事の報告書（『所謂「天皇機関説」を契機とする国体明徴運動』[*1]＝以下玉沢報告）が、「合法無血クーデター」などと称して以来、「自由主義」をはじめとする西洋的思想の系譜にある政治思想に対する抑圧を決定づける革新運動の画期とする位置づけが、ほぼ通説の地位を占めている。[*2]一方、増田知子が、[*3]排撃側の目的（岡田内閣倒閣や「重臣ブロック」排撃）を達成できなかったことなどから革新運動の画期としての位置づけを再検討して以来、最近、事件の発端となった帝国議会における機関説排撃に関して、菅谷幸浩は、機関説排撃運動を受けて立った宮中ならびに岡田内閣は必ずしも排撃側に対する妥協や後退の連続ではなかったことを明らかにし、官田光史は「既成政党排撃論」に対抗しようとする政友会内の諸派閥の内部対立を分析し、さらに米山忠寛は、むしろ天皇機関説事件の経験を通じて、昭和期の立憲政治、議会政治が立て直されていく様を論ずる興味深い研究を発表している。[*4]

こうした研究を踏まえ、本稿では、機関説排撃における貴族院の動向を検討する。機関説排撃問題については、多くの先行研究があるものの、貴族院の動向を検討した研究は、多くない。[*5] これは、貴族院が機関説排撃のきっかけになったと目された結果、一部の例外を除き、その内部の葛藤などに目を向ける研究志向があまり生じてこなかったが故と思われる。

しかし、第六七議会の機関説排撃の始まりは、貴族院ではない。衆議院（予算委員会）で先行して昭和一〇年（一九三五）二月七日江藤源九郎による糾弾質問が行われている。また、それより以前の第六五議会でも貴族院で機関説批判の言及があった。したがって、先ず第六五議会における機関説批判の背景を明らかにするなど、帝国議会における機関説排撃については正確に事実関係を確認しておく必要がある。さらに、第六七議会で貴族院が機関説に対する態度を示したと受け取られた「政教刷新ニ関スル建議案」の評価などは、建議案作成過程の貴族院内会派の動向などを踏まえて位置づけなければならないと考える。

この建議案は、美濃部機関説排撃の状況下で貴族院で満場一致で可決され、貴族院全体の意思をあらわすと目された。この建議案をめぐっては、そもそもそうしたものを貴族院が議決しないことも考えられたし、またその内容に明確に美濃部機関説、あるいは広く国家法人説を排撃する文言を入れる強硬な建議案とするかあるいは、出来るだけ微温的なものですませるかといった〝選択肢〟があり得た。そこで、本稿では、建議案の可決に至る動向を、各会派内の動きなどできるだけ明らかにしていくこととする。

なお、本稿では、第六五議会の貴族院にも言及する。特に「綱紀粛正」の論議や中島久万吉商工大臣のいわゆる「尊氏論」問題をめぐる論議の過程と状況が、機関説排撃の過程とよく似た構造を持っているからである。

上述の検討を通して、昭和戦前期の貴族院が、立憲政治運営をいかに維持しようとしたかについて、いくらかでも示唆を得ることができればと考える。

1　機関説排撃のきっかけ　第六五議会

一般に、機関説排撃の契機は、岡田啓介内閣の第六七議会貴族院における陸軍出身の男爵議員菊池武夫の演説とされている。ただし、機関説に対する批判は、既に斎藤実内閣時代の第六五議会にも同じ菊池によって行われている。その背景を先ず検討しておきたい。

斎藤実内閣期は、五・一五事件後の難局に当たり、満洲国承認や、国際連盟脱退を行い、内外の危機の中、軍部を優先すべしという「非常時」の認識が横溢する世相の中にあった。

また、「日本主義」を標榜する勢力中には、財閥と癒着する既存政党を批判し、あわせて、それまでの西洋的「個人主義」「自由主義」が支配的な現状を打破しようとする勢力もあらわれた。その一部はファッショへ傾倒をみせる者もあったとされる。[*6] 様々な形で現状を打破する、いわゆる革新運動が行われつつあったのである。一方、そうした「非常時」認識は、昭和八年（一九三三）末には、小康状態となり、斎藤内閣も、「非常時」認識の沈静化を目指し、中島久万吉商工大臣を中心に「軍部の独善的態度に対し既成政党を強化し民意を代表して之を箝制せしむる」[*7]ため、政友会・民政党の連携運動も進められようとしていた。

こうした「非常時」の沈静化に対し、昭和八年一二月九日、陸海軍はいわゆる「軍民離間の声明」を発した。内容は、既成政党や言論機関などが軍部予算により農村救済が犠牲になっているなどと説いて農村の軍部に対する反感を煽っているとして、国防上・国家全体の安泰上「遺憾の極み」とし、軍部批判を牽制したものであった（『東京朝日新聞』＝以下『東朝』と略。一二月一〇日号）。

第六五議会の貴族院での論議もそうした状勢の中で、多かれ少なかれ革新運動の影響を受けつつ、農村の救済や綱紀粛正問題などによる斎藤内閣への追及が行われている。しかし、貴族院内には、過度に現状打破を唱える勢力あるいは軍部の台頭を抑制しようとする議論も多く見られる。

たとえば、昭和九年（一九三四）一月二三日、二荒芳徳（伯爵、研究会）は、そのころ叫ばれていた「日本精神」が「偏狭なる自国のみに通用する思想」のように外国から解されては「退歩」であり、正しき思想は世界的なもので、世界の各国人が是認し尊敬するもので有るとの信念でこそ日本精神は説かれるべきものであると述べ、ファッショ、ナチスに倣いこれを以て日本の国粋と言うものが少なくないと批判して、日本精神を自由にすることが必要と述べた上で、首相、文相、陸海軍両相の留意するところを質している。[*8] 台頭する「日本主義」者の動向を危惧したものとして注目しておきたい。また、一月二四日の青木才次郎（多額、交友倶楽部）の質問は、農村救済について言及する中で、群馬県や栃木県の在郷軍人分会長会議で憲法を超越し議会政治を否認する演説があったとして陸相の意見を質している。[*9] 衆議院での軍部批判に同調するものであった。

同様に、二月二日の貴族院本会議では、関直彦（勅選、衆議院当選一〇回、立憲国民党幹事長・総務、貴族院では同和会）の質問が興味深い。

関の質問は、先の「軍民離間声明」を批判したものである。衆議院では政友会、民政党ともこの声明を問題視して追求していたが、関も声明が問題視するような「軍民離間」の事実はないとし、政党から多少の軍部攻撃があっても国民全体が誤られ、軍部に反感を懐くようなことはないと、声明への疑問を投げかけた。さらに、「当今大分はやって参りましたる思想は所謂「フアッショ」の思想であります。此「フアッショ」の思想、之を其儘放任いたして置きますると云ふと、或は憲法中止、或は憲政の破壊と云ふやうなことにまでなりはしないかと云ふことを私は非常に心配を致すのであります」と述べて、「ファッショ」思想の善導・議会政治の擁護について斎藤首相の考えを問い、あわせて当時問題となりつつあった、帝国人絹株問題など綱紀問題に関して質問している。[*10]また、二月六日、大河内輝耕（子爵、研究会）は、「軍部の政党政治否認」、「軍人の政治の論議」について、陸海軍大臣に質し、また内務大臣に言論の自由の重要なこと、特に軍事費の論議などが「反軍思想」として退けられるというような「唯一方の人ばかり物を言って居ったんでは、到底国論一致と認められない」と述べている。[*11]

こうした貴族院における議会政治を批判する勢力を牽制し、軍人の政治関与、独裁政治批判などを批判する論議は、従来余り言及されないが重要である。陸軍皇道派系あるいは「日本主義者」の議員からの反発を招く要因となったと考えられるからである。

陸軍中将（予備役）の男爵議員菊池武夫（公正会）による綱紀問題に関わる質問がその反発である。菊池は、具体的には、日本精神の作興の必要を主張しながら、衆議院でも問題となった中島久万吉商工大臣の「尊氏論」問題を追及した。中島大臣については、これより前の一月三〇日、上山満之進（勅選、同和会）から、製鉄合同に伴う綱紀問題を追及[*12]されるなどの批判があったが、国体論での追及は、中島を窮地に追い込んでいく。

中島の「尊氏論」問題の始まりは衆議院である。衆議院予算委員会で、国民同盟所属の代議士栗原彦三郎が、雑誌『現代』二月号に再掲載された中島の旧稿で、逆賊の足利尊氏を賞賛しているのは国体上問題だとするものであった。[*13]衆議院の各会派の幹部は、中島の陳謝を承けて沈静化させる意向であったようであるが、[*14]その後も、政友会の鷲野米太郎が執拗に攻撃質問を行っている。政友会がこの問題で中島を責めるのは、中島が政友会・民政党の提携論者であったことに対して、政友会単独政権を目指す者が嫌ったためと解釈されているが、[*15]鷲野は、質問演説の中で、「必しも政党政治が宜いものとは思って居ない」とか「単独政党内閣を此非常時にやることは必しも宜いものとは考へて居ない」などと述べ議場を騒然とさせている。[*16]当時の既成政党批判の中で、中島を攻撃する側も「政党独裁」といった批判を受けることを避けたかったものと思われる。

一方、貴族院での菊池の質問は、二月七日行われている。菊池は、中島と同じ貴族院の公正会に所属しており、公正会所属議員の多くは中島による事前の弁明を「諒解」している中、[*17]それをおしての質問であった。ただし、南弘(当時逓信大臣、貴族院勅選議員、交友倶楽部)は、日記で、小笠原長幹(伯爵、研究会)の談として、貴族院内の斎藤内閣批判を伝え「尊氏問題ハ之を利用せらるる形だ。夫と中島個人に対してハ誰一人同情者ハいない。彼をやってやれと云ふ気分が横溢して居る」[*18]として、中島への批判的空気があったことを記している。菊池は、日本精神の作興に関連して、先ず天皇機関説に言及し「今日説かれて居りまする書籍、就中帝国大学あたりに用いられまする「憲法撮要」と申しますか、其他「法窓閑話」と云ふやうな本をあけて見まする時に、我国国体に反するが如き天皇機関説などが依然として、版を重ねて、除かれないのでございます……学者政治家の思想を一掃しなければ、国家隆盛の根源は図られないのでございます」と述べている。[*19]また、鳩山文部大臣への質問として、国体に関わる憲法解釈をする学者の高等文官採用試験委員への採用を止めるべきとの主張を述べている。鳩山は、大学令の「人格の陶冶並国体観念の涵養に留意する」の徹底に努力すると答えて収拾を図った。この時は、攻撃目標が中島の「尊氏論」問題であったので、ここから中島追及へ移り、機関説についての論議はほぼこれに止まった。

菊池の追及に対して中島は、一〇年以上前の旧稿が不用意に掲載されたもので「私は大いに其思想の内容に於て当年と今日とは其趣を異に致して居ります」などと述べ、斎藤首相もこのような問題が、ここで議論されることは「遺憾」として、一〇年前の随筆が不用意に掲載されたもので、既に取消もされた、と中島を擁護する答弁を行った。

菊池は重ねて、特に軍人への影響について陸軍大臣に質問をした。林銑十郎陸相は、皇軍の諸士は何等動揺しない、しかし憤慨を感じたものは相当あるだろう、しかし先日来の中島商相の御釈明で相当了承してくれたものと考える、と答弁した。この質問の中で、菊池は、「軍人と政治」、「軍民離間」の問題に言及し、「軍人だからとて政治に無理解で宜いと云ふやうな筆法では相成らぬ」などと述べており、先に見た貴族院内の軍部抑制の論議を牽制する意図が見えるのである。

なお、同日午後、三室戸敬光（子爵、研究会）が菊池に同調して質問し、中島に対し責任をとって「商工大臣と云ふ大切なる位置を拝辞することであります、栄職である男爵を御拝辞になることであります、進んでは日本人たる資格を御辞退になっても宜いかと思ふ」などと激烈かつ執拗な発言がなされている。

こうした中島追及の背景として、貴族院議員でもあった原田熊雄は、菊池が「『日本新聞』その他いろんな方面の右傾団からしきりに煽てられ、またその演説原稿は国本社が作つて与へたのであつた[20]」と述べている。菊池は政治活動の基盤を国本社や陸軍の皇道派に置き、それとの連携による行動であった。また、一時、国本社や政友会一部の工作により、中島問題での決議案提出の動きもあったが、[21]貴族院内には、追求する側に対して批判的な声も強かった。大蔵公望（男爵、公正会）が三室戸の演説について「貴族院始まて〔ママ〕以来の最ひどいものとの説あり。院の品位を害する事甚し。斯る議員は今後追出すべきものと思う[22]」と述べているし、[23]中島自身も「其の故意的質疑を敢てする者以外の多数議員が、私の観察した所では、私の心行に対して些の疑念を挟まぬふうの態度で有る而已ならず、往々席上の議員から散会後などに心からなる慰問を受けた[24]」と述べる。しかし、一部の強硬意見が、斎藤内閣への攻撃に波及する勢いがあったので、二月九日、中島は大臣の辞任を余儀なくされた。

なお、その後、大河内輝耕は、治安維持法改正案の審議に際しても「所謂右翼（なお、この用語が必ずしも適切とは言えない旨述べている。（　）内小林＝以下同じ）……さう云ふやうな矯激な思想」が独裁政治を求め、大動乱を引き起こす恐れを指摘して政府の善処を求め、[25]治安維持法改正特別委員会においても、丸山鶴吉（勅選、同成会）が暴力による社会革新を行おうとする勢力の取り締まりを求め、次田大三郎（勅選、同成会）も右翼運動の議会政治否認、資本主義打倒を本旨とする者に対する取り締まりについて質している。[26]こうした意見を背景に貴族院では、治安維持法第八条の取締対象に「憲法の定むる統治組織の機能を不法に変壊すること」を加えて、国家主義運動を取締ることを可能とする修正を行っている[*27]（衆議院との両院協議会で成立せず廃案）。

以上の通り、第六五議会の貴族院が、議会政治擁護の立場から現状打破の機運を懸念、抑制しようとする情勢であったところへ、衆議院での内閣に対する綱紀問題や国体問題での追及の空気に乗じて、貴族院内の言動を牽制しつつ、内閣を攻撃したのが、一連の中島商工相追及であった。政敵に対し、国体問題を使って政治道徳を追及し、それがひとたび沸騰すると、抑えることは容易ではない。攻撃側からすれば、国体問題は、まことに有効な手段であった。ただし、その後も、貴族院で議会擁護、現状維持の主張は続く、現状維持と革新勢力、両者のせめぎ合いこそが実態である。

なお、美濃部達吉は、議会での菊池の演説に対して、すぐさま『帝国大学新聞』上で反論を述べている[*28]。これは例えば「君主機関説の学問上の当否は……学界の定説は既に帰着すべきところに帰着」しているとし、「之を以て我が国体に反すと為すが如きは、一に法律学において用ゐる「機関」といふ語の意義を理解しないことから生じた妄説である」などと述べ、「国体を笠に着て強ひて他の言論を圧迫せんとするに至っては国家及社会を害すること甚だしい」、日本精神は寛容の徳を神髄としていると述べる、菊池への徹底した反論であった。一方、菊池も、『原理日本』で過激な国粋主義を主張していた蓑田胸喜等と出版物、演説会などで美濃部排撃の言動を展開し、それに対し、美濃部はまた『改造』などで、反論を述べるといった動きがあった。また、昭和一〇年（一九三五）一月下旬、蓑田の起草による「美濃部達吉博士、末弘厳太郎博士の国権紊乱思想について」と題する印刷物が国体擁護連合会によって作られ、多方面に配られて、機関説排撃運動が展開されていく[*29]。このように第六七議会より前に、六五議会の貴族院で、菊池の演説と院外ではあったが美濃部の反論が行われており、六七議会では、この経過を再びなぞるようにして問題が拡大していくのである。

2　第六七議会の貴族院

第六五議会の閉会後、政局は大きく動き、いわゆる「帝人事件」などの争点化により、斎藤実内閣は倒潰し、次には斎藤内閣と同様に政党内閣ではなく挙国一致内閣として岡田啓介内閣が成立する。岡田内閣は、挙国一致内閣といっても衆議院第一党の立憲政友会の支持を欠く、充分な基盤を持たない内閣であった。岡田内閣は、室戸台風、東北地方の凶作などの災害対策のための臨時会として、会期わずか七日間（二回、五日間延長）で開催された第六六議会は乗り切っても、六七議会では、先の斎藤内閣と同様に綱紀問題で追及を受けることになった。

第六七議会を迎えるにあたって、岡田内閣と貴族院との関係の調整について、内閣支持の立場にあった原田熊雄は、岡田首相に「（貴族院の）研究会の連中とも会ひ、謂はば貴族院との聯絡もよくとつておかなくちやあいけない」と話した所、岡田は「先日青木（信光、研究会の最高幹部）子爵にちよつと会つたのでいろいろ話をして、また皆と会ふことになつてゐる」と述べ、また内閣書記官長の話も「大体において皆「いくらでも役に立つことがあれば言つてくれ」といふやうな話で、非常に好意を見せてゐた」とのことであったと、述べている[*30]。貴族院の大勢は内閣支持の見込みの中、大きな問題が発生するというようには予想されていなかった。

(1)　美濃部の人権蹂躙問題に関する質問

こうした貴族院の状況の中で、美濃部機関説排撃が問題となる前提として、先行諸研究[*31]が指摘するように美濃部による質問が、重要であった。

美濃部は、一月二三日「司法部内の綱紀問題、殊に検察事務の執行と其監督に関すること」を小原直司法大臣に質問している。この中で、帝人事件は検察当局による「空中楼閣」ではないかとの疑いを述べ「司法部内、殊に検察当局の一部には綱紀が甚しく紊乱して濫りに法律を蹂躙し検事が自ら重大なる犯罪行為を犯して居るのではないか」とし、職権濫用や、違法の取調、被疑者への暴行陵虐の行為がなかったかとの質問を行った。これは、被疑者が書いた手記などをもとにした具体的で明解なものであった。小原直法相は、帝人事件が公判中であるとして裁判の証拠書類について論議できないとしながら、起訴の手続きに何等不法不当の処置は見いだすことは出来ないと「空中楼閣」との非難は当たらないと述べ、さらに任意出頭の手続きにも取調にも不都合の事実は発見できなかったとし、今後、全般について取調をなし、もし不都合の点があればそれぞれ手段を講じると答弁した。[*32]

美濃部のこの質問は、先の斎藤内閣が帝人事件のために倒された事を考えると、検察の横暴を批判し牽制する事で、挙国一致内閣の擁護を意図したとも考えられる。しかし、貴族院内では、むしろ冷ややかに見られていた。美濃部の質問を聞いた松本学（勅選、無所属）は、「美濃部博士の人格問題の質問あり。大した出来ばへではない」[*33]と述べ、有馬頼寧（伯爵、研究会）は、「今日は美濃部博士の質問があるので遅れてはならぬと思ひ……最初より聞く。約一時間に亘り理論と実際とに亘りて詳述された。議場の演説といふよりは、やはり講壇の講義といふ感が深い。小原法相の答弁は悪くはないが岩田氏への答弁の時よりや﹅劣つて居た」[*34]と述べ、大蔵公望も「美濃部博士の帝人事件に関聯し人権蹂躙問題に関する痛烈なる質問あり。小原法相なかなか上手に弁明す」[*35]と、小原法相の答弁を評価している。新聞でも、美濃部の主張は余り評価されず、例えば、『東京朝日新聞』は、人権蹂躙は追求すべき問題であるが、帝人事件の罪とは相殺されないとし（一月二八日号）、また美濃部が今回、人権を問題にするのは、被告が「上流階級」の人であるからではないか（二月一日号）、といった記事を掲載している。貴族院内もむしろ人権蹂躙問題によって裁判が弁護側に有利になることには否定的であったようで、原田熊雄が「貴族院の岩倉（道倶）から電話があつて……岩倉は「例の人権蹂躙問題も、実際あんまり弁護士が貴族院の空気を利用するやうに見える場合には、貴族院としてもなんとか言はなければならない」といふやうなことをしきりに言つてゐた」[36]と述べる如き状況があった。こうした美濃部に対する冷ややかな目がある中であったからこそ、菊池による機関説排撃が有効なものとなったのであった。[37]

(2) 機関説排撃の議論 衆議院と貴族院

次に第六七議会の機関説排撃について見ていくことにする。従来、殆ど注目されていないが、排撃の火ぶたは衆議院予算委員会第二分科で開かれた。衆議院では、貴族院に先立つ二月七日江藤源九郎による機関説糾弾質問が行われたのである。

江藤は、予備役の陸軍少将であったが、質問は、国体擁護連合会と呼応したもので[38]、六五議会以後の一連の美濃部攻撃の中で行われた。演説は、美濃部機関説中「原則として議会は天皇に対して完全なる独立の位地を有し天皇の命令に服するものではない」とする点を問題とし、一切の国家機関は天皇の大権行使の手段に外ならないとして、美濃部の説を「我が国体を破壊すべき意見」と糾弾して発売禁止に値するのではないかと後藤内務大臣の見解を質したものである。[39]後藤内相はこの時は、「私判断をして御答は致兼ます」などと答えている。江藤は質問の最後に、内務大臣に対して、美濃部の著書を許すか発行停止にするかを「議会を通じて御返答を願」うと述べて、この後も追求する姿勢を見せた。衆議院での議論は、この後、政友会所属議員が、機関説に反対する立場に立ったことにより紛糾していく。政友会内で機関説反対が叫ばれた要因には、この問題で内閣を苦境に立たせようとする意図の他、米山の研究によれば議会と天皇が対立するという美濃部機関説の解釈が、それでは議会が天皇と敵対関係になってしまい、当時の国民からの支持を失う事を嫌ったのであり、その意味で議会政治を擁護しようとする側面もあった。[40]

なお、江藤は美濃部追求に極めて熱心であり、二月二七日の予算総会でも、機関説や一木枢密院議長の憲法思想を問題視した質問を行い、美濃部の詔勅批判容認を「断じて許すべからざる兇逆思想」として追求し[41]、その翌日美濃部の著書を不敬罪にあたるとして東京地方裁判所検事局に告発した。

江藤の二月七日の質問後、二月一八日貴族院で菊池武夫による閣僚の綱紀問題に関する質問が行われ、[*42]そこで、美濃部機関説が批判されることになる。

菊池の質問は、綱紀粛正に関する多岐にわたる質問であった。その中で、菊池は、我が国政界の堕落、綱紀の弛緩に対し、「伝統倫理の行政化、法律化、教育化」が必要と述べて、「我が皇国の憲法を解釈いたしまする著作の中で金甌無闕なる皇国の国体を破壊するやうなものがございます……帝国大学の教授、学者と云ふやうな方の是が著述であるに於て、私は痛恨に堪へざるものでございます」などと政府の認識を問うた。松田源治文相は、「如何なる教授が如何なる書物に如何なることを論じて居るかと云ふことを……指摘して貰はなければちょっと答弁に困ります」と述べた。

これに対して、菊池は、末弘厳太郎の著作が問題であるとし、更に美濃部の著作が一木喜徳郎に私淑し、「憲法上、統治の主体が天皇にあらずして国家にありとか民にありとか云ふ」ということを問題視し「緩慢なる謀反」「明らかなる反逆」であると述べたのであった。この批判は、綱紀問題の様々な指摘（軍民離間中傷、満洲機構問題、台湾自治問題）の中で述べられたものでもあった。当初、名指しを避けているところもあって、偶発的な印象があり、最近の研究でも概ねそのように認識されているように思われるが、後述するように貴族院では、こうした問題を論議することについて自制的な態度を取る傾向があったことを踏まえると、あえて直接の言及を避け、綱紀問題の中に含めて触れることで、偶発的な様相を装い、論議の呼び水にしようとしたとも考えられる。機関説排撃に関する調査資料「反美濃部運動の概況　其ノ二」[*43]が、伝えるところに依ると、「（研究会の）坂西利八郎〔陸軍中将〔 〕内原文＝以下同じ〕ノ語ル処ニ依レバ天皇機関説ノ如キハ多少ノ論議アランモ苟モ軍人ノ云為スベキモノニアラズ殊ニ菊池武夫ハ曩ニ本会議ニ於テ本問題ニ関シ発言セザルコトヲ述ヘタルニ拘ラズ、江藤源九郎等ト共ニ策動セルハ遺憾ノ極ミナリ」との情報を伝えており、先行した江藤と連携した策動であることがわかりそのような見方も出来るのではないかと思われる。

菊池の質問に、松田文相は、末弘教授は思想において改善されているとし、天皇機関説については、「無論反対」としながら「学者の論議に委して置くことが相当」としている。菊池は、重ねて「近頃の司法処分」は手ぬるいとし、「司法官に於ても此大官に係る問題、或は時の学者、有力者に係る問題は恐ろしく手心を為」すと批判し、帝人事件でも被告擁護、裁判牽制の動きに反対だと述べている。これは明らかに美濃部の帝人事件に係わる人権蹂躙批判を意識してのものであった。さらに、天皇機関説が、ドイツ学問の輸入であるとし「学者の学問倒れで、学匪となった」として、美濃部・一木が「議会は天皇の命は何も服するものじゃない」と書いているとして、天皇と議会の権限認識を問題としている。菊池に続き、三室戸敬光[*44]、井上清純（男爵、元海軍大佐予備役、公正会）が同様に機関説を批判し政府を追求した。岡田首相は、井上の質問に答える中で、「美濃部博士の著書は、全体を通読しますると国体の観念において誤りない」「唯用語に穏当ならざる所がある」と述べたり、「私は天皇機関説を支持して居る者ではありませぬけれども、学説に対して、是は私共が何とか申上げるよりは、学者に委ねるより外仕方がないと思ひます」としている。内閣は、この時は機関説を学説の問題として、問題を早期に沈静化する方針であった。

この菊池の質問を聞いた有馬頼寧は、「十時登院。菊池男の演説相当鋭くきゝこたへあり。正午四谷に行き一時半再び登院決算委員会あり」（日記、二月一八日条）と述べている。先の帝人事件における人権蹂躙の美濃部質問が、貴族院内で冷ややかに見られたこともあっての美濃部批判であった。

(3) 美濃部による「一身上の弁明」

機関説排撃の口火を切ったのは、一般にこの菊池による質問であったとされている。先に述べたように、機関説排撃の質問は、衆議院の江藤によるものが、先であった。また、江藤の質問は、六五議会から続く一連の機関説批判であった。それでもなお、菊池の質問に注目が集まるのは、菊池の演説に過激な文言があり、さらに菊池の追求が美濃部自身の弁明演説の呼び水となり、それがさらなる紛糾をもたらす要因となったからであろう。

美濃部の二月二五日の「一身上の弁明」と題する演説は、菊池から「明白な反逆的思想」「謀反人」さらに「学匪」と呼ばれたことに対し、日本臣民として「侮辱此上もない」と述べた。またこうした発言が貴族院でなされ、議長から取消の命令もなかったことは「貴族院の品位」のため許され得ることかと述べている。また菊池が憲法学に不理解で、美濃部の著書の片言隻語をとらえての批判としている。

その上で、日本憲法の基本原則は君主主権であり、それに西洋の立憲主義を加えたものであるとし、統治の権利主体は法人としての国家であり、天皇はこの法人たる国家の元首として国の最高機関であると説明した。また天皇の権力は憲法の制限を受けるとした。菊池や政友会からの批判が強かった天皇と議会との関係については、議会の立法や予算の協賛、上奏、建議など何れも議会の自己の独立の意見に依ってなすものであって、勅命を奉じて勅命に従ってなすものではなく、議会が国民代表の機関であって天皇の機関でないのは、一般に疑われないところとしている。最後にこうした説明は、憲法学における平凡な真理であり、三〇年来主張し来たったところと述べている。

この演説に対しては、貴族院内では、珍しく拍手が起こった（『東朝』、二月二六日号）とされ、また「此演説は流石に議場を圧し、排撃の議員にすらこれなら差支へないではないかとの私語が交されたと噂されてゐる位である」[*45]といいう。貴族院の全体の空気は、演説の直後は、美濃部に同情的であったと思われる。特に、伊沢多喜男や小野塚喜平次、織田万、田中館愛橘らが拍手をおくったことが知られている。[*46]民政党系で宮中との関係も深い伊沢以外は、いずれも政治家というより学者であるのは興味深い。同日、菊池は議会で「美濃部議員を罵詈いたすことを目的として申上げたものではございません……尚ほあの御本を全部通覧いたしまして、今日の御説明のやうに感ぜられますならば何も問題にもならぬものでございます」[47]と発言している。松本烝治の回想でも、菊池が美濃部の演説の後、「これなら決して悪いことはない」というような独り言を言ったと述べている。[48]ただし、伊沢や小野塚は、問題が紛糾してくると、拍手をしたことによって、糾弾の対象になった。[49]また、有馬頼寧は、「十時より本会議、美の部博士の弁明あり。憲法論は傾聴すべきものなりしも政治家的ならず学者の講義なりしはをしむべし」（二月二五日条）との感想を残しており、松本学は、「本会議あり。美濃部博士先般の菊池男の批難に対し一身上の弁明の為登壇、る、憲法の講義を初めた。天皇機関説の正体もわかった。其説の貧弱であり、低調の法理論に失望した」（二月二五日条）と否定的な考えを日記に記している。

こうした中で、美濃部の弁明に対抗して、排撃の徹底がさけばれはじめる。陸軍内で排撃派が期待していた真崎甚三郎教育総監は、平沼騏一郎との面会時の様子を日記に「午后六時約束通リ国本社ニ平沼男ト会食ス。予ハ最初美濃（部）博士ノ議会ニ於ケル意見ニ就テ男ノ意見ヲ求メタルニ、男ハ一笑ニ附シ彼ハ素人ニハ尤モラシク響クモ専問（門）的ニ見レバ明瞭ナリ、彼ハ大権ノ体ト用トヲ誤レリ、権利ナドノ言ヲ使用スベキモノニアラズ、此ハ重大ナル問題ニテ、此ノ儘ニ放棄スベキモノニアラズ」[50]と記している。

こうした平沼の発言の通り、議会外では、右翼論壇が、美濃部の演説に厳しく反応している。玉沢報告が上げているところでは、美濃部の「一身上の弁明」を、「満洲事変以来著しく頽勢にあった自由主義的思想勢力、自由主義的社会・政治勢力が猛烈なる攻勢移転に出でつつあることを意味するものである」と捉え、これを好機として、「美濃部博士の学説だけが問題なのではない、約言すれば、天皇機関説、国家法人説は、明治以来の自由主義的思想体系、個人主義的教養体系、唯物主義的文化体系の根茎に生えた醜草の一種である。此の根茎に向つて、その『根芽つなぎて、』の抜本的精算が必要なのである。即ちこの問題を逆縁として、日本国民の思想的撥乱反正、思想維新、学説維新の契機たらしめねばならぬのである」[51]と述べて、反撃の意志を明解に述べている。

議会において、機関説を排撃する意見への美濃部本人の反論が提示されたことは、特に排撃側にしてみれば、そのまま沈黙することが美濃部機関説を公認することになりかねないとの危機感をもつことになったと考えられる。

3　機関説排撃に対する貴族院各派の動向

貴族院議員の中には、美濃部の弁明を政治的な意味で得策でなかったと考える者が少なくなかった。

勅選議員の藤沼庄平は、「学説を法律学を少しも研究したこともなき門外漢の軍人か、場違ひのギ場に於いて、他人を学匪又ハ反逆者と罵る。礼に非らす。堂々と他の方面ニ於いて為すべき也。美濃部博士亦、相手か其の道の人ニ非らす然もギ場也。ギ長ニハ其取消を要求し、本人ニハ非礼をやめ、学説ニ関してハ新聞雑誌著書ニて堂々と相争ふべきといひて、敢て学説を更めて壇上より説かさりしせは、問題をかく紛糾せしめさりしならむ。彼氏亦自道のことに就いてハ冷静たるを得す。政府者ハ亦渦中ニ入る要セす。松田源治のオッチョコチョイ文相、其の出処を問ひ、自ら反対を言明す。求めて渦中に入る。首相亦しかく答へさるを得す。善処を言明す何の善処ありや[*52]」と三月二八日の日記に記している。機関説の当否が議場で問題とされたことに強い違和感を抱いたものである。

また、貴族院書記官であった近藤英明の回想では、近藤が事態の紛糾を恐れ、美濃部の弁明を止めようとしたが、美濃部は、「君ね、私が馬鹿だとか、気狂いだとかいわれるならば喜んでお受けしましょうが、しかし、学者としての私の学説、天皇機関説が悪いという発言に対しては、黙って学者として聴くことは出来ません。たとえ演壇で刺し殺されても、私は発言いたします。だから、君が云うてくれる気持ちは有難いが、取り下げるわけには行かない」と述べ、なおも近藤は止めようとしても、美濃部は、「国会の議場で公開の席上で、その議論がある以上お前が何と申しても駄目だ」と言われた[*53]と述べている。

早期に機関説攻撃の幕引きをはかろうとすれば、藤沼の言のように学説の中身で論争しようとするよりも、議会内では静観した方がよかったかも知れない。しかし、美濃部は、そのような政治家的な態度はとらなかった。学者として、自らの憲法論を主張し、菊池の誤りを指摘し、反論を述べた。その主張には、貴族院の学者を中心に賛同者も多かったが、広く報道され民間でも論議されるようになると、憲法論よりも道徳論の見地から美濃部学説への批判が広がっていった。[*54] 以下で見るとおり、美濃部の演説が、かえって反対派を勢いづかせることになったのは確かであった。反対の意見を持つ議員は、時間をかければかけるほど議会外からの支持を得て勢力を強めることになった。

そもそも貴族院では、こうした議会と天皇の権限といった問題について、議論することを抑制しようとする考えが、創設間もない頃に、既に存在していた。谷干城の「既定歳出之法理ニ疑ヲ質ス」[*55]という史料があるが、その中で、天皇大権について、以下のように言及されている。

天皇の大権は重きか議会の議権は重きか、かかる問題は我か帝国憲法の解釈に於て無用有害の講究なり〔中略〕かかる疑問は、いやしくも我か立憲君主政体の下に在りて士君子の品位を保つ者は政論場裏に向ひ公然発論すへき問題に非す。否なかかる問題は我か憲法を誠実に解釈する者の脳中には起り得へき問題にあらさるなり。もしかかる疑問を公言して憲法に解釈を下すは、是れ立憲政体その物を取りて我か国体に矛盾する制度なりと言うに均し。しこうして其の結果は世のいわゆる朝憲紊乱の言論とも言うべく即ち憲法を誹毀陵辱する者と云うも可ならんのみ。

谷の言及は、議会権限擁護の立場から、天皇大権と議会権限を比較・対立図式で捉え、その軽重を問うという発想を問題視するものである。[*56] それが「政論場裏に向ひ公然発論」された場合、天皇大権の優位という主張が、立憲制を否定することにつながることを恐れたのである。

美濃部自身は国体論と立憲政治の関係を整合性を以て解釈しようとする学説との認識であったと思われる。[*57] またそれは、数十年にわたって正統学説と認められていたのであった。しかし、帝国議会で「政論場裏に向ひ公然発論」され、その論議に公然と挑んだ結果、国体の認識を道徳的に解釈する姿勢からの攻撃には抗しきれず、難しい地位に置かれてしまうのであった。上記の明治期における谷の危惧が現実になったと言える。

議会権限と天皇大権の関係についてのこうした谷のような考えが貴族院設立の頃より一定数存在した。したがって多くの議会政治擁護を目指す貴族院議員は、むしろ論議を避けようとする冷静な姿勢になったものと思われる。これより前、大正二年三月貴族院予算委員会において松浦厚（伯爵）と江木千之（勅選）から奥田義人文部大臣に対する質問で、美濃部の憲法学説が否定的に言及されたことがあったが、その時も、単発的な質問であり、大臣の「不穏当なるところは何所までも正」すとの答弁で、収められている。

しかし、美濃部の演説は、批判に対する反論ではあったが、議会の場で、正面からその当否を論ずるきっかけになってしまった。そこで、貴族院の各派幹部は、できるだけ、抑制的に処置しようとつとめることになる。機関説問題化の当初における貴族院各派の動向を前掲「反美濃部運動の概況　其ノ一」によって、以下に検討していきたい。

この六七議会当時において、貴族院の最大会派は、子爵を中心に伯爵や勅選議員、多額納税者議員を含む研究会であった。研究会員で排撃に熱心であった議員は、三室戸敬光を筆頭にして政友会に近い山岡万之助[*58]、宮田光雄[*59]等であったようである。一方で、先に引用した史料の通り、陸軍中将の坂西が議会での問題化に反対であったし、また「立花種忠〔子爵〕ハ本問題ノ如キハ研究ノ余地アランモ議会ニ於テ論議スベキモノニアラズ、従ツテ研究会ニ於テハ議会終了後政務審査部会ニ附シテ研究スル者ナルモ別ニ問題視スルモニアラズト語レリ」という状況で、したがって「研究会ノ大勢ハ自重論ヲ有シ論議セザル模様ニテ三月一日ノ本会議ニ於テ質問ヲ為サントセシ三室戸敬光ノ登壇ヲ阻止セルコトモ亦此ノ現レニ過ギザルベシ」と、三室戸の質問を阻止しようとするなど政治問題化を出来るだけ押さえ込もうという意識が見える。

また、男爵議員の会派であった公正会は、「菊池武夫、福原俊丸[*60]、井田磐楠、千秋季雄[*61]、井上清純等ハ美濃部博士ヲ糾弾スルト共ニ国法学ノ著書ニ依リ天皇機関説ヲ説ケル一木枢相ヲ弾劾シ更ニ岡田首相、後藤内相ヲモ弾劾スベク院ノ内外ト連絡ヲ採リツツアルモ会内ノ情勢ハ賛成四分反対六分ナリ」であり、会内に内閣への攻撃を意図する積極的糾弾派がいたが、反対は六分で多数派であった。

衆議院で美濃部学説に反対する基盤となった政友会系の交友倶楽部でも、「内田重成ハ学説上種々ノ論議アランモ今之ヲ議会ニ於テ云為スベキモノニアラズトノ意嚮ヲ有シ川村竹治ハ大イニ糾弾スベシト主張セルモ会内ノ大勢ハ形勢観望ノ状態ニアリ」、司法官出身の勅選議員内田重成は、慎重な姿勢を主張するなど形勢傍観の態度であった。

その他の会派は、「同和会、織田万、川崎卓吉、江口定條、同成会伊澤多喜男、無所属小野塚喜平次等ハ孰レモ本問題ノ如キハ論議スベキモノニ非ズト称シ火曜会亦静観ノ情勢ニ在リ」で、赤池濃（勅選）ら糾弾派がいた同和会にも問題化に反対の議員は多く、また民政党系の色合いが強い同成会は、幹部が機関説の政治問題化に反対し、近衛文麿を中心とする公侯爵の会派火曜会も、慎重な姿勢であった。

このように貴族院の大勢が慎重な態度をとった要因は、前述した貴族院議員のもつ冷静で抑制的意志と共に、この問題を西園寺公望らの宮中重臣グループが重視していたことが影響したと思われる。原田熊雄は、美濃部の演説は、「識者には非常によく判った」が、軍部を刺戟し、「紫雲荘とか、或は他の右翼団体も一緒になつて美濃部博士等を攻撃」しているが、「大体において美濃部博士は当て馬であつて、要するに一木枢密院議長が目的である」[*62]と述べており、また、原田は、「司法大臣（小原直）に電話して「右傾と軍部の動きについて、貴下の極めて充分な御努力を願ひたい」と言つたところ、大臣もやはり一木枢密院議長排斥の運動のあることを知つてをられた。……自分からは、「正しい道を行く者は、正しいからといふのでお互に聯絡をとつてゐないが、しかし非合理、いはゆる正しからざる道を行く者は非常に結束が固い。そのために、やゝもすれば正しからざる者がかへつて目的を達する場合がある。現閣僚といはず、或は前内閣の閣僚とか、或は知識階級の貴族院議員も、同じ正しい道を進む者の間に相当な聯絡をとつて、常に用意をしておく必要がある」と話したところ、大臣も同感で、「微力ながら大いに尽力しよう。但し聯絡が非常に悪いので困る」といふ話であつた」[*63]と述べている。

このように、美濃部機関説排撃の背景に、一木枢密院議長攻撃の意図があると見ており、「知識階級の貴族院議員も、同じ正しい道を進む者の間に相当な聯絡」の必要を述べている。特に原田は、強硬派が多い公正会の中心人物であった岩倉道倶とも連絡を取っていた。岩倉らは、強硬意見を抑えようと努力していることが、大蔵公望日記の三月一日条に「公正会総会を開き予算委員に対し各員の注文を聞く。井上清純君及菊地君より美濃部博士問題に関する説明あり。福原、岩倉、余より色々話す。」などという記述からも垣間見られ、原田は、「(三月一日)また岩倉からも電話で、「公正会は、会としては美濃部問題についてはやらない。新聞にかれこれ出てゐるが、迷はないやうにしてくれ」と言つて来た」[*64]などと述べている。

一方、この時期貴族院内の反美濃部運動の主な人物は、前掲「反美濃部運動の概況　其ノ一」(以下、運動の概要はこれによる)が上げているのは、井上清純、井田磐楠、山岡万之助(研究会・法学博士)、菊池武夫、宮田光雄(研究会)、小久保喜七(交友倶楽部・勅選、元衆議院議員政友会所属)、川村竹治(交友倶楽部・勅選)、鵜沢総明(交友倶楽部・勅選、元衆議院議員政友会所属)、三室戸敬光である。この内、井上、井田、山岡、菊池、宮田は、三月一日、衆議院議員江藤源九郎の主催で、星ヶ丘茶寮で開催された貴衆両院議員有志懇談会に出席している。この協議の結果、貴族院に於ては井田、衆議院に於ては山本悌二郎より適当の時機に政府に対して質問を為すことが決められた。また、三月一日、「右翼団体主催ノ協議会」にも貴族院から菊池外四名、衆議院から江藤外三名が出席し、三月三日には、衆議院議員山本悌二郎主催で、貴衆両院議員有志懇談会が開催され、「天皇機関説ハ我国体ニ背反スル虚説ナルヲ以テ、此ノ際政府ヲシテ機関説ガ憲法上妥当ナラサルコトヲ明言セシメ、場合ニ依リテハ決議案ヲ上程スルコトトシ之ガ実現ノ為三月五日再ビ協議会ヲ開催シテ政友会ノ態度ヲ決定スルコト」が協議決定された。[*65]

なお、貴族院の機関説排撃の論議の中心勢力は、菊池、井上、井田であり、それに三室戸らが協力している。こうした菊池や井上、井田は、陸軍関係では、陸軍皇道派、在郷軍人会勢力、小林順一郎を中心とする三六倶楽部と関係を持っており、[*66]平沼の国本社との関係もあった。また、井上(総裁)、井田(顧問)は、右翼団体「日本社」の主催者でもあった。排撃に積極的な大井成元(陸軍大将・予備役)も三六倶楽部理事で、恢弘会会長であった。

さて、菊池、井上、井田は、公正会所属議員であったが、そもそも公正会は、大正五・六年頃から幸倶楽部に所属する男爵議員の中に、勅選議員の支配に服すことに対する不満が生じたことから、会派独立の気運が高まり(当初この男爵議員集団は「互全会」と称した)、大正八年(一九一六)五月一五日、選挙による男爵議員が幸倶楽部の茶話会、無所属派からの分離を議決し、茶話会、無所属派の了承を得、六月五日創立総会を開いて、新会派として発足したものである。公正会発足当初は、会員の決議拘束主義をとっていたが、[*67]後、男爵議員の全体の会派であるという性格上、様々な政治思想をもつ議員集団とならざるを得なかった。黒田長和、岩倉道倶といった有力議員が、幹部として会を率いたが、会全体の統制を行えるほどの強力な指導者とは言えず、紛糾すると議員の各自に判断が委ねられているようである。また、公正会は、研究会へ対抗する姿勢をもっており、特に研究会の強い決議拘束主義を批判し、その中で、昭和二年三月には、会則が改められて、決議拘束を撤回し、「会員ハ政見ヲ拘束セラルルコトナシ」[*68]と定められている。こうしたことから、機関説排撃問題においても、幹部は抑制的に処理しようとしたが、会内一部の過激な言動を押さえられなかったのである。

なお、公正会の選挙母体として協同会があり、男爵議員選挙を左右していた。協同会は、明治後期官僚出身者が多い勅選議員を中心とした幸倶楽部が、対抗関係にあった会派「木曜会」の選挙母体二七会と対抗して設立した選挙

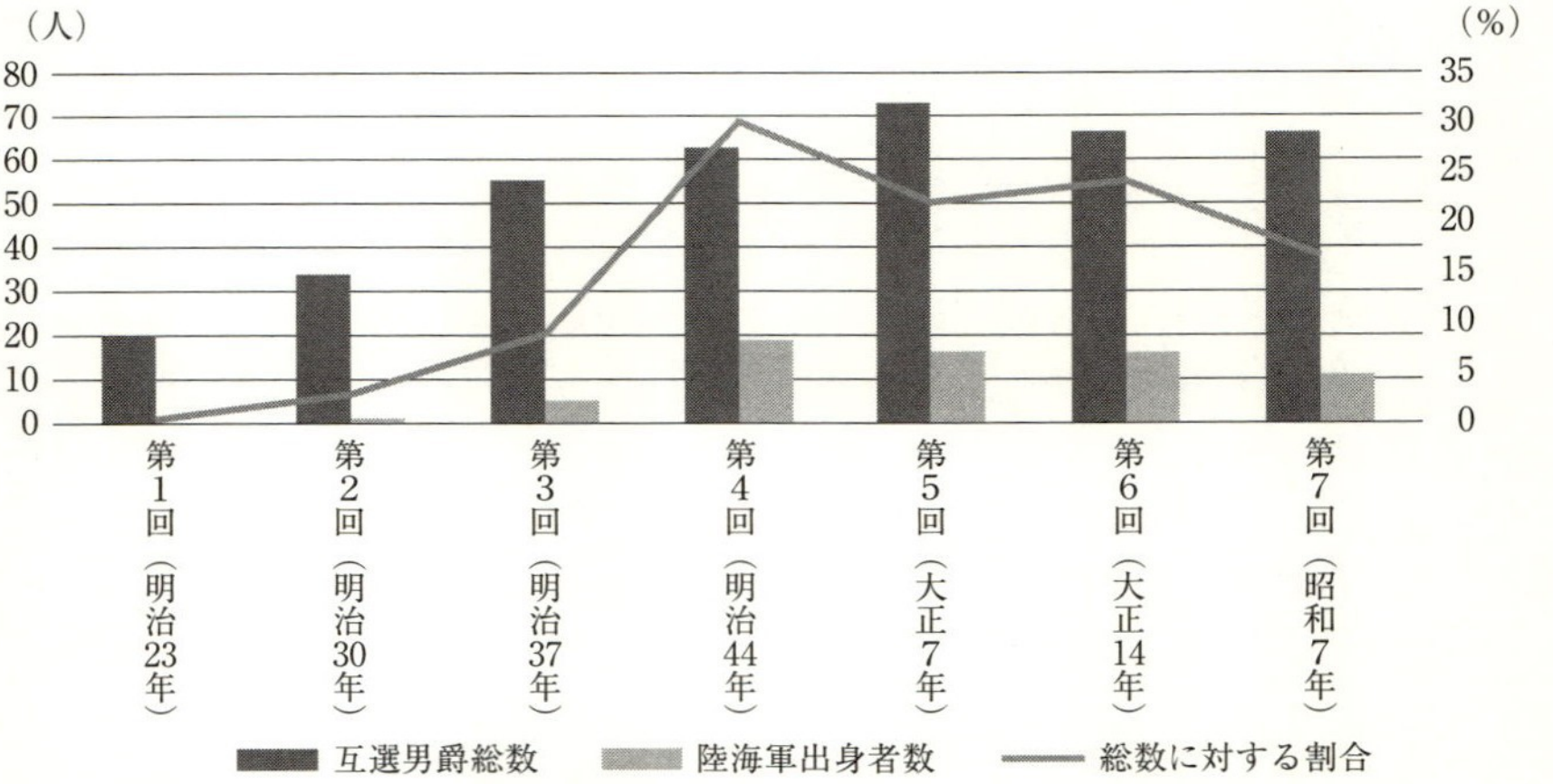

図　各改選期、男爵互選議員中陸海軍関係経歴者の割合

母体であった。この協同会は、明治四四年七月における男爵選挙で、陸軍軍人組織「陸軍同志会」と海軍軍人組織「海軍懇話会」と提携したことによって、二七会を圧倒することができた。男爵授爵者は、日清戦争・日露戦争を経て軍人出身者が増加していたため、このように軍出身の男爵を組織することによって多数派となり、選挙で有利になったのである。こうして、男爵議員中の陸海軍出身者は、その比率を飛躍的に高めることになった。この傾向は、公正会設立後も続き、軍人出身者比率は、一定程度、高かった（図参照）。ただし、提携関係であった陸軍同志会と海軍懇話会は、大正四年七月に全員が協同会に入会することになり、それによって、比率そのものは、図の如くやや下がっている。

いずれにしても、軍出身者を意識的に取り込んだ会派であるが故に、軍出身者の影響力は、他会派よりも強かったものと思われ、それが、菊池、井上、井田という強硬派の活動の背景にあったと考えられる。ただし、菊池は、昭和一四年（一九三九）の改選時に再選されず、それは幹部の意向に逆らって最も強硬な姿勢を取ったためであるとの見方もある。[*69]

一方、上記の三者とともに排撃の中心人物であった三室戸は研究会所属であった。研究会は、創立以来、会派の決議拘束が徹底している会派であった。政党内閣期において、水野直と青木信光ら幹部の強い統制によって政府与党と連携し、概ね安定的に貴族院が運営される基盤となった。ところが、政党に対する批判が高まる中で、こうした幹部統制・決議拘束は貴族院会派の政党化であるとの批判をうけることとなり、幹部の指導力は動揺した。この六七議会の頃には、強い統制力を誇った研究会といえども会員の発言を全面的に統制することは出来なかったのである。その結果、前述のように三室戸らに見られる強硬な発言を抑制しようとして、充分には阻止出来なかったものと思われる。ただし、後述の如く研究会幹部は問題の沈静化に力を尽くしている。また三室戸が、次の昭和一四年の子爵議員改選において再選されなかった理由を、幹部の意向に従わなかったことと結びつけて考えることも出来る。[*70]

なお、その他の貴族院内会派の動向をまとめると、政友会系の「交友倶楽部」は、前述の通り衆議院で政友会内に活発な機関説排撃が行われたことから、比較的多くの議員が排撃に積極的になっている。また、勅選議員中心の会派である同和会（三五名）は、昭和三年の創設当初から研究会に対抗するという意志は強いものの、会員を拘束する点では弱く、機関説問題でも統一した活動は見られなかった。勅選議員の集団は、「官僚派」などと呼ばれ幸倶楽部二派に結束し明治期には強い団結によって貴族院の議論を左右したが、この頃には、政党内閣が続く中で推薦政党・母体を異にする議員が多く、したがって会派の所属も別れ、まとまった力をもてなくなった。また、近衛文麿が率いる公侯爵議員の会派火曜会（四一名）も機関説問題では、会として明確な意思表示は見えない。一方、民政党系の議員が所属した同成会（二三名）は、機関説排撃に反対姿勢にあった伊沢多喜男らが中心であったが、この頃、会員数の減少に苦しみ、政治的言動の拘束は弱いながら、排撃の議論を抑制する方向で活動しているようである。

貴族院の各派は、会派毎に政務調査を行い、重要問題では、一般に派内の協調が重視されたが、機関説問題では、排撃に熱心な議員が会派を越えて連携している。在郷軍人会が排撃に積極的になり、政友会内でも排撃の声が強くなる中で、世論としての圧力があって、貴族院議員も排撃に抵抗しづらくなっていった。

特に美濃部演説によって議場での問題になった以上、貴族院として態度表明の必要が認識される。『東京日日新聞』三月二日号には、貴族院では「(美濃部)博士が本会議でなせる弁明演説を貴族院が全面的に是認してゐるのでないことを何等かの方法で明かにするのが当然である」という見解があったと伝えている。また、陸軍の首脳の観測として、『東京朝日新聞』は、「「天皇機関説」なる用語そのものが妥当でないと思う。美濃部博士が単に憲法学者として一の学説を説いてゐるならまだしも、議会に於て堂々と説明するとなれば、その影響する処、決して少くない。殊に軍隊教育の上に面白くない」(三月四日号)との見方を伝えている。[*71] ここにも美濃部演説の結果、事態が抜き差しならない状況に立ち至ったことがわかる。強硬な意見に押され、貴族院では、問題にせざるを得ない状況に陥っていくのである。

そこで、三月四日の予算委員会において、三室戸が委員外であったが委員の許諾を得て美濃部学説を糾弾し岡田首相の考えを質問することになった。大蔵公望は、「予算総会に出席……委員外の三室戸子より美濃部の天皇機関説に対する首相への痛烈な質問あり。岡田首相は皇室に対する自分の赤誠を吐露して此に答える」(三月四日条)と日記に記している。三室戸の質問の後、山本悌二郎主催貴衆両院議員懇談会が、三月五日開催され、貴族院からは、政友会系の交友倶楽部に属した川村、小久保、鵜沢、岡(喜七郎、勅選、交友倶楽部)、研究会の宮田が、出席し、衆議院からも政友会所属代議士などが多数出席して、政友会を中心とする運動について話し合われた。

また、貴族院では、交友倶楽部の他に、前述の通り公正会に強硬な議員が多かったが、三月七日公正会事務所で幹事黒田長和、四条隆英、東久世秀雄と、菊池武夫、井田磐楠、井上清純らが、協議した。協議では、「黒田長和ヨリ「天皇機関説」ニ対スル質問ハ其ノ波及スルトコロ甚大ナルヲ以テ慎重ニ質問サレタキコトヲ希望シタルニ対シ、菊池、井田、井上等ハ此ノ問題ハ頗ル重大問題ナルヲ以テ是非共政府ノ言明ヲ求メ度キコトヲ述ベ種々意見ノ交換ヲナシタルニ何等纏マル所ナクシテ同七時散会セシガ翌八日院内ニ於テ再ビ協議ノ結果、右三名ノ質問ヲ承認スルコトトナレリ」[*72]という。『東京朝日新聞』は、「公正会幹部は公正会から三人も起つことは、倒閣と見られる恐れあるから、成るべくなら一人か已むなくば二人位にしたい」（三月八日号）と慫慂したことを伝えている。幹部の意向は、倒閣に結びつくような問題化を抑制しようとするものであったが、質問は許された。その結果、三月八日、菊池、井上、井田により質問が行われている。

菊池は特に秘密会を求めて質問した。その注目すべき内容は、犬養毅内閣の内閣書記官長であった森恪と美濃部の関係を述べ、美濃部が「憲法改定の意を包蔵する」と告発したものであった。[*73]森恪は生前、確かに平沼騏一郎の擁立運動を行い、軍と国家主義者、議会の結集を目指し、憲法の停止による国家権力の再構築を行おうとして美濃部を起用しようとしていたという。[*74]菊池のこの演説に依れば美濃部は憲法を否定しかねない人物となる。大蔵公望は菊池の質問について、「菊地氏の質問あり。天皇機関説に対する政府問責なり。午后秘密会にて泣いて訴へる」（三月八日条）と日記に記している。立憲政治の擁護を目指す議員にとって、「国家法人説」はともかく、美濃部自身を擁護する熱度は失われていったのでは無いかと思われる。なお岡田首相は、菊池の質問に対し、機関説には反対としつつも、それに対する措置については「最も慎重なる考慮を致す考」えと答弁している。[*75]

この頃、機関説糾弾の集会は議会外で、様々開かれ、「皇道発揚会主催懇談会」に一条實孝（公爵、火曜会）、佐藤鉄太郎（勅選、無所属）、赤池濃、三室戸敬光、山岡万之助等が三月七日に出席するなどの行動が見られる。

4 「政教刷新ニ関スル建議案」問題

一方、この頃には、宮中重臣グループと位置づけられる木戸幸一主催の「十一会」（大正一一年一一月一一日に初回が開かれたためこの名があるという）[*76]や同じく原田熊雄や木戸が主催する「朝食会」でも頻りに美濃部問題が取りあげられている。『木戸幸一日記』[77]の記述に「午前八時朝食会、原田邸。織田（信恒、研究会）、岩倉（道倶）、岡部（長景、研究会）、井上（三郎）、佐々木（行忠、火曜会）、松平（康昌、火曜会）、黒田（長和、公正会）の諸君参集。天皇機関説問題を中心に意見を交換す。」（三月一二日条）あるいは、「午後六時より十一会を催す。織田（信恒）、裏松（友光、研究会）、相馬（孟胤）、佐々木（行忠、火曜会）、岡部（長景）、松平（康昌）、黒木（三次、研究会）、有馬（頼寧、研究会）、広幡（忠隆、火曜会）の諸君来会、美濃部博士の天皇機関説問題を中心に意見を交換す。十二時散会」（三月一三日条）とあり、有馬頼寧の日記にも、「六時十一会に出席、岡部、酒井両君欠席のためか、しきりに比評《ママ》さる。菊池、井上、井田三君の弾劾局《ママ》建議案上程の模様あるに常務の人々のんきなりとて非難あり」（三月一三日条）とある。彼らにとっても差し迫った問題となっていた。

有馬の日記にもある通り、貴族院では、美濃部学説排撃のために建議案を提出しようという動きが出ている。貴族院の強硬派、大井成元、坂本俊篤（公正会）、井田磐楠、菊池武夫、井上清純、三室戸敬光、三井清一郎（研究会）等が、三月一四日、華族会館で天皇機関説について協議し、「一、天皇機関説ニ対シ質問趣意書ヲ提出シ之カ趣旨弁明ノ際、機関説ニ反対ナル点ヲ高唱シテハ如何。二、美濃部博士ノ機関説ニ対スル処置緩慢ナルヲ以テ速ニ適当ノ処置ヲ講スル様建議案ヲ提出シテハ如何。三、美濃部博士ノ機関説ニ対スル政府ノ処置ヲ要求スル為決議案ヲ提出シテハ如何」との意見が出たという。しかし、決議案の提出は「到底纏ラサルヘキ」との見通しであったので、「精神作興決議案ニ合流」する意見も出たが、機関説排撃を「貴族院ノ大勢カ之ヲ容認スルヤ否ヤ疑問ナルヲ以テ更ニ対策ヲ講スルコト」のみが決せられたという。[78]

こうした動きに対して、原田熊雄は、「（一四日）内田（信也）鉄道大臣に会つたところ、「貴族院の決議案は、国体には触れない。また貴族院の連中は、これ以上政治問題化することは避ける、と言つてゐる」といふやうな話をしてゐた」[79]と話しており、強硬派を沈静化するために動いていることがわかる。また、松本学は、一四日の日記に「美濃部博士の天皇機関説が喧しくなった。貴院の壇上で菊池武夫と云ふ閑人が問題にした為め政治問題となった。院外の運動がはげしい。頭山満翁が熱心だと云ふ。倒閣運動視され、又平沼一派の一木枢相排撃運動だとも見られてゐる」と記している。この記述から、美濃部排撃の盛り上がりが、倒閣運動であり、一木枢密院議長排斥のために使われているとの認識も貴族院内に広がっていたと思われる。そうした倒閣や一木排斥にまで波及することを防止するため、宮中重臣と関係も持つ議員、各派の幹部は、どのようにこの問題を処理するのが得策かを考慮していたと考えられる。なお、一貫して機関説の排撃の問題化に反対していた南弘は、前掲日記（三月一六日条）で、機関説に対する意見を求められたのに対し「余は其正否を云ハす只貴族院、学説の判断をすべきにあらす。且目下我々は右翼思想の横行の為に困り切って居る所た。之に油を注くか如きことはなすべきにあらすと考ふ」と述べたとしている。

このような背景の中で、先の強硬派の会合と同じ一四日、華族会館で菊池、井上、井田と研究会の松木宗隆（伯爵）、岡部長景が協議し、意見交換の末、一応強硬派も各派幹部で提出が準備されていた建議案へ合流することが合意されたという（『東朝』三月一五日号）。それによって、機関説排撃の色彩の弱い草案として「国本確立に関する建議案　明治以来日本精神に反する外国追随の文物制度漸く多きを加ふ。国民の覚醒せる今日これ等の情勢に鑑み十分検討を要するものあり。政府はここに留意し、国本を確立するとともに国民精神の振作に努められんことを望む」（『東朝』三月一六日号）が準備された。しかし、この案では、強硬派が満足せず、一条実孝、三室戸、三井、大井、坂本、菊池、井上、井田、浅田良逸、赤池らが一六日会合して天皇機関説排撃の文字か或いは容易にそれが看取出来るようにせねば賛成出来ないとの意見を研究会常務委員、公正会幹事に述べ、考慮を求めた。これを受けて、酒井忠正、黒木三次、岡部長景、松代康春、伊東二郎丸の研究会員、四条隆英、東久世秀雄、黒田長和の公正会員が協議している。*80

多数派と言えない強硬派が、このように強く主張出来る背景には、機関説をめぐる院外の環境があったと思われる。

世論としては、反機関説が強く[*81]また、一六日衆議院治安維持法改正法律案の委員会で中谷貞頼の「美濃部氏が学檀に在って之を唱へて居れば、或は是程の問題にならなかったかも知れませぬ。……あの人が洵に軽率に此重大なる問題を貴族院に於て長々と御述べになり、さうして之に対して拍手をする者さへあったと云ふ話だった、是が国民の間に非常なる「センセーション」を惹起したことに相成った」と述べてその適切な処置を問うたのに対して、それまで岡田内閣の閣僚として、おおむね慎重な姿勢を維持していた林陸相が、「さう云う説は成だけ消滅することに努めたい」と答えることになる。[*82]衆議院でのこうした発言は、貴族院の美濃部擁護の形勢を掣肘する意味があった。中谷の発言内容は、貴族院に美濃部の演説に賛意を示す者があったことが、国民のセンセーションを惹起したとする貴族院批判であり、貴族院もそうした国民の「世論」に超然としていられる情勢ではなかった。

また陸相の発言は機関説排撃の意志が看取され、その発言により貴族院では動揺が起きている。「一六日林陸相の談としてこの問題に対する陸軍の総意が伝へられたので、貴族院多数は相当の衝動を受けたらしく、公正会の岩倉道倶男は一六日正午院内大臣室に林陸相を訪問し、その真否を訊すと共に軍部の真意を聴取し会見三十分にして辞去した」(『東朝』三月一七日号夕刊)という記事に見るとおり、穏健派の岩倉は、林陸相の考えを質したが、その内容は、原田熊雄が語るところに依れば、「岩倉男から電話があって、陸軍大臣と会ったところ、大臣は「美濃部問題について自分が非常に強硬な態度をとって、政府に勧告するとか、或は陸海軍大臣はこの問題で辞職するとか、というやうなことをかれこれ言ってゐるが、これは自分を陥れようとする一種の陰謀を企てる者がかれこれ新聞に放送するのであって、自分としてはそんなことはない」とはっきりいっていた[*83]」というものであった。なお、陸軍の総意とは、「学問の自由と国体観念の明徴乃至日本精神の宣揚との限界を明確にすることは政府としてなすべき当然の責務」(『東朝』三月二〇日号)とするものであった。

一七日に公正会・研究会で再調整された文案は、先の草案の「国本を確立するとともに」を「国体の本義に鑑み」

と修正するというものであった（『東朝』三月一八日号）が、強硬派はこれにも満足せず、別個に機関説反対の建議案を提出するという考えも持っていた。しかし、原田熊雄が「（一七日）貴族院の建議案については、強硬な一部の意見を全般のやうに考慮させて行くつもりであつたところ、その強硬な一部がこれに合流するのを好まないで、「進んで突進するつもりだ」と言つてゐたが、それには三十名の賛成者を得なければならない。これは恐らくできまい」[*84]と岩倉から聞いた話を述べているように、強硬派の建議案は研究会の反対もあって（『東朝』三月一五日号）、断念される。

建議案は、強硬派の同意を得べく、研究会岡部長景、酒井忠正、松平康春、公正会の四条隆英、東久世秀雄等有志の斡旋により修正され[*85]、「国体本義明徴に関する建議案　現下の政教が肇国の大義に副わざるものあるをもって、政府は国体の本義を明徴にしてわが国古来の精神に基き時弊を改め庶政を更張せられんことを望む。右建議す」との原案が出来、一八日の各派交渉会で調整、決定されることとなった[*86]。

一八日の公正会では、「五箇条の御誓文に触れぬこと」「学説を圧迫しないこと」の希望があり結局幹部一任となったが、また菊池、井上、井田から有志の意見を十分聴取せず幹部が専断的にやるのは、けしからぬとの抗議があったという[*87]。公正会総会での紛糾を大蔵公望は、「公正会総会に出席、幹事と井上、菊地、井田君との間に美濃部問題に関し貴院が建議を出すことに付押問答あり議決せず」（三月一八日条日記）としている。相当に強硬な意見の主張があったものと思われる。

それでも、公正会幹部の説得に強硬派が応じて、研究会との合議をもって建議案を提出するとの妥協が纏まった。「豫テヨリ本建議案中ニ天皇機関説排撃ノ字句乃至ハ其ノ意味ヲ明示スベシト主張セシ菊池武夫、井上清純、井田磐楠等強硬派ノ態度モ漸ク軟化シテ三月十九日開催ノ公正会総会ニ於テハ之ヲ承認シ、強硬派ハ茲ニ決議案ノ単独提出ヲ断念スルニ至[*88]」ったのである。強硬派が比較的多い公正会も一九日総会で議決した。

こうして三月二〇日「政教刷新ニ関スル建議案」が貴族院に上程された。建議案の文言は、「方今人心動モスレバ軽佻詭激ニ流レ政教時ニ肇国ノ大義ニ副ハザルモノアリ、政府ハ須ク国体ノ本義ヲ明徴ニシ我ガ古来ノ国民精神ニ基キ時弊ヲ革メ庶政ヲ更張シ以テ時艱ノ匡救国運ノ進展ニ万遺算ナキヲ期セラレムコトヲ望ム」というもので、美濃部学説の当否に直接触れるものではなかったし、「学説の自由」を直接阻害するものでもなかった。この意味では、建議案を強硬派から防御することに成功し、穏健派が勝利したと言える。

ただし、先に述べた建議案修正をめぐる一連の強硬派と穏健派の駆け引きの中で、「国本を確立する」という文言が「国体の本義に鑑み」さらに「国体の本義を明徴にし」と変更され、さらに「わが国古来の精神」に基づくとする一句などが加えられた。これは、先の「陸軍の総意」との類似性があり、また強硬派は、機関説が「国体の本義に悖る」と主張していたので、「国体の本義を明徴にする」との文言は強硬派にとって歓迎すべきものであった。また、「わが国古来の精神」の強調は、解釈によっては、「自由主義」などの西洋由来の思想を広く問題にし得るという内容になったことを意味する。強硬派ばかりでなく、穏健派も譲歩を迫られたのである。

建議案は、西郷従徳以下六名の発議、各会派の幹部等を網羅する賛成により提出され、本会議で、西郷従徳が「政府は篤と我が国体の本義を明にし苟も国体観念に群疑を生ずるが如き憂なきやうに」と趣旨を述べた。

また、建議案の賛成演説で、井田磐楠が、「我国は長く欧米の唯物文化を模倣いたしまして、其弊が誠に深いものがあります。……三十年来我が国民精神に暗雲を生ぜしめた此天皇機関説を打破することが極めて急務である……社会団体が国家の本質を成すと云ふやうな民衆主義、自由主義的学説、之に反対の機運が勃興いたし……国家を統治権の主体となし、天皇を以て法人国家を代表して権利を行ふ機関と観念をし、所謂天皇機関説なるものが学問上に観念設定をされたのである。……天皇と国家とを分離した国体観念を新に法学の上に設定したのである。……天皇機関説に至りましては、名を学問の自由に藉りまして、国体違反の説を敢てして居る」などと演説して、井田の賛成理由が、機関説に対する反対である旨を明言した。

一方で、土方寧は、建議案への賛成演説としているものの、憲法解釈上の国家法人説を擁護する内容の演説を行った。土方の演説は、「政界が腐敗して政党が国民の信を失って居ると云ふことは公知の事実であります」と述べて、普通選挙について反対意見を述べその部分的改正を主張したりと、散漫な印象を与えるものであったが、「天皇機関説が不可である」ならば、「我国の国体と云ふものの真相」とは何かという説明について「まだ多く聞くことを得せぬ」として、土方自身の解釈を述べ、「我が国家は其領土と其領土の上に天皇の統治に依りて結合せられて家を成して生存して居る国民であります、是が一つ、それと国家の中心、即ち元首としての天皇と此三者を以て構成せられて居るのであります。……三者を以て構成せられた所の一体である。斯う見るのが我が国家の本体と国家に対する天皇の御本質、両つながら正しく解したものであると確信して居ります。或は天皇即ち国家と云ふやうな説も聞きますが、私にはどう云ふ意味か能く了解し兼ます」と、天皇と国家を一体とする主張を批判している。また、国家法人説について、「法律の学問の上」では、「永続すると云ふ観念」を「法人と云」うと述べ、「国其ものは永続」するから「国も亦法人性があると云っても宜しい」とし、「天皇機関説は国家は法人」との説とし、これを批判する人は「法人と云ふ観念がないのです。……私は此天皇機関説に付て反対論は聞きますが、それを排斥して積極的に趣旨を説明したさう云ふ説を多く聞くことは出来ませぬから残念に思って居ります」などと述べている。土方は建議案に賛成である立場を表明したが、事実上の美濃部の国家法人説擁護と言うことも出来よう。建議案の両義性を示すものである。

また、三上参次は、建議案の内容を敷衍して国史教育の重要性を述べたが、「天皇機関説の如きは、事は重大なりと雖も、明治以来教育の誤ったる方針が斯の如き現象を茲に一つ現はしたのであって、……之を我々国民精神の上から批判して甚だ困ったことであると云ふことを論ずるのは当然のことであり、之に対して院の内外を問はず攻撃する者の多いのは誠に結構なことでありますが、……私から申せば……国史を中心とし、国語、漢文及び之に因縁の深い所の終身道徳と云ふものを教科の根本中心として、日本人を養成すると云ふことより外に千言万語を費すと雖も方法はありはしないと思ふ。……人間とは如何なるものぞやと云ふ定義は、是は学者の研究自身に委して置いて宜しいことである、天皇機関説と云ふやうなことは、我々から見ると極めて常識的に考へて見ますと云ふと、さう云う問題に過ぎないと云ふやうに思って居るけれども是が大きな問題になって世間の耳に響くと云ふことになると云ふと、其儘に置かれないと云ふ問題になって来る」と述べている。一方で「学問の自由」を主張して憲法解釈を学問研究の問題としているようであり、また一方で取り締まるべきは取り締まるべしとも述べる。三上としては機関説を排撃する事は情勢の上でやむを得ないと見ながら、学問の自由は、堅持しようと考えた結果ではないかと思われる。また二荒芳徳（研究会）は、賛成演説として、特に機関説には触れず、「目今世に行はるる所の詭矯、矯激の思想と退嬰墨守の気風と云ふものは、二者孰れも肇国の大理想に民心が徹して居ないから起こる現象……政府はどうぞ虚心坦懐に、本案の精神を考へられ、聡明と果断、之に加ふるに確乎不抜の国家的、国体的信仰の上に此建議案の精神を十分徹底して、再び今日の如き諸説の紛糾なからむことに努力せられむことを衷心より祈って已まない次第であります」と、一般的に思想の矯正の必要を述べているが、「矯激」な思想の矯正をも求めるものであることは留意しておきたい。[*89] 二荒は、前述の通り、第六五議会でも演説しており、そこでもファッショ、ナチスに倣おうとする過激な思想を警戒しており、それと通ずるものであることに注目しておきたい。

この日の演説について、有馬頼寧は、「午後建議案上程、井田氏の質問は相当よし。土方氏の演説は沙汰の限り、三上氏のは悪くはないが、少し我田引水が耳ざわり。二荒氏のは無事」（三月二〇日条）と評している。松本学は、「午前十時貴族院に行く。今日は政教刷新に関する建議案上程の日なり。西郷侯提案、理由説明、井田男、土方博士、三上博士、二荒伯が賛成演説をした。菊池、井上、井田の爆弾三勇士を封じる為めの研究会からの妥協案が之なり。奔馬にまかせれば貴族院の醜態となるので此案を考へついた訳なり。而して此案其物がくだらない遊戯に過ぎぬ」

（三月二〇日条）と冷評した。藤沼庄平もまた、先に引用した日記と同日の記述で、「天皇キカン説の占めくくりハ此の建ギ案ニよりて為さる。これておさまることが其の根のなきを証す。不可思議の森の中也。言と行との相違、如此ニ甚しきや。……建ギ案上程の日、井田男ハ処置せよとせまる。事件は菊池男と美のべ博士とのこと、政府に其臂をもつてゆくか誤り也。而して憲法ハ法律学研究の目的たり得す。土方博士ハ自分等ハ法人性をかく解釈す、排ゲキ論者ハ其の説明の方法をおしへてくれと。三上博士ハ明治教育の弊と、然ハ、専門家ニまかして可也といひつつ人文科学ニ関してハ制限ありといふて居た。皆だめさ」（三月二八日条）と記している。藤沼は、排撃が軍人から議員となった者達によるとの批判もした。藤沼も松本も、強硬派の行き過ぎを封じるため提出されたこの建議案に批判的であった。全会一致の可決ではあったがそのような議員は多かったのかも知れない。

このように貴族院としては、院内一部の強硬な意見や衆議院の議論、世論の動向を踏まえ、建議案を全会一致で可決したが、極力、美濃部機関説への直接的非難を避けようとするものであった。それは岡田内閣や重臣、宮中の意向に副うものでもあった。建議案可決の後、木戸幸一が日記で、「午後六時、桑名に至り、酒井（忠正、研究会）伯の招宴に臨む。近衛公、小栗（一雄）総監、松平（康昌、火曜会）侯、原田（熊雄、公正会）男等同席なり。国体明徴云々の建議案提出の経緯、苦心談を聴く。十一時辞す」（三月二〇日条）としている通りである。

なお、こうした建議案の可決が与えた影響も少なくはない。議会閉会後、貴族院の建議提出関係者が、建議の目的を貫徹するため、四月二〇日、貴族院議長官舎で「政教刷新懇談会」を開催し、「一、政教刷新懇談会ヲ設ケ第六十七議会ノ建議ノ目的貫徹ニ努力スルコト」「一、天皇機関説ニ対シテハ此ノ儘放置スル場合ハ極端ニ趨ル虞レアル故、公正妥当ナル方針ノ下ニ文相、内相ヲ鞭撻スルコト」などに意見の一致を見ている。[*90] また貴族院議員の内、強硬派は、岡田内閣の追及を強めた。

一方、『東京朝日新聞』は、「建議案の趣旨」は、「何人と雖も異存のあるべき筈はない」（三月二一日号）としながらも、一方で「威嚇的叱責的態度の強調」に批判的なものであった。また、『帝国大学新聞』（四月二二日号）に掲載された今井登志喜の「美濃部問題の検討　裏面に潜む矛盾の数々」という記事では、「美濃部博士の学説は両院において全員一致を以てその排撃を意味する動議の通過を見た。これは形式上全六千何百万の全国民の声と認められなければならない。然るに私は事実それに矛盾を感ずる多くの場合に遭遇するのである」[*91]と述べるように、貴衆両院の建議、決議共に美濃部機関説排撃を内容とするものとの認識もあった。そこには、強硬派を抑えようという貴族院の建議案にこめた意図とは裏腹な評価があった。

おわりに

以上のように貴族院での機関説排撃問題は推移した。機関説排撃は、貴族院における美濃部自身による「一身上の弁明」によって、学問の領域を越え、議会内外で問題化し、貴衆両院でも建議案、決議案の可決を行う事態となっていった。排撃の発端を、第六七議会貴族院での菊池武夫の質問にもとめる通説は、美濃部のこの演説の呼び水となったという点において正しいが、菊池の質問に先だって行われた衆議院での江藤源九郎の機関説糾弾の質問、さらに、第六五議会における中島久万吉商工大臣の攻撃も関連性が高いことは、留意しなければならない。

第六五議会には、次第に高まってきた既成政党や財閥・官僚の打倒といった「革新」的要求に対し、貴衆両院にそれを沈静化する動きがあった。そうした動きに対抗し併せて綱紀粛正を求める形で行われたのが、中島商工大臣の国体観念に関する糾弾であった。糾弾は、先ず衆議院で行われ、貴族院でも菊池によって行われた。菊池は、その中で機関説にも言及して批判、美濃部は、この時は議会外であったが反論した。貴族院では、過激な右翼の動向を問題視する声が強かった。一方、美濃部の反論に対し院外で国体擁護連合会が攻撃し、それに連動したのが第六七議会での美濃部機関説排撃である。それは衆議院での攻撃から始まり、貴族院でも院外の勢力と関係を持って行われたものであった。したがって、機関説排撃の発端を厳密に特定するのは、難しいが、一連の排撃の始まりとして第六五議会の菊池の演説にそれを求めるのも妥当であると思われる。

また、六七議会における美濃部の弁明は、学問的には説得力を持つものであったが、学説の論議を自ら政治問題化したという側面がある。貴族院各派幹部は問題化を阻止しようとする意図を持っていたが、美濃部演説の反作用として政治的に反美濃部運動を結束させ運動の活発化をもたらしたのであった。排撃派が主張する通り、美濃部学説が詔勅批判や議会と天皇の対立、国家と天皇の分離などの諸点を含むという点において、争点を単純化して道徳的な面から国体と矛盾すると糾弾した時、美濃部を積極的に擁護することが難しくなっていた。またそれでも、各派幹部は、問題の沈静化に努力して、強硬派が出そうとした反機関説の建議案について、強硬な意見を妥協させ、穏健化することに成功したのであった。したがって、貴族院に於ける建議案の可決は、既に指摘があるとおり[*92]「議会・政党にとって自殺的な行為[*93]」とまで断言出来るものではない。

ただし、妥協を強いられたのは、強硬派だけではなく、穏健派も同様であった。穏健派妥協の背景には、国民の世論の高まり、それを背景とした衆議院での議論があった。貴族院も特権階級の打倒などの声を押さえるためには、国民の声に敏感でなければならなかった。その意味で、国民の支持調達のためにある程度踏み込んだ内容も容認する必要があったのである。また会派の幹部統制が困難な中、陸軍の態度硬化により、穏健派もある程度は機関説排撃との解釈も可能な文言を含ませなければ、批判が収まらずかえって倒閣や一木枢密院議長の追求へと広がるおそれがあり、宮中重臣とつながりがある穏健派としては、それを阻止するために必要な措置と考えられたからであろうと思われる。

また、衆議院に於ける機関説排撃は、最近の研究[*94]によると、政党独裁などの批判の矢面に立つ危険を避け、政友会総裁の鈴木喜三郎が機関説批判に熱意を持って、国民の支持を集めようとする自覚的な行動であったが、貴族院の排撃運動では、主導者の「三勇士」などと呼ばれた菊池、井上、井田は、菊池が昭和六年一一月の補欠選挙で当選、井上は大正一四年七月の選挙、井田は昭和四年四月の補欠選挙で男爵議員に当選したいずれも貴族院議員としての経歴は浅く、貴族院内では有力とは言えない議員であった。彼らの活動は、貴族院の会派を代表する者ではもちろんなく、陸軍皇道派、国本社、三六倶楽部など院外の団体の影響下で行われた他動的なものである。こうした院外の団体との関連が政治基盤となっている貴族院議員の活動として典型的な例と言うことが出来よう。

貴族院で何度も繰り返された美濃部機関説問題の論議の中で、明白に美濃部擁護を表明する発言は聞くことは出来なかった。論議をすることが、問題の深刻化を招くという認識があったこともその一因であろう。また、戦後の貴族院議員の座談の中には、「小原（謙太郎、男爵、公正会）『その当時美濃部さんが「天皇機関説」を出したでしょう。あれからなお、みんな言わなくなったんですね。いらないことを言うとやられるから。』栗林（徳一、多額、研究会）『全く軍部が裏から押えているんですからね。』」[*95]といった発言が見える。美濃部の演説に拍手したことが糾弾につながったことに見られる様に、美濃部の排撃事件は、議会での発言を萎縮させる事になった。

しかし、貴族院の建議は強硬派を抑えるためのものであった。建議案そのものは、国家法人説はもちろん、美濃部機関説も明確には否定しなかった。それだけではない。菊池の秘密会での発言は、美濃部が憲法改定の意志を持つと批判するものであった[*96]。それを踏まえれば、たとえ美濃部を犠牲にしても議会政治の否定とは別である。むしろ、建議案可決の選択には、議会政治否認に至る奔流を沈静化し、それによって政治的に貴族院の議会主義を守るという意識があった。これ以後も、貴族院では、世論に配慮しながら議会としての活動を維持しようとする。ただし、それには、美濃部機関説排撃を抑制した時以上に困難な努力が必要になっていくのである。

註

＊1　一九七五年、東洋文化社から出版され、また、その三章以下が、『現代史資料四　国家主義運動』一（みすず書房、一九六三年）に掲載されている。

＊2　例えば、三谷太一郎『近代日本の戦争と政治』（岩波書店、一九九七年）などが代表的な研究であろう。また、機関説排撃事件の詳細な経過については、宮沢俊義『天皇機関説事件 史料は語る』上、下（有斐閣、一九七〇年）参照。

＊3　増田知子『天皇制と国家　近代日本の立憲君主制』（青木書店、一九九五年）。

＊4　菅谷幸浩「天皇機関説事件展開過程の再検討」（『日本歴史』七〇五号、二〇〇七年）、官田光史『戦時期日本の翼賛政治』（吉川弘文館、二〇一六年）、米山忠寛『昭和立憲制の再建』（千倉書房、二〇一五年）。

＊5　『貴族院の会派研究会史』昭和編（尚友倶楽部、一九八二年）、内藤一成『貴族院』（同成社、二〇〇八年）、前掲菅谷幸浩「天皇機関説事件展開過程の再検討」などが貴族院の動向を記述しており、内藤、菅谷の研究は、建議案の性格を正しく評価したが、その成立過程の検討は少ない。

＊6　この時期の「日本主義」の内容やファッショとの関係などについては、『現代史資料』四（みすず書房、一九六三年）所収「ファシズムの理論」参照。

＊7　中島久万吉『政界財界五十年』（講談社、一九五一年）二〇二頁。

＊8　「貴族院議事速記録」昭和九年一月二三日、一〇頁以下。なお、議事録については、国立国会図書館ホームページの「帝国議会会議録」を使用し、議事録の日付は、議事録が掲載される「官報号外」の日付けではなく、会議日を示した。以下同じ。

＊9　「貴族院議事速記録」昭和九年一月二四日、一六頁以下。

＊10　「貴族院議事速記録」昭和九年二月三日、七九頁以下。

＊11　「貴族院議事速記録」昭和九年二月六日、一一五頁以下。

＊12　「貴族院議事速記録」昭和九年一月三〇日、三九頁以下。

＊13　「衆議院予算委員会議録第九回」昭和九年二月三日、一一頁以下。

＊14　『東京朝日新聞』昭和九年二月四日号（朝刊）。

＊15　例えば、北岡伸一『政党から軍部へ』（中央公論新社、一九九九年）、一八九頁。

＊16　「衆議院予算委員会議録」昭和九年二月五日、五四頁。

＊17　公正会では、中島の招待により帝国ホテルで会合がもたれ、中島から綱紀問題についての弁明が行われた。この会で、尊氏論問題について出席会員の多数は諒解したという（『東朝』昭和九年一月二八日号）。ただし、二月はじめには、公正会では各方面から注目されているだけに、厳正公平に対処する方針とされた（『東朝』昭和九年二月一日号）。
＊18　「南弘日記」昭和九年二月六日条（独立行政法人国立公文書館蔵）。
＊19　一連の中島追求の質問と答弁については、「貴族院議事速記録」昭和九年二月七日、一三一頁以下。
＊20　『西園寺公と政局』三巻（岩波書店、一九五一年）、二三五頁。
＊21　前掲『西園寺公と政局』三巻、二三五頁。なお前掲「南弘日記」二月八日条には、菊池が幹部に決議案提出を迫っている様子が記されている。
＊22　日本近代史料研究会編『大蔵公望日記』（内政史研究会、一九七三年）二月七日条。
＊23　ほかにも、「貴族院の一部では過般の本会議で三室戸敬光子が尊氏問題に関し中島商相に質問したその論議が極めて過激にわたつたのみならずいやしくも公人たる商工大臣を侮辱するが如き言議を弄したるは不穏当なりとして非難する向きが漸次多きを加えて来たため、研究会はじめ各会派首脳部ではこれが対策につき考慮を回らしてゐる」（『東朝』二月九日号）といった記事もある。
＊24　前掲『政界財界五十年』、二二一頁。
＊25　「貴族院議事速記録」三月一七日、三五四頁以下。大河内はこの中で、政党政治には批判もあるが安全弁として貴族院があり、独裁政治では貴族院などどうする事も出来ないと述べている。
＊26　「貴族院治安維持法改正法律案特別委員会議事速記録」三月二〇日。
＊27　中澤俊輔『治安維持法』（中公新書、二〇一二年）一五〇頁。
＊28　昭和九年二月一二日発行。『議会政治の検討』（日本評論社、一九三四年）三三七頁以下、に所収。
＊29　前掲玉沢報告書、九五頁。
＊30　前掲『西園寺公と政局』四巻一一九頁以下。
＊31　菅谷前掲論文など。
＊32　美濃部の質問は、「貴族院議事速記録」一月二三日、一四頁以下。
＊33　伊藤隆・広瀬順晧編『松本学日記』（山川出版社、一九九五年）一月二三日条。
＊34　尚友倶楽部・伊藤隆編『有馬頼寧日記』（山川出版社二〇〇〇年）一月二三日条。

＊35　前掲『大蔵公望日記』一月二三日条。
＊36　前掲『西園寺公と政局』四巻、一七五頁。
＊37　美濃部と同様に人権蹂躙問題を問題視する質問もあった。例えば、岩田宙造が一月二九日本会議で質問に立ち、また二月一八日にも水野甚太郎がが質問の中で、一部この問題に触れている。
＊38　前掲玉沢報告書、一〇一頁。
＊39　「衆議院予算委員第二分科会議録」二月七日、二四頁以下。
＊40　詳細は、米山前掲書。
＊41　「衆議院予算委員会議録」二月二七日、二三頁。
＊42　一連の質問と答弁は、「貴族院議事速記録」、二月一八日、八八頁以下。
＊43　「斎藤実関係文書」（国立国会図書館憲政資料室蔵）所収。
＊44　三室戸は、この問題で、菊池、井上、井田についで、厳しい追及を行った。三室戸について、水野勝邦は「信念の強さでは公家出身の第一人者であったし、同氏自身の研究による主義を持っていた」とし、その「個人的天皇敬信」の強さを指摘している。三室戸に対しては、後に、美濃部追及の収拾のため研究会の常務委員酒井忠正伯爵、松平康春子爵が説得し、納得させたという（水野勝邦『貴族院の会派研究会史』昭和編、昭和五七年、尚友倶楽部、一三九頁）。
＊45　前掲玉沢報告書、一一四頁。
＊46　『伊沢多喜男』（伝記編纂委員会、羽田書店、一九五一年）、二一九頁。宮沢俊義『天皇機関説事件』上（有斐閣、一九七〇年）、一〇一頁。
＊47　「貴族院議事速記録」二月二五日、一一二頁。
＊48　宮沢俊義前掲書、下、所収の座談会、五八〇頁。
＊49　昭和一〇年三月二日付西園寺公望宛宅野田夫書翰で「伊沢多喜男氏美濃部氏の演説を終るや、どうだと誇り顔に笑ひ乍ら拍手し、小野塚前東京帝国大学総長も拍手を致候」と批判している（前掲「反美濃部運動ノ概況」（其ノ二）所収）。
＊50　伊藤隆ほか編『真崎甚三郎日記』（山川出版社、一九八一年）二月二六日条。
＊51　中谷武世「美濃部学説の思想的背景」（前掲玉沢報告書所収）、一四四頁以下。
＊52　「藤沼庄平関係文書」所収、国立国会図書館憲政資料室蔵。

＊53　『貴族院職員懐旧談集』（霞会館、一九八七年）七九頁以下。
＊54　長谷川如是閑は、「現在の美濃部博士の学説に関する問題の如きも、法的形態として国家を観る学問と、道徳形態としてこれを観る学問との方法、態度の差から来た争ひではないかといふことを、双方が先づ冷静に考慮する必要がある」（『読売新聞』昭和一〇年三月七日号）と述べている。
＊55　「梧陰文庫　井上毅関係文書」所収史料、國學院大學図書館所蔵、請求番号B-4105。
＊56　谷の政治姿勢やその思想については、拙著『谷干城　憂国の明治人』（中央公論新社、二〇一一年）参照。なお、明治期の保守主義を検討した研究として、沼田哲『元田永孚と明治国家　明治保守主義と儒教的理想主義』（吉川弘文館、二〇〇五年）参照。
＊57　川口暁弘「憲法学と国体論　国体論者美濃部達吉」（『史学雑誌』一〇八巻七号、一九九九年）。
＊58　山岡の運動参加は、田中義一内閣で鈴木喜三郎内相によって警保局長に記要されており、また、原田熊雄が「鈴木氏の子分であり、平沼男に最も信任の篤い山岡万之助」（前掲『西園寺公と政局』二巻、一七一頁）と評される如く、そうした政治基盤からの活動と思われる。
＊59　宮田光雄は、貴族院書記官兼大蔵省臨時建築部事務官、福島県知事を歴任し、加藤友三郎内閣内閣書記官長、警視総監、また立憲政友会総務を務めている。衆議院議員にも当選。
＊60　東京帝国大学、京都帝国大学大学院修了。大蔵技士等を務めている。政友会系と見られる（『東朝』昭和四年四月九日号）。
＊61　東京帝国大学文科大学卒。学習院大学教授。神社制度調査会などで平沼騏一郎と関係があった。
＊62　前掲『西園寺公と政局』四巻、二〇四頁。
＊63　前掲『西園寺公と政局』四巻、二〇二頁以下。
＊64　前掲『西園寺公と政局』四巻、二〇七頁。
＊65　前掲「反美濃部運動の概況」「其ノ二」。
＊66　五明祐貴「天皇機関説排撃運動の一断面―「小林グループ」を中心に―」（『日本歴史』六四九号、二〇〇二年）。
＊67　拙稿「貴族院内議員席次・控室変更問題と会派　―大正・昭和初年の貴族院規則改正の論議を通じて―」（『青山史学』三三号、二〇一五年）。
＊68　内藤一成『貴族院』（同成社、二〇〇八年）、一七三頁。
＊69　宮原旭は、「軍部と一緒になって大いに右翼的なことをしゃべったというので、岩倉さん達から×をつけられて、井田さんは

残ったが、他は五、六人首になっちゃったんだそうです」と述べている（前掲『その頃を語る―旧貴族院議員懐旧談集―』九〇頁）。

＊70　前掲『その頃を語る―旧貴族院議員懐旧談集―』の宮原旭談話の注記など、九五頁。

＊71　なお、この記事では、陸軍では美濃部学説には反対でも、院の内外における倒閣運動の手先に使われることを警戒しているとの記述もある。

＊72　前掲「反美濃部運動の概況　其ノ二」。

＊73　参議院事務局『貴族院秘密会議事速記録集』昭和一〇年三月八日（財団法人参友会、一九九五年）、三五七頁以下。

＊74　増田前掲書、二二一頁以下。また、美濃部が「立憲独裁」を構想する過程については、坂野潤治『近代日本の国家構想』（岩波書店、一九九六年）一八九頁以下。

＊75　「貴族院議事速記録」三月八日、一四三頁。

＊76　前掲『その頃を語る―旧貴族院議員懐旧談集―』の岡部長景談話、五頁。十一会について『佐々木行忠と貴族院改革』（尚友倶楽部、一九九五年）八〇頁に関連記事がある。

＊77　木戸幸一著、木戸日記研究会編集校訂『木戸幸一日記』上巻（東京大学出版会、一九六六年）三九三頁。

＊78　前掲「反美濃部運動の概況　其ノ四」。

＊79　前掲『西園寺公と政局』四巻、二一二頁。

＊80　『東京日日新聞』三月一七日号。

＊81　古川江里子『美濃部達吉と吉野作造』（山川出版社、二〇一一年）八四頁。

＊82　「第六七回帝国義会衆議院治安維持法改正法律案外一件委員会議録」昭和一〇年三月一六日、二頁。

＊83　前掲『西園寺公と政局』四巻、二一四頁。

＊84　前掲『西園寺公と政局』四巻、二一四頁。

＊85　前掲「反美濃部運動の概況　其ノ六」。

＊86　『東京日日新聞』三月一九日号夕刊。

＊87　『東京日日新聞』三月一九日号夕刊。

＊88　前掲「反美濃部運動の概況」「其ノ六」。

＊89　「貴族院議事速記録」三月二〇日、二二七頁以下。

＊90　前掲「反美濃部運動の概況　其ノ十」。

＊91　憲政資料室「憲政資料室収集文書」所収、請求番号一一四三―一。

＊92　菅谷前掲論文、米山前掲書。

＊93　三沢潤生・二宮三郎「帝国議会と政党」（細谷千博他編『日米関係史』三、東京大学出版会、一九七一年）、一六頁。

＊94　米山前掲書、官田前掲書。

＊95　前掲『その頃を語る』三〇一頁。ただし、小原は昭和一九年から貴族院議員となり、栗林は昭和一四年から貴族院議員となった。ともに昭和一〇年の美濃部問題を貴族院議員として見たわけではない。

＊96　この点については、坂野潤治『日本憲政史』（東京大学出版会、二〇〇八年）、第八章参照。

※本稿は、科学研究費補助金、基盤研究（C）二四五二〇七六九（研究代表）、基盤研究（B）一五H〇三三二八（分担研究）による成果の一部である。

Ⅲ 社会変革をめぐる人々の葛藤

第六章　「戦争画」に関する一考察
――東京都現代美術館の絵はがきを中心に――

板谷敏弘

はじめに

「戦争画」という言葉を聞いたとき、どのような絵画を思い浮かべるだろう?　軍艦や戦闘機に興味を持つ人であれば、連合艦隊やゼロ戦の勇ましい姿や華々しい戦闘場面であろうか。あるいは、味方の屍を越えてでも勇猛果敢に敵に向かっていく歩兵の姿であろうか。はたまた死屍累々の凄惨な場面であろうか。

日本においては、一九三七年（昭和一二）の日中戦争以降太平洋戦争の終結にいたるまで、おびただしい数の「戦争画」が描かれたと言われる。戦時中はそうした「戦争画」の展覧会が頻繁に開催され、非常に多くの国民が観覧した。しかし、敗戦によりそれらの「戦争画」の多くは胡散霧消し、現在確認できるものはそれほど多くない。

敗戦後、いわゆる戦争責任、戦争犯罪が取りざたされる中で、美術界においても「戦争画」を描いたりあるいは積極的に軍部に、そして国民の戦意高揚に協力した画家たちに対する責任論が沸き起こり、[*1]「戦犯リスト」が作成されたとまで言われる。[*2] こうした喧騒のさなか、数多くの「戦争画」を描いた藤田嗣治は一九四九年に離日、フランスに帰化して二度と日本の土を踏むことはなかった。そして藤田を「戦犯」のスケープゴードにするかのように、その後美術界においても長い間「戦争画」は忘れられた、消し去られたものとして、ほとんど顧みられることがなかった。

一九六〇年代後半、終戦直後にアメリカ軍が接収した「戦争画」の所在がわかり、その返還運動が起こる。そして七〇年に「無期限貸与」というかたちで日本に返還され、東京国立近代美術館に保管されることになった。その点数は一五三点で、うち二点は直接戦争には関係ない画題のものだという。返還ののち修復作業が行われ、七七年には一括公開の予定であったが、この展覧会は直前に突然中止となった。その後、近代美術館では常設展示の一環として数点ずつ公開するという方法をとっている。[*3]

これ以降、長く封印されてきた「戦争画」について、再検証、再評価する動きがはじまった。「戦争画」を論じた書籍もいくつか出版され、また雑誌では「戦争画」特集が組まれ、「戦争画」の画像や、それを描いた画家の軌跡、終戦直後の論争、そして改めて「戦争画」の評価、意味づけなどが論じられるようになった。[*4] また「戦争画」を取り上げる展覧会も美術館で開催されるようになり、[*5] さまざまな問題が提起されている。

東京都現代美術館は、原画ではないが「戦争画」の絵はがきを一〇六点所蔵している。図書室で請求することによって閲覧可能な資料である。

本稿の目的は、第一にこれらの「戦争画」絵はがきの資料情報を明らかにすることだが、同時に近年になりようやく議論されるようになった「戦争画」に対する所見や問題提起を踏まえながら、歴史学的な視点も交えて「戦争画」の再考察を試みたいと思う。と言うのは、これまで「戦争画」に関してはおもに美術分野で研究や考察がなされ成果を蓄積してきているが、その過程で当然のことながらそれら「戦争画」が描かれた背景としての時代考証、つまり日中戦争から太平洋戦争期の歴史学の成果との照らし合わせが果たして十分かという疑問があるからである。言い換えれば、「戦争画」がその名のとおりとくに近代の戦争を背景としたものである以上、美術だけでなく歴史学の分野においても研究対象と捉え、双方の成果を取り入れることでさまざまな論証も可能になるのではと思っている。本稿においては、そうした視点から浮かび上がる課題の提起にとどまるかもしれないが、微力ながら今後の「戦争画」の研究、論証への足がかりになればと思う。

また、追記として「選択の瞬間　藤田嗣治の場合」を加え、終戦後の彼の運命と画家としての評価に多大な影響を与えた《アッツ島玉砕》制作の背景を記した。この作品を描き発表するという「選択」が無ければ、日本近代絵画史における藤田の評価は全く異なっていたであろう。近年では「再評価」の試みも見られるが、結論から言うと、画家としての藤田の評価は、先の大戦と戦後政治の評価と同様、いつまでも総括されないのだろうと思う。

1　「戦争画」とは

ここであらためてだが、「戦争画」とは何だろうか?はじめに述べたように、この言葉から思い描く絵画像はひとによってもさまざまである。ちなみに、近代美術館ではアメリカから返還されたこれらの絵画を「戦争記録画」と呼称している。[*6]

また、戦時に陸海軍から要請あるいは委嘱されて公式に描かれた戦争画は「作戦記録画」と呼ばれていた。この名称は太平洋戦争突入後、陸海軍が呼称したもので[*7]日中戦争期のものは含まれていないので、「作戦記録画」=「戦争記録画」ではない。

結論から言ってしまえば、「戦争画」の明確な定義は存在しない。はじめに述べたように、近年になって「戦争画」の公開や議論が進む中で、その捉え方についてもさまざまな提起がなされているのが現状である。ちなみに、そうした難しさを前提としながらも、美術評論家の田中日佐夫氏は、「仮説」として「戦争画」を次のように分類している。[*8]

Aグループ　一般的に「戦争画」と考えられるもの

Ⅰ敵味方に分かれて戦っている集団と集団、集団と個人、個人と個人との戦闘図

1味方の軍隊あるいは軍人（たち）が（圧倒的な）勝利をおさめている場面、あるいはその勇敢なる姿を描いた作品

2味方あるいは同盟者たちが敗れゆく姿を描いた作品

Ⅱ多くの場合敵方の降伏図。あるいは勝者である味方と敗者である敵方との会見の場景を描いた作品

Ⅲ味方の将軍や勇士の単独肖像も「戦争画」の一翼を担う場合が多い

Ⅳ戦争における、前線の場景ではなく、後方で直接戦闘には関わらない場で起こった場景を描いた作品

Bグループ

戦争があった年代からずっと後世に描かれた「戦争画」。この場合は「歴史画」に分類されてしかるべきものだが、そういう作品が戦時下の社会においては「戦争画」と同様の享受のされ方をしている

Cグループ

神話を主題とする「神話画」、あるいはある種の象徴的事物、たとえば特にわが国の場合は富士山や桜などを描いた作品も、戦時下においては社会的に普通の「戦争画」以上に効果的な「戦争画」であったことを忘れてはならない

Dグループ

戦争に対する個人的な想い（それには戦争否定の思想の上に立つ想いもあっただろうが）、あるいは、敵味方と

いう意識がそれほど強烈でなくとも、戦争の状況などを知りたいという社会の需要にこたえる意欲で描いた作品

田中氏はこのように、「戦争画」は戦場や戦闘場面を描いたものだけでなく、非常に広範な背景をもったものと捉えている。

そしてこのことを総体的に表現しているのが、戦争当時、「作戦記録画」を画家に委嘱していたほうの立場であった大本営陸軍報道部、秋山邦雄陸軍中佐の座談会における次の言葉であろう。

戦争美術といふ問題が戦場だけに分離されて居ないか。戦争は明らかに日常生活の中にも入って来て居るのでありますから、記録画だけが戦争美術でない。日常戦って居る日本人個人々々の生活を、現在我々の受ける刺戟の中で現して行くといふこと、これも一つの戦争美術ではないかといふ感じがするのです。[*9]

これは一九四四年（昭和一九）九月の座談会時の発言である。すなわち、戦局が圧倒的に不利になっている状況で、少なくとも陸軍当局であった秋山中佐はそうした戦局を認識していた中での発言であっただろう。

そもそも三七年の日中戦争の開始、あるいはさかのぼれば三一年の満州事変以降、日本国内は非常時とか、総力戦、総動員などという言葉のもと戦時体制に突入していくのであるが、国民全般の生活レベルまで一気に戦時色に埋め尽くされ窮乏化したのかといえば実はそうでもない。本当に国民生活レベルで戦争が切迫した現実感をおびるのは比較的遅く、四四年以降と言ってよいだろう。戦争が長期化するに及んで、食糧や衣料など基本的な生活物資がいよいよ不足してきたり[*10]、根こそぎと言われるように一般国民が次々に戦場や工場に召集、動員されるようになったり、決定的なのは米軍による本土空襲が日常茶飯となるに及んで、まさに総力戦であることを実感する。もはや前線と銃後の区別はなく、秋山中佐の言うとおり、まさしく日常生活そのものが戦争となってくるのである。

当時のこの総力戦という現象は、「戦争画」だけでなく、戦争責任や戦争犯罪、戦争への協力、その他あらゆる事柄に問題を投げかけることで論議のいとまがないが、ここでは深入りしない。ただ「戦争画」を論じる際には、この

ような当時の状況を認識しておく必要があるし、これらのことを踏まえて河田明久氏は、「戦争画」はモノではなく機能による分類であると述べている。[*11] であれば、結局のところこれも田中氏がいうように、個々の作品について具体的かつ詳細に論じていくしかないのであろう。[*12] ただし本稿の目的は「戦争画」を明らかにすることではないので、「戦争画」論についてはここでとどめておく。

2　東京都現代美術館所蔵の「戦争画絵はがき」について

東京都現代美術館には「戦争画絵はがきファイル」として一括管理されている絵はがきが一〇六点ある。これについて、(1)書誌的情報(2)作家について(3)画材・構図など作品的観点について、見ていきたいと思う。ただし、著者は美術専攻ではないので、(2)や(3)については、先行する研究成果に依拠することをあらかじめご了承願いたい。

(1)　書誌的情報

はじめに、いわゆる「戦争画」制作の経緯について、簡単にふれておきたい。

本稿でみる「戦争画」の系譜に直接つながる「戦争画」の嚆矢は、三七年の第一回新文展に出品された朝井閑右エ門の《通州の救援》とされる。この作品は同年に中国でおきた中国兵による日本人部落襲撃事件をテーマに取り上げ絵画化したもので、現地を訪れることなく描いており、自由な芸術作品とも言えるが、時局的な内容を取り上げた絵画が一般公募展に持ち込まれたものとして最初の作品であった。

その年には日中戦争に突入し、翌三八年になると上海派遣軍が戦争記録画制作のための従軍を初めて画家たちに要請した。要請に応じて中村研一、向井潤吉、江藤純平らが第一陣として海を渡った。戦線の拡大とともに従軍画家は増え続け、三八年四月には大日本陸軍従軍画家協会が結成される。その後も従軍画家や彫刻家は増え、二〇〇名を超えたのを期に、三九年四月に協会は陸軍の外郭団体として陸軍美術協会となった。

従軍画家というと、軍部が強制的に任命、同行して描かせたかのようなイメージがあるが、実際は軍部の正式な要請を経ないで自発的に志願して従軍した画家たちが大半であった。そのため彼等は新聞社や通信社の肩書を得て中国大陸に渡ったり、まさに手弁当で渡った人たちもいた。[*13] つまり、当時の画壇は戦争画を主体的に描く機運が高かったのである。

陸軍美術協会は、軍による公式な記録画を中心とした各種の戦争画の展覧会を頻繁に開催するとともに、展覧会の図録や絵はがきのほか、従軍画家の文集や作品集、小冊子などを刊行する出版事業も行っていた。さらに、三九年秋から四四年秋まで、靖国神社の臨時大祭時に編集された遺族向けの画帖『靖国の絵巻』も刊行している。

一方海軍も陸軍とほぼ同時期に画家に記録画の制作を委嘱するようになった。海洋を主題とする海洋美術展は三七年から開催されていたが、三八年に海洋美術会が結成され、それが四一年には大日本海洋美術協会へと発展。四四年まで、海軍による公式な記録画のほか、海戦画を多く含む展覧会を毎年開催した。[*14]

① 「第二回聖戦美術展」六二枚

聖戦美術展は、日中戦争を主題にして「皇軍部隊の活動及び戦闘情景」を描いた「戦争画」を中心に、陸軍美術協会と朝日新聞社の共同主催により開催された展覧会である。第一回が一九三九年七月六日~二三日まで東京府美術館で、第二回は四一年七月一日~二〇日まで日本美術協会で開催された。

第二回展で出品された作品の内訳および現代美術館の絵はがきの内訳は以下のとおりである。なお出品目録につい

表1　第二回聖戦美術展作品内訳

	展覧会目録		絵はがき			作品集	
	作家数	作品数	作家数	作品数	枚数	作家数	作品数
陸軍作戦記録画（洋画）	12	13	11	12	13	12	13
同（日本画）	3	3	3	3	3	3	3
洋画	135	143	36	38	38	131	137
日本画	12	12	3	3	3	11	11
彫塑	29	31	2	2	2	29	30
現地将士・軍属・傷病兵	34	44	3	3	3	20	20
合計	227	243	59	61	62	208	214

ては東京文化財研究所編『昭和期美術展覧会出品目録：戦前編』に拠った。なおこの中で「第二回聖戦美術展」の出品典拠は『第二回聖戦美術展覧会目録』によるとなっている。

すなわち、現代美術館の絵はがきは、展覧会出品作品のおよそ四分の一ということになる。ここで明らかにしなければならないのは、そもそもこの「第二回聖戦美術展」の作品絵はがきが何点制作されたのかということであるが、これについては現在のところ確認するすべがない。またこれらがどのような経緯で収蔵されたのかも明らかでないので、以下については推察の域を出ないが、いちおう述べておく。

「第二回聖戦美術展」の出品作品点数等については、上記の目録によるものであるが、もうひとつこの展覧会の図録というべきものに朝日新聞社編の『聖戦美術展集　第二回』がある。先の目録と作品集の図版、それに絵はがきを比べたところ以下のことが確認できた。

まず、作品集の掲載図版数について確認したところ上記の表のようになった。軍部の公式な「作戦記録画」については、目録及び図版掲載ともに同作家の同数であり、おそらくは出品されたものがすべて図版掲載されているということであろう。

しかし、それ以外については、目録と作品集の数は一致せず、さらに絵はがきはあるのに作品集には掲載されていないものもある。

一般的に言って、展覧会に出品されたものがすべて図録に掲載されるとは限らないし、また目録と図録の制作時期によっては出品の変更もありうるし、絵はがきについても、すべての作品を網羅することはまずないと考えられる。したがって表にある相違の理由については何とも断定できない。目録と絵はがきがあれば、ふつうに考えれば間違いなく出品されたものと考えられるので、図録制作の後に追加出品されたと考えるのが妥当だろうか。

さきに述べたように、現代美術館所蔵の絵はがきは出品数のおよそ四分の一である。特徴的なのは、軍部の公式な「戦争画」といえる「作戦記録画」が、深澤省三の《蒙古軍民協和之図》を除いてすべて揃っていることや、陸軍大臣賞、陸軍美術協会賞、朝日新聞社賞などの受賞作が揃っていること、「作戦記録画」以外の洋画・日本画はそれぞれのおよそ四分の一あることである。前提としてどれだけの作品の絵はがきが制作されたかがわからないので、この六二枚の資料的価値は安易に判断しかねるが、主要作品がほぼ網羅されていることや、作品集が賞を受賞した小磯良平の《娘子関を征く》以外すべてモノクロ図版であるのに対し、絵はがきは人工着色による原色版カラーとなっていることなどは、これらの絵はがきの資料的価値を高めていると言えよう。

なお、深澤の作品は当初予定になく追加で出品されたという経緯があるが[*15]、作品集には掲載されていること、同じく追加出品の栗原信の作品は絵はがきがあることなどから、おそらくは深澤作品も絵はがきが制作されたと考えられる。美術館への収蔵の経緯はわからないが、深澤作品を欠くのは残念なことである。

② 「第二回陸軍美術展」 一二枚

陸軍美術展は、さきの陸軍美術協会が主催し、一九四三年から四五年まで毎年三月一〇日の陸軍記念日を中心に開催した展覧会である。ただし四五年については、出品目録には開催期間が三月一〇日から四月三〇日とあるが、実際には四月一一日から四月三〇日までであったようである。[*16] 周知の通り四五年三月一〇日は未明に東京大空襲があり下町地区を中心に推定一〇万人の方が亡くなり、町が焼け野原となった日である。開催場所は東京都美術館であったが、

表２　第二回陸軍美術展作品内訳

	展覧会目録		絵はがき		
	作家数	作品数	作家数	作品数	枚数
陸軍作戦記録画（油画）	22	26	7	8	8
同（日本画）	3	3	2	2	2
油画	173	177	2	2	2
日本画	33	36	0	0	0
彫塑	35	39	0	0	0
合計	265	281	11	12	12

その時上野は空襲の犠牲者の遺体が集められていた所で、通常に考えれば、とても展覧会を開催できるような状況ではないので延期となったのであろう。

さて「第二回」の陸軍美術展は四四年三月八日から四月五日まで、上野の東京都美術館で開催された。さきにあげた目録による作家や作品の内訳と、絵はがきの内訳は以下のとおりである。

これもさきの「第二回聖戦美術展」の絵はがきと同じ状況で、全体の制作数や収蔵の経緯などが不明なため、ほとんど確かなことはわからない。ただ、上記の内訳で明らかなように、やはり公式な「戦争画」といえる「作戦記録画」が比率的には多く含まれていると言えよう。

この展覧会には藤田の《血戦ガダルカナル》《神兵の救出到る》、田村孝之介の《佐野部隊長還らざる大野挺身隊と訣別》、宮本三郎《本間、ウエインライト両司令官会見図》など、よく知られる「作戦記録画」が出品されていた。さきの「第二回聖戦美術展」の例によれば、おそらくは二九点の「作戦記録画」については絵はがきも制作されていたであろう可能性が高いが、残念ながら収蔵されていない。それ以外の作品についてはおそらくは選択されて絵はがきが制作されたであろうが、その実際も確認はできない。鬼頭鍋三郎の《小休止》は陸軍大臣賞を受賞している作品であるが、ほかの受賞作品の絵はがきはない。もう一枚の絵はがきは高井貞二の《北の精鋭》で、これは受賞作品ではない。

なおこれらの絵はがきもやはり人工着色による原色版カラー印刷である。

③「国民総力決戦美術展」六枚

陸軍美術協会の主催により、一九四三年九月一日から一六日に東京都美術館で開催された。②に述べたように、この年は三月に陸軍美術展も開催されており、わずか半年後に同様の展覧会が名を変えて開催された趣旨は何だったのだろうか？　この年の五月二九日、アッツ島の日本軍守備隊約二六〇〇名がアメリカ軍との戦闘により全滅した。「玉砕」という言葉が使われた最初である。そしてこの少し前の四月一八日には連合艦隊司令長官の山本五十六が戦死している。大本営発表はそれでも相変わらず陸海軍の戦果を謳ってはいたが、いよいよ戦局の悪化は国民の実感としても明らかになりつつあるころだった。そうした雰囲気のなかで、あらためて総力戦のスローガンのもと、国民の戦意を鼓舞する目的があったのかもしれない。

展覧会は、目録に拠れば、「作戦記録画」は藤田嗣治の《アッツ島玉砕》一点のみで、他に洋画が一六一作家一六一点、日本画三〇作家三〇点、彫塑四三作家四三点、美術学校などの団体作品六組六点であった。合計すれば二四一点という大規模なものであるが、藤田は一点のみ、小磯良平、中村研一、宮本三郎、石井柏亭、伊原宇三郎など、この種の展覧会の常連ともいえる作家たちは出品していない。さきに述べたように、この展覧会は山本長官の戦死やアッツ島玉砕という事態の中で、国民の動揺を鎮め、さらなる戦意高揚を図るために急遽開催に至ったのかもしれない。

そのような中で、藤田の《アッツ島玉砕》は間違いなくこの展覧会の目玉作品であった。藤田はこの作品を八月初旬から、陸軍の委嘱により描き始め、毎日一三時間ぶっ通しで描き、完成したのが八月二九日。それは奇しくもアッツ玉砕の月命日であり、翌三〇日に直ちに陸軍に献納、そして九月一日からの展覧会に出品されたのである。八月三一日には新聞各紙に画の完成についての記事が図版入りで大きく報じられている。[*17] ちなみに二九日には、玉砕した陸軍の山崎保代部隊の武勲に対し感状が授与されたことが上聞に達し、山崎大尉は二階級特進で陸軍中将の恩命に浴

表3　国民総力決戦美術展作品内訳

	展覧会目録		絵はがき		
	作家数	作品数	作家数	作品数	枚数
陸軍作戦記録画（油画）	11	12	1	1	1
同（日本画）	8	8	1	1	1
海軍作戦記録彫塑	3	3	0	0	0
油画	214	228	0	0	0
日本画	59	60	0	0	0
彫塑	34	35	0	0	0
ポスター	6	6	0	0	0
特別出品	3	3	0	0	0
合計	335	355	2	2	2

したという新聞記事が掲載されている。[*18] ある意味、タイミングが良すぎるのである。

展覧会場では、この作品の前に賽銭箱が置かれ、傍らに藤田が立ち、賽銭が投じられるたびに深々と頭を下げていたと言われている。[*19]

さてこの展覧会の絵はがき六枚はリストのとおりであるが、今まで見てきた絵はがきとは若干異なる。まずモノクロ図版であること、はがきの表面に「郵便はがき」等の印字がないこと、当時の価格等統制令に基づく公定価格を証する「東京府価格査定委員会」の㊜マークの証紙が貼られていることである。ちなみに価格は一枚二五銭であった。またそれぞれに「昭和拾八年拾月七日」という縦書きのスタンプが押されている。これも収蔵の経緯がわからないので不明だが、収蔵した日にちだろうか。展覧会の会期は前に記したとおりなので、会期の終了後ということになる。なお、東京府の廃止と東京都の設置はこの年の七月一日である。ということは、これら絵はがきが㊜査定を受けたのは、それ以前ということであろうか。

「作戦記録画」である藤田の作品、朝日新聞社賞の鳥居敏《鉱山に働く》、陸軍美術協会賞の大石哲路《選鉱場に働く女》、など六枚であるが、制作された絵はがきの一部であろう。余談だが、絵はがきのある内田巌は、戦後日本美術会の決議に従って藤田に戦犯の宣告をした人物と言われている。[*20]

④「第二回大東亜戦争美術展覧会」二枚

大東亜戦争美術展覧会は朝日新聞社が主催、陸軍省・海軍省が後援し、陸軍美術協会、大日本海洋美術協会、大日本航空美術協会が協賛している大規模な展覧会である。第一回は一九四二年一二月三日から二七日まで東京府美術館で開催され、翌年大阪市立美術館に巡回している。第二回は四三年一二月八日から一九四四年一月九日まで東京都美術館で開催され、のちに大阪、京都に巡回している。「皇軍将兵の活躍と労苦を美術を通じて銃後に伝へ以つて前線将兵に感謝の誠を捧げると共に一億国民の士気高揚に資すべく」[*21]企画されたもので、どちらも多数の陸海軍の「作戦記録画」が出品され、また宮中において天覧・台覧も行われた。

この展覧会の出品状況は以下のとおりである。

実に出品数三百五十余という大規模展である。特徴的なのは「作戦記録画」および「作戦記録彫塑」が海軍のみ出品ということである。ちなみに第一回での「作戦記録画」は陸軍が洋画・日本画あわせて二〇作家二二点、海軍が一五作家一七点であった。ただし、中村研一と藤田嗣治は陸軍派遣画家であると同時に海軍派遣画家でもあって、両方の作品を描いて出品していた。

この第二回展の「作戦記録画」が海軍のみであった理由は判然としないが、この展覧会の直後には②に記した「第二回陸軍美術展」が開催されており、その時は洋画・日本画あわせて二五作家二九作品の「陸軍作戦記録画」が出品されている。また後に記すが、大日本海洋美術協会主催の「海洋美術展」のうち、この大東亜戦争美術展直後の第八回展（四四年五月一七日から六月九日、東京都美術館）では「海軍作戦記録画」は全く出品されていない。

戦時中のこのような展覧会の開催において主体的に関わったのは言うまでもなく陸軍とその外郭である陸軍美術協会、海軍と海洋美術協会（のちの大日本海洋美術協会）であるが、河田明久氏が指摘しているように、実は朝日新聞社の役割が大きい。[*22]ほとんどすべての展覧会に主催または後援として名を連ねている。主催の展覧会はもちろんだが、後援となっている展覧会においても、実際の展覧会の取り回しに大きな役割を果したであろうことは想像に難くない。作家や作品の選定、交渉、会場の手配、目録や図録の作成、設営や展示などの作業、展覧会の運営などの実務にどれほどの役割を果たしていたかは定かではないが、とくに軍の公式画である「作戦記録画」の出品に関しては、展覧会の興行面から考えた場合に朝日新聞社の差配があったとも考えられなくもない。

さて、現代美術館所蔵の絵はがきはリストにあるとおり二点のみである。やはり人工着色による原色版カラーとなっている。

⑤「第五回海洋美術展」一枚

海洋美術展は、日露戦争の日本海海戦に勝利した五月二七日の「海軍記念日」の行事として、海軍協会主催、海軍省後援により「海軍思想を鼓吹し海洋に対する認識を高める」ことを目的にして開催された展覧会である。第一回は一九三七年に開催され、これを機に石川柏亭、山下新太郎らの洋画家と海軍省の軍人、海軍協会が集って海洋美術会(第五回から大日本海洋美術協会へ発展的解消)が結成され、展覧会の主催となった。三七年から四四年まで計八回、毎年「海軍記念日」の前後に開催された。なお前述のとおり、朝日新聞社は三九年の第三回展の賛助となり、その後は第八回まで主催者として名を連ねている。

第五回展は四一年五月二五日から六月五日まで、東京府美術館で開催された。出品作品の内訳は「海軍作戦記録画」が藤田嗣治、中村研一、石井柏亭ら六作家一二作品、洋画が一二〇作家一二六作品、日本画が四〇作家四四作品である。また参考画として洋画では川村清雄の《黄海海戦》、黒田清輝の《濱の夕》、東條鉦太郎の《日本海海戦に於ける三笠艦橋》など一〇作家一〇作品、日本画では司馬江漢の《捕鯨図》ほか四作家六作品が出品されている。また東京帝室博物館(現・東京国立博物館)から《蒙古襲来絵詞》が出品されているのが際立っている。

現代美術館所蔵はこのうちの参考画となっている司馬江漢の《捕鯨図》一枚で、人工着色による原色版カラーである。はがきの表面により、発行は朝日新聞社であると確認できる。

⑥その他二三枚

これについては割愛する。

(2) 作家について

明らかに軍部がその制作に関与した作家や作品、それは従軍あるいは派遣、委嘱などいくつかの形式や呼称はあるが、いわば公認の画家は、展覧会目録等で判明する限りでも一四一名は確認できている。また、従軍して作品を描いていても展覧会には出品しなかった画家もいることから、これよりもなお多くの画家や彫刻家などが直接的に軍部との関わりを持って作品を制作していたと考えていいだろう。いちいち画家の名前は列挙できないが、軍部と直接的な関わりは不明ながら、この一四一名以外にも多くの画家が「戦争画」を描いているのである。

また、判明する限りの展覧会ごとの出品作品数をまとめると次のようになる。

①陸海軍が委嘱、嘱託、派遣、従軍などの関わりにより、公式に描かれ発表された「戦争記録画」または彫塑の作品数（括弧内は従軍画家展の作品数）

②上記を除く、これら展覧会に出品された「戦争画」他の作品数（参考出品は含まない）

すなわち、直接軍部との関わりで戦争画を描いた画家は一四一名以上、その他の作家も含め、制作され展覧会で発表された戦争美術作品はおよそ四三〇〇点弱という膨大な数になるのである。はたしてこれらのうちどの程度の作品が現存しているのかはあらためて悉皆的な調査を試みなければわからない。もっとも有名なのは前述したよう

表４　戦争美術展に出品された公式の「戦争記録画」

	陸軍	海軍	計
洋画	107（238）	71	178
日本画	29	21	50
彫塑	0	3	3
計	136（238）	95	231（238）

表５　戦争美術展に出品されたその他の作品

洋画（水彩画等を含む）	2,875
日本画	536
彫塑	427
ポスター	26
美術工芸	123
団体作品、現地兵士作等	51
計	4,038

に一九七〇年にアメリカからの「無期限貸与」というかたちで保管されている東京国立近代美術館の一五三点である。これについては、その作品目録が同館のＨＰで確認でき、また一部の作品については画像もＵＰされ、また常設展示で陳列されたり、あるいは他館への貸出などもあって、そのカタログなどでも確認することができるものもある。この多くが「作戦記録画」等のいわゆる公式画であることから、「戦争画」を論議考察する際の代表事例として取り上げられることが多い。しかし一方で同館の大谷省吾氏が述べているように、[*23] これは当時描かれた「戦争画」のごく一部にすぎない、数字でいえば三～四％程度ということも十分認識しておかなければならないだろう。

さらに付け加えるならば、本稿はいわゆる戦争美術を主体とし、軍部やその関係団体が直接あるいは間接的に関わった展覧会に出品された作品や作家を対象として論じているが、戦時中に開催された二科展などにおいても「戦争画」やその他の戦争美術と呼べるものが出品されていることもわかっている。さらに１で述べたように、総力戦、総動員体制下における「戦争画」を捉えていくならば、直接戦闘場面を描いたものでない絵画にも目を配らなければならない。再三になるが、河田氏が言うように「戦争画」を機能による分類と捉えるならば、田中氏の言葉どおり、結局はひとつひとつの作品について、作家や画題、制作動機などを考慮し、詳細に見ていくしかないのであろう。

(3) 画材・構図など作品的観点について

前に記したとおり、筆者は美術の専門ではないので、これらについては先行する研究に依拠することになるが、とくに構図については述べておきたい。

「戦争画」の絵画としての構図については、河田明久氏がたいへん興味深い考察をしている。[*24]河田氏によれば、日中戦争期の「戦争画」の特徴として、次の三点を挙げている。

・敵兵がほとんど画面に登場しないこと
・日本兵の多くが「後ろ姿」を見せていること
・モティーフとしての「死体」や「流血」の少なさ

そしてこれらの理由として、日中戦争の戦争目的があいまいで、いくら軍部や政府が「聖戦」という大義を声高に叫んでも、国民の間には、そしてもちろん画家たちの中にも戦争の大義が浸透していなかったからだという。当時の日本人には中国を心底から悪玉と呼ぶことも、ひるがえって自分たちを善玉と信じることも容易ではなく、そのため画面に「憎き敵」であるはずの敵兵の姿を描けない。また日本兵をヒーローとして演出することもためらいがあるので後ろ姿になる。[*25]また死体や流血も、「聖戦」のヒーローたる日本兵の死体や流血なら尊い犠牲としての意味もあるし、敵役の無残な姿もヒーローを引き立てる役割があるが、大義があいまいであるから、たとえ軍部からは許可されていたとしても画家としては描けない、描いても国民の支持を得られない、というのが実情だった。

こうした「戦争画」は、美術の専門家たちには物足りなかったが、一般の観衆にとっては受け入れられやすかった。兵士の肩越しに前線を望む構図は観るものを陣中にいる気分にさせ、観衆はかれらに自らを投影して「銃後にあることのやましさ」からいっとき逃れることが出来たからだという。[*26]

1の「戦争画」とは、で記したことだが、非常時とか総力戦、総動員というスローガンをいくらあげられても、少なくとも日中戦争の前線は海を渡った大陸であり、河田氏も指摘しているように、国民全般の気持ちとしては、戦争目的の大義のあいまいさもあって、どことなく他人事のような雰囲気があったことは事実のようである。したがって、そういう空気の中にあって、前線で奮闘し、傷つきあるいは死んでいく兵士たちに対する後ろめたさも感じていただろう。そのような国民の意識のなかでもっとも受け入れられやすい画面を、画家たちは意識と無意識のはざまで探り当てていたのだろう。

現代美術館の戦争画絵はがきの過半を占める「第二回聖戦美術展」に出品された「戦争画」はまさにこの日中戦争期のものに該当する。構図については実際に図版を見れば一目瞭然であるが、まさに河田氏の指摘するところが確認できる。

さて、日中戦争から太平洋戦争に突入するとこうした国民感情も一気に変化する。それは日中戦争期にはあいまいだった戦争の大義が、欧米帝国主義からのアジアの解放という文言に置き換えられ、それが国民に受け入れられたからである。太平洋戦争突入に際して、如何にそれがある種歓喜と解放感を以て受け入れられたかについては、文化人や芸術家の日記や証言などでもよく語られている。画家も例外ではなく、画家自身そして国民感情の変化によって、描く「戦争画」も変わっていったのである。すなわち、敵である米兵を描くことも、日本兵や日本軍を正面から捉えることも、流血や死体を描くことも、それが正義を具現する演出である以上なんら躊躇しない。またそれを鑑賞する国民も共感を持って受け入れるという状況に変化した。その具体的な作画の例も多くあるが、現代美術館の絵はがきにはこの時期のものは少ない。しかし例えば三田康や三輪晁勢の海戦画（論文末付表の番号70、71）や、伊原宇三郎の会見図（同73）、小早川秋聲の描いた敵兵の降伏図（同80）、鈴木良三の画に見られる傷病兵の姿（同78）、銃剣を構えた兵士の姿を描いた高井貞二の画（同82）などはこれにあてはまると言っていいだろう。

またこのことは、国民の戦意高揚を図るプロパガンダの役割として、そしてこの「聖戦」で如何に我が軍が勇敢に闘ったかを記録し後世に伝えるためのものとして、はっきり浮かび上がったと言っていいだろう。

さらに戦局が悪化すると、藤田の《アッツ島玉砕》を嚆矢として、いわゆる「死闘図」「玉砕図」が描かれるようになる。これは前述したことだが、軍部はこうした絶望的な戦局にあってなおも兵士の犠牲を美化することで戦意高揚を図ろうとしていたのである。それでもさすがに藤田の《アッツ島玉砕》に対して、当初陸軍は、あまりにも凄惨なその画面がむしろ厭戦気分を駆り立てるのではないか、士気が損なわれるのではないかとその公開に及び腰だったという。しかし、実際に公開されたときの反応は前述したとおりだった。もはや戦争は「物語」であり、河田氏の言葉によればこれらの「死闘図」は「あたかも遺影や、宗教絵画の殉教図」のように拝まれる存在になったという。

現代美術館の絵はがきには国民総力決戦美術展の出品された藤田のこの作品の絵はがきがある（同64）が、それ以外はない。この絵はがきだけはモノクロとなっているが、その理由はいまのところわからない。

3　「戦争画」に関する若干の考察

さて、現代美術館所蔵の「戦争画絵はがき」について、（1）書誌的情報（2）作家（3）画材や構図など作品的観点からみてきた。このなかで、（2）における作家、そして（3）で見た構図など作品的観点については、先行する研究においてさまざまなことが指摘され論議されている。それは例えばそれぞれの画家が実際にどのような気持で「戦争画」を描いたのか、それらを積極的に描き軍部に協力した画家たちの戦争責任はあるのか、そして国民はそれらの「戦争画」をどういう状況の中でどのようにとらえたのか、というようなことである。そしてそうした議論に伴って、「戦争画」を、そしてその画家たちをどのように評価するかしないか、美術史の中で位置付けるか、作品としてどう評価するのかということも美術の専門家たちの議論になりつつあるところである。

本稿はそうしたことを明らかにすることが目的ではなく、また筆者自身美術の専攻ではないので、これらの議論には踏み込まないが、歴史学（近代史）の中で語られていることを事例に、こうした美術分野における議論と照らし合わせ、三点に絞って述べてみたい。

①「玉砕」という語句について

一九四三年五月末の日本軍アッツ島守備隊の全滅に関して、軍部は「玉砕」という語句を用いて凄惨な戦場の現実を隠ぺいし、むしろ美談として戦意高揚に利用しようとしたことは事実である。しかし、これもあまり知られていないことかもしれないが、この「玉砕」という語句は、四四年に入ると基本的には使われなくなる。これは「玉砕」という表現が、逆に日本軍の無力さを国民に印象づける結果になるという判断に基づくようだ。「玉砕」はもう沢山という心理だろう。[*27]

絵画を論じるにあたっては、もちろんそれぞれの作品を、すくなくとも図版であれ画を見ることなく論じることはできないが、「戦争画」については、タイトルそのものやタイトルに使われている言葉を追っていくのも、その制作時の背景や状況などをうかがう手掛かりになる。「戦争画」は戦闘場面を描いた画が多いが、たとえば、日中戦争及び太平洋戦争緒戦の勝利の時期、すなわち四二年のころまでの展覧会（四一年六月の第二回聖戦美術展や四二年一二月の第一回大東亜戦争美術展など）の出品作のタイトルを目録で追ってみると、戦闘場面を表す語としては「攻撃」「攻略」「戦闘」「進撃」「追撃」など勇ましい語が並ぶ。四三年三月の第一回陸軍美術展のころになると、変わらずに上記の勇ましい語のほかに、「苦闘」「決死」「死守」など苦戦を表す語も見られる。そして藤田の《アッツ島玉砕》

が出品された四三年九月の国民総力決戦美術展では「玉砕」のほか「決戦」「血闘」「激闘」「最後の突撃」「血戦」「敢闘」など血なまぐさく悲壮感を感じさせる語があり、四四年と四五年の陸軍美術展では「奮戦」「突撃」「斬込み」「死守」「守備」「死闘」など、明らかに防戦にまわりながら奮闘している様子がわかる語である。とくに「奮戦」という語はよくつかわれているが、これは「玉砕」が美談を超えて無力感にとらわれるという上の指摘にも関連するかもしれないが、不利であろうがあるいは負けようが、将兵は一生懸命闘っているのだという印象を与える語である。

② 『靖国の絵巻』について

本稿で取り上げている「戦争画」については、基本的には(2)で一覧にしたいわゆる戦争美術展覧会の出品作を対象としているのであるが、たとえば藤田嗣治や宮本三郎のような代表的な作家についても、これらの展覧会に出品した記録がない「戦争画」が存在する。その一例としてあげられるのが『靖国の絵巻』である。

『靖国の絵巻』とは、靖国神社の大祭記念として編集されたもので、現在のところ一九三九年から四四年まで、おもに春・秋の大祭ごとに各一冊が出されていることが確認されている。編集は「陸軍省・海軍省」とされているが、三九年に刊行されたものの奥付には「陸軍省情報部、海軍省軍事普及部」とあることから、陸海軍省のこれらの部局が同書の編集に関わったと考えられる。また、発行は陸軍美術協会である。『靖国の絵巻』には、当時、「作戦記録画」の制作に関わった多くの画家たちの作品が収録されており、そのなかには佐藤敬、中村研一、宮本三郎、向井潤吉、藤田嗣治などの洋画家はもとより、横山大観、鏑木清方、川合玉堂などの日本画家など、日本の絵画界の大家が多数含まれている。靖国神社の春秋の例大祭記念として刊行されたことから、同神社祭神である英霊の慰・顕彰と密接に関連していると考えられる。しかし、作品の傾向としては、戦没英霊を慰めるというよりも、彼らによる戦果を示すことによって、その顕彰に力点が置かれていたものと考えられる。[*28] それゆえに掲載作品も主に各年度における日本陸海軍の戦闘や戦果に題材を得たものが中心となるが、一九四三年以降は玉砕の悲壮さや、内地や外地における工業生産、民間防空なども題材にとられるなど、次第にプロパガンダ的な色彩も加えられていっている。また、作品の傾向としては、当初は飯塚玲児や岩田専太郎などによる、挿絵タッチの作品による各戦闘の紹介というスタイルであったものの、年を追うごとに作戦記録画としての美術作品が増加している。

前に見たように、この冊子に載っていて、展覧会に出品されていない作品も多い。また繰り返しになるが、どれほどの作家がどれくらいの数の「戦争画」を描いたのか、そしてその原画はどうなったのか、というような基本的な事柄について、さらに調査を進める必要を感じる。

また、これも前に書いたが、「作戦記録画」の制作目的をあげていた陸軍報道部の山内一郎大尉の同じメモのなかに次のような記述がある。これは四四年三月の「第二回陸軍美術展」のための四三年度の「作戦記録画」制作計画を綴ったもので、作画の目的や画材、そして画家の割り当てなどが書いてあるが、そのなかに「附帯事項」という項目があり、「作家ハ出張中左ノ画材ヲ研究シ軍ノ便宜ニ備フ」として「「靖国之絵巻」ニ適当ナル画材ノ選定」とある。[*29] つまり陸軍報道部は「作戦記録画」制作を委嘱した画家たちに、記録画とは別に『靖国の絵巻』用の作品を描かせていたということになる。であるならば、それぞれの作家の「戦争画」を論じたり考察する際には、この『靖国の絵巻』の作品も考慮にいれなければならないと言えるだろう。[*30]

③「戦争画」と写真について

それぞれの作家が「戦争画」を描くときに、写真を参考にしたりモチーフにしていたことは、当時もまたこれまでの研究においても指摘されているとおり周知の事実である。

そのうち最も有名なものは宮本三郎の《山下・パーシバル両司令官会見図》であろう。これは一九四二年二月に日本軍がシンガポールを攻略し、イギリス軍が降伏する際の両司令官の会見の様子である。これについては写真家の影山光洋が撮影したニュース写真[*31]とその構図がそっくりであって、明らかに写真を参考に描いているのがわかる。[*32]

自身多くの「戦争画」を描いていた石井柏亭は、「戦争画」のなかにはそのように写真を応用した作品が多くみられるが、これはあまりいい現象ではなく、とくに写真のみによって画をこしらえあげるのは狡くもあり骨惜しみであると断じている。[*33]ちなみに宮本の上記の作品については、影山の写真をもとにしているが、宮本自身現地に赴き、パーシバルをはじめ会見に出席した人たちを入念にスケッチして制作したことが知られている。[*34]

戦局が悪化すると、画家たちは自ら前線に行くことはもちろん、前線の写真の入手も不可能になってくるので、たとえば藤田らの「死闘図」も想像図としてアトリエで制作するものとなるのである。つまり「戦争画」は「物語」であり「絵空事」の絵画となる。こうしたことの美術的な評価はいまここでは触れられないが、石井がある意味嘆き、危惧したように、「戦争画」に写真の応用が多いのであれば、具体的にどの作品がどの写真を用いたのかを検証していくことも今後の課題であろう。

なお、先ほどの山内大尉のメモの同じ「附帯事項」のなかに、次のように記してあるので、今後「戦争画」と写真の関係を検証する際の参考になるであろう。[*35]

左記割当ニヨリ新聞紙ヲ通ジ現地画信ヲ寄ス

（朝日）藤田嗣治／伊原宇三郎／小磯良平／鶴田吾郎／柏原覚太郎

（毎日）中村研一／向井潤吉／日名子実三／井上幸

（読売）猪熊弦一郎／栗原信／矢澤弦月／吉岡堅二／笹岡了一

（東京）石井柏亭／伊勢正義／田中佐一郎／高畠達四郎／伊藤悌三

（同盟）宮本三郎／田村孝之介／清水登之／鈴木亜夫／小早川秋聲

おわりに

東京都現代美術館所蔵の「戦争画絵はがき」を中心に、「戦争画」についての考察をしてきた。「はじめに」で述べたように、本稿は美術分野における「戦争画」に関するこれまでの議論や問題提起などをもとに、所蔵する絵はがきの画材についてさまざまな視点から見てきたつもりである。そしてこれに関連して歴史学（近代史）の視点からの一考察も加えた。それは言うまでもなく「戦争画」が戦争、とくに先の大戦のような総力戦という近代史の大きなテーマに関わることであり、美術分野ではあまり触れられていない視点も提起できるのではないかと考えたからである。しかし本稿ではいくつかの点について課題の提起にとどまった。「戦争画」がこれまで美術分野で言われているように、非常に広範な意味をもつものであり、河田氏のいうようにそれは機能による分類だとするならば、先のアジア太平洋戦争に関する歴史学上の諸問題の解明が必須である。しかしこのことに関しても、近年さまざまな、と言うより相対する歴史観に基づく論争が絶えないことは周知のとおりである。美術分野では有名な、たとえば終戦直後の画家の戦争責任論[*36]やあるいは東京国立近代美術館に保管されている一五三点の「戦争記録画」の公開の問題なども、こうした歴史観論争に無縁ではなく、むしろそうした論争の一事例になりかねない難しい問題を含んでいることは明らかである。こうした現状において、本稿の中でも再三言及してきたことだが、まずは当時の膨大な、本稿の中でも四三〇〇点弱と算出した戦争美術品の現況や所在の調査が必須であろう。そのうえで、美術そして歴史学の諸成果をもとに、ひとつひとつの作品や作家に関する事実を丹念に解き明かしていくしかないと思われる。

そのこととは別に、現状下において事実関係を解明していくための課題と思えるものをいくつかあげておきたい。

①戦争画と写真との関係

本稿でも触れたように、写真を模したりモチーフにしている「戦争画」が多いことはその当時からも言われており、実際に陸軍が記録画制作を画家に委嘱するにあたって、参考となる写真の配信割当を各新聞社や通信社に行っていたようである。本稿にも記した記録も手掛かりに、実際に作品と写真との突き合わせが必要であろう。著名な「戦争画」においても、このことによって新たな事実が判明するかもしれない。

②軍部の資料の発掘

いわゆる公式な「戦争画」である「作戦記録画」の制作について、そしてそれを委嘱する画家の選定や、従軍・派遣の過程や実態などについて、軍部の記録をさらに発掘する必要があるだろう。これについてはもちろん多くの戦史資料が焼失・遺失してしまっているので困難なことかもしれないが、「戦争画」の研究には欠かせないことである。[*37]

③とくに朝日新聞社の役割

これも本稿で若干述べたことであるが、当時の戦争美術展覧会の計画や開催、運営に朝日新聞社が大きく関わっていたであろうことは想像に難くない。[*38] 新聞社になんらかの資料が残っているか、あるいはもうほとんど当時の関係者は鬼籍に入られてしまったと思われるが、そういう方々の証言なども残しておきたいところである。

④戦争美術展に出品された作品以外の「戦争画」について

当時の戦争美術展覧会に出品された作品以外にも、画家たちは「戦争画」を描いている。そのひとつは『靖国の絵巻』であり、あるいはそこにも載っていなくて絵はがきにある作品もあった。さらには戦争美術展以外の二科展のような展覧会においても、「戦争画」と言ってよい作品が出品されている。つまり代表的な藤田嗣治や宮本三郎らに限っても、いったいどれくらいの「戦争画」を描いたのかは解明されていないのである。作品の所在調査と並行して、当時の出版物なども丹念に追いながら「戦争画」の発掘をしていくことも必須であろう。

⑤当時の観覧者の受け取り方について

本稿で取り上げた当時の戦争美術展覧会が非常に盛況であったことは事実である。[*39] 記録画制作を委嘱した軍部、描いた画家、展覧会を開催しカタログや絵はがきを制作した協会や新聞社の目的や実態の解明とともに、それらの作品を観覧者がどのように受け取ったのかを明らかにしていくことも非常に重要である。例として藤田の《アッツ島玉砕》の反響については触れられていることが多いが、それ以外はほとんどわからない。これも本稿で若干触れたことだが、軍部や画家など制作する側にとっては、「戦争画」は時期によってその目的や役割が変わり、それに呼応して画材や構図や内容も変わっていったが、ではそれぞれの時において観覧者はそれらをどのように受け取ったのだろうか。とくに太平洋戦争の後期、戦局が圧倒的に不利になり、ついには本土が空襲にさらされるようになって以降、国民は「戦争画」をどのように観ていたのかは非常に興味深いところである。たとえば、一夜にして一〇万人もの犠牲者を出し、下町が壊滅した一九四五年三月の東京大空襲の直後に、その被災地間近である上野の東京都美術館で開催された「第三回陸軍美術展」においてどうだったのであろう。[*40] 当時の新聞記事などを手掛かりに探っていきたい課題である。[*41] なぜならこのことは、戦争協力であるとか、戦争プロパガンダの一翼であるとか、よって画家の戦争責任であるとか、そもそも「戦争画」の美術的あるいは歴史的評価や位置づけに根本的に関わることだからである。

ここに挙げた以外にも、美術分野だけでなく歴史学も含めたさまざまなアプローチによって「戦争画」の研究が進展していくことを期待して本稿を終わりにしたい。

最後に蛇足になるが、一言だけ付け加えておきたい。これまで見てきたように、戦時中記録や戦意高揚のプロパガンダ、あるいは物語としてなど、さまざまな目的や機能により「戦争画」は描かれ続け、そして多くの国民の支持をえた。だが一方で、前線にいる兵士たちの心を最も慰めた絵は、こうした「戦争画」ではなく、故郷の風景や花や草や動物たちや、身近な人たちを描いた絵であった、と。

〔追記〕

選択の瞬間　藤田嗣治の場合

戦争画家の象徴的な存在が藤田嗣治であり、「戦争画」の代表的な作品が彼の《アッツ島玉砕》であることは言を待たないであろう。本文でも述べたが、それまで政府や軍部は戦局をひた隠し、「戦争画」においても相変わらず勇ましく華々しい場面ばかりが「公認」されていたなか、藤田は突如として死屍累々の玉砕図を描き発表したのだった。戦場の悲惨さを知らしめ、一種厭戦気分を醸す効果から、この作品を反戦画と解釈する向きも無くはないが、これは陸軍が「作戦記録画」として藤田に制作を委嘱したものであることからも反戦画でありようがない。先に述べたとおり、「玉砕」という言葉の美談として敵愾心を煽り、戦意高揚のプロパガンダを目的として描かれたことは間違いない。実際は、あたかも「殉教図」のように国民に迎え入れられたのであったが、そのことを含めて藤田自身「快心の作」と語っていた。

そもそも藤田に限らず、戦争画を描いた作家たちがどのような精神性をもって作品を制作していたのかということをここで一々検証はできないが、少なくとも藤田が《アッツ島玉砕》を描くことに、画家としての一種感激性を抱いていたことについての証言や記録は枚挙に暇がない。*42

だが、実は藤田がこうした凄惨な画を描いたのは《アッツ島玉砕》が初めてではなかったということがいくつかの証言から明らかになっている。それは、一九三九年のノモンハンでの戦闘を題材にして描かれた《哈爾哈河畔之戦闘》という画である。一九四一年の聖戦美術展に出品されたその作品は、日本軍兵士がソ連製の戦車を果敢に攻撃、鹵獲せんとしている勇ましい絵柄であり、のちに靖国神社の遊就館へ寄贈され、現在は東京国立近代美術館に収蔵されている。藤田が描いた最初の戦争画としても著名である。しかし、《哈爾哈河畔之戦闘》という題材の絵はもう一枚あり、それは「画面全体をおおうように、そこには赤黒く燃える焔が描かれていた。その下に日本兵の屍が累々と横たわっていた。半裸体になった腹や足には、蠅がとまり蛆虫がはいだしているのさえ見えるその上を、ソ連軍の戦車が冷酷無惨に踏みにじる図」であったと言われている。この絵は、当時はもちろん公開されず、現在でもその消息は明らかでない。数人の目撃証言のある中で、藤田はそのうちのひとりに、「これだけリアリズムのかけるおれの腕をわかってくれればね、それでいいんですよ」と語ったという。

藤田がなぜ《哈爾哈河畔之戦闘》を二枚描かなければならなかったのか。戦争画の研究者である笹木繁男は以下のように推論している。「戦争画に携わる初期から敗戦に至るまで、藤田の戦争画の制作姿勢には一貫して「タテマエ」と「ホンネ」との二面性があったように私には思える。それは彼が絵描きとして戦争画を絵画表現のひとつのジャンルとして考えたことと、スポンサーである軍の戦争画活用との妥協の産物であったことから来ているのかもしれない」[*43]。陸軍がアッツ島守備隊の全滅を玉砕と称し、敵愾心を煽るプロパガンダにいわば転換したとき、「藤田は賭けに出」て、「ホンネ」を堂々と描いたのではないかと、笹木は推測している。「ホンネ」で描ける時期が到来した高揚心を、藤田自身はこう語っている。

戦争画も歴史画も満洲事変から幾年月を経て、ようやく傑作や名作も出て来た。然し絵画は支那事変当時と今回の大東亜戦争とは格段の差があり、名作の数々は国民を深く感動させているが、これは熾烈なる戦争を如実に物語るものであると思う。私はこんどアッツに匹敵する大作を陸軍から依頼され、これは近く軍当局から発表されることと思うが、アッツよりもっともっと凄じい絵を描ける自信と闘志をもっている。[*44]

「アッツよりももっともっと凄まじい絵」とは、一九四四年三月の第二回陸軍美術展で発表された《血戦ガダルカナル》のことであろう。

終戦後、道義的な戦争責任を追求され、藤田は一九四九年に渡米。その後フランスに渡り、キリスト教の洗礼をうけ、レオナール＝フジタと名乗った彼は、二度と日本の土を踏むことはなかった。渡米にあたり彼は記者たちに対し、「絵かきは絵だけ描いてください」、「仲間けんかはやめてください」、「日本画壇は早く世界的水準になってください」などと語り、夫人には「日本を捨てたのではない。捨てられたのだ」と語っていたという。[*45]

華々しい戦果から、「玉砕」を美談に仕立てあげるという転換をした陸軍のプロパガンダに、ようやく「ホンネ」を描けるとある意味勇躍したであろう藤田。彼にとっては迷いのない「選択」であった《アッツ島玉砕》が、それを見た当時の日本人の精神性にどれほどの影響を与えたのかはなかなか捉えにくいが、決して軽微なものではなかったと思われる。それを考えるとき、渡米の際、彼が記者たちに語ったという言葉は、やはり首肯できないところがある。藤田嗣治の評価（再評価）は難しい。

註

＊1　たびたび取り上げられていることであるが、もう一度整理しておくと次のような経緯があった。

発端は終戦直後の一九四五年一〇月一四日付『朝日新聞』の投書欄に、画家の宮田重雄が「美術家の節操」と題して掲載した一文だった。この中で宮田は、都民の文化的慰安を兼ねた占領軍のための美術展に、藤田嗣治や鶴田吾郎らが出品すると聞いて、戦時中は率先して軍部に協力しておきながら舞台が一変すると厚顔にも衣装を替えて幕開きに登場することは、「その娼婦的行動は、彼ら自身の恥のみならず、美術家全体の面汚しだ」と激しく非難したのである。藤田と鶴田は後日同じ朝日新聞にそれぞれ宮田への抗議文を寄せた。ひとつはその展覧会に直接は藤田も鶴田も関わっていないし出品もしないという事実と、戦時中は国民としての義務を果たしたに過ぎないという趣旨だった。これに対して宮田は、事実誤認については謝罪したうえ、それでも戦争画を描かなくても国民の義務を果たす道はあったのであって、戦争画の制作動機に、軍国主義的な感激が全然なかったとは考えられないと再び反論したのである。この論争は一応これで終わった。

＊2　戦後発足した日本美術会が一九四六年の総会において、藤田や鶴田、伊原宇三郎、中村研一、宮本三郎らを「戦犯画家」に指名し、七月五日付の「日本美術会報」第三号にそのリストを掲載、藤田に対しては会の書記長であった内田巖が直接決議を突き付けたというものである（中村義一『続日本近代美術論争史』求龍堂、一九八二年、針生一郎「戦後の戦争美術―論議と作品の運命―」、針生一郎・椹木野衣・蔵屋美香・河田明久・平瀬礼太・大谷省吾編著『戦争と美術１９３７―１９４５』国書刊行会二〇〇七年などに詳しい）。

しかしこれについては、一旦は日本美術会が加盟していた民主主義文化連盟の要請に基づき戦犯リストを作成したが、連盟が方針転換したため七月一〇日付の「日本美術会報」第三号でリストを撤回している。また日本美術会ではそのような決議をした事実はなく、内田が藤田を訪問したのは確かだが、ふたりの間でどのような話があったのかは「藪の中」であり、画家の戦争責任論についてはむしろ内田と日本美術会がスケープゴードにされたという意見もある（北野輝「藤田嗣治と戦争責任問題」『美術運動』No.

一三四、日本美術会、二〇〇七年）。

＊3　平瀬礼太「戦争画の行方1945～現在」（針生一郎ら編著、前掲書、所収）に詳しい。

＊4　先に挙げた文献のほか、「戦争と美術　戦争画の史的土壌」（『美術手帖』一九七七年九月号）、針生一郎『戦後美術盛衰史』（東京書籍一九七九年）、菊畑茂久馬『天皇の美術　近代思想と戦争画』（フィルムアート社、一九七八年）、田中日佐夫『日本の戦争画その系譜と特質』（ぺりかん社、一九八五年）、特集「戦争画を考える」（『美術の窓』一九九一年八月号）、「カンヴァスが証す画家たちの「戦争」」（『芸術新潮』一九九五年八月号）、『朝日美術館テーマ編1　戦争と絵画』（朝日新聞社、一九九六年）、丹尾安典・河田明久『岩波　近代日本の美術一　イメージのなかの戦争』（岩波書店、一九九六年）など。また註＊5にあげる新潟県立近代美術館の展覧会図録において、長嶋圭哉氏が「「戦争美術」研究小史」の中で「戦争画」に関する研究史と主要文献を詳述している。

＊5　板橋区立美術館「日本のルポルタージュ・アート」展（一九八八年）、いわき市立美術館「戦争の刻印と鎮魂―戦後美術の原像―」展（一九八八年）、宮城県美術館「昭和の絵画　第2部　戦争と美術」展（一九八九年）、東京国立近代美術館「昭和の美術」展（一九八九年）、練馬区立美術館「昭和日本画の軌跡　1930～50年代」展（一九九三年）、姫路市立美術館「美術と戦争」展（二〇〇二年）、東京国立近代美術館「未完の世紀―二〇世紀美術がのこすもの―」展（二〇〇二年）、新潟県立近代美術館「昭和の美術　1945年まで―〈目的芸術の軌跡〉―」展（二〇〇五年）など。

＊6　東京国立近代美術館の「戦争記録画」については、同館ＨＰの「独立行政法人国立美術館所蔵作品総合目録検索システム」で一五三点のリストを確認できる。なおそのなかの一部ではあるが、画像も公開されている。画像公開されているのは、石井柏亭、伊原宇三郎、川端實、佐藤敬、清水登之、福田豊四郎、宮本三郎、吉岡堅二らである。藤田嗣治、小磯良平、鶴田吾郎らの画像は公開されていない（二〇一〇年三月一日現在）。

＊7　「作戦記録画」の呼称は一九四一年に陸海軍の公式戦争画の呼称として使われ始めているが、どのような規定に基づいていつ定められた用語かは判然としない。四一年の「第二回聖戦美術展」の目録では「作戦記録画」の語が出ているが、同展の開催を予告、宣伝する『朝日新聞』の記事では「陸軍省特別陳列献納画」とか「陸軍省貸下げ従軍画」、「聖戦画」、「陸軍省所蔵戦争画」などとあって呼称が一定していない（河田明久「「作戦記録画」小史1937～1945」針生一郎ら編著『前掲書』所収）。

＊8　田中日佐夫「戦争と絵画」（『朝日美術館』前掲書所収）。

＊9　座談会「戦争画と芸術性」（『美術』八号、一九四四年）に所収されている。なおこの座談会の出席者は以下のとおりである。

大本営陸軍部　陸軍中佐　秋山邦雄
陸軍大尉　山内一郎
嘱託　山脇巌
森口多里、田中一松、柳亮、江川和彦、田近憲三、今泉篤男、谷信一、富永惣一、大口理夫

＊10　佐賀朝「戦時下都市における食糧難・配給・闇」（『戦争と平和：大阪国際平和研究所紀要』第二号、一九九三年）。

＊11　河田明久前掲論文（針生一郎ら編著『前掲書』所収）。

＊12　田中日佐夫前掲論文。

＊13　河田明久前掲論文のほか、増子保志「〝彩管報国〟と戦争記録画―戦争と美術（2）―」（『日本大学大学院総合社会研究科紀要』№七、二〇〇六年）を参照。たとえば鶴田吾郎は、いったんは陸軍から断られたが、地方通信社五社の通信員の肩書を得ることでようやく従軍が認められた（鶴田吾郎『半世紀の素描』中央公論美術出版、一九八二）。また向井潤吉は完全に個人の資格による従軍で費用も自弁だった（瀧悌三「二科七〇年史　物語編」『二科七〇年史1914―1943』二科会、一九八五年）。

＊14　また「航空報国」のための団体として一九四一年には大日本航空美術協会が設立され、四一年から四三年まで九月の航空記念日を中心に三回の航空美術展を開催している。主催には朝日新聞社が入っており、陸軍と海軍は後援である。周知の通り当時日本には独立した空軍は存在せず、陸海軍がそれぞれに航空隊を擁していたので両軍が後援となっていたのだろう。協会には藤田嗣治、小磯良平、向井潤吉、清水登之、田村孝之介などの洋画家のほか、伊東深水や山口蓬春などの日本画家も名を連ねている。ただし航空美術展には公式な記録画は出品されていない。

＊15　河田明久前掲論文。

＊16　東京文化財研究所美術部編『昭和期美術展覧会出品目録：戦前編』（中央公論美術出版、二〇〇六年）の「陸軍美術協会」主催展覧会の解説による。

＊17　『朝日新聞』一九四三年八月三一日付。新聞記事を抜き出すとこう記してある。

忠魂の血戦をしのぶこの巨作は藤田嗣治画伯の力作になるもので、二百号の画板に描かれた戦闘図は山崎部隊長の軍刀一閃、百数十名の勇士らが一塊の火の玉となって米軍陣地に突入したあの夜、五月二十九日夜半の格闘で、文字通り血河屍山、累々たる敵屍をふんまへ、血しぶきあびる山崎部隊長以下の神兵らの形相はいづれも七生滅賊の怒りに燃えたぎっている。

この大作は戦争記録画として藤田画伯にとって会心の傑作であるが血しぶきをあびる白兵戦肉弾戦の絵はわが画壇の嚆矢とされ

ている。八月初旬から筆をとりあげ二十二日目の去る二十九日、奇しくも勇士らの命日に完成、直ちに三十日陸軍省を訪れ菅井高級副官に献納の目録を贈った。斎戒沐浴した画伯は毎日十三時間ぶっ通しで暑気こもるアトリエ内で精進の筆をすすめたといふ苦心の力作である。

＊18 『朝日新聞』一九四三年八月二九日付。

＊19 野見山暁治「戦争画とその後―藤田嗣治―」(『四百字のデッサン』河出書房新社、一九七八年)。

＊20 これについては註＊2を参照。

＊21 「序」(『大東亜戦争美術』朝日新聞社、一九四三年)。

＊22 河田明久前掲論文。

＊23 二〇〇六年(平成一八)に宇都宮美術館ほか四館で開催された「構造社展」に関連して、戦争と美術をめぐる討論会における大谷省吾氏(当時東京国立近代美術館学芸員)の発表より。

＊24 河田明久前掲論文。

＊25 構図が後ろ姿になることについて、田中日佐夫氏は別の見方をしている。すなわち、従軍画家といっても兵士とともに戦場を駆け回るわけではなく、写真家にしても味方の隊列の前に出て、敵に背を向けて写真を撮ることはほとんど不可能である。また戦死する兵士の姿を撮影しても、軍によって掲載不許可になるのは目に見えていた。前進する兵士たちを背後から描いている画が多いのはこうした理由であろう、と述べている(田中日佐夫前掲論文)。

＊26 日中戦争の目的や大義名分についてもやはり複雑であり、さまざまな考察がある。加藤陽子氏の指摘するところでは、当時の軍部や政府は、この戦争の目的は領土的侵略や経済的利益を得るためではなく、国際不法行為を犯している中国に対する「報償」、すなわち不法行為を止めさせるための実力行使であってなんら違法ではないと考えていた。一方でとくに陸軍の主眼はあくまで対ソ戦であって、そのために日中戦争の初期にあっては中国との戦闘を軽く見ていたふしがある。それは現役兵を中心とした精鋭はあくまで対ソ戦に備えて満州に温存したため、中国派遣軍の兵の多くが後備役の錬度の低い構成になり、それが軍紀や士気にも影響したことなどにも見て取れる。「事変」の事由や正当性を「報償」として強調し、国民に訴え煽動する一方で、軍部自身が対中国戦に正対していないという矛盾を突いたのが、一九四〇年二月の民政党議員・斎藤隆夫の「反軍」演説であった。斎藤の演説は、「聖戦」という欺瞞的な美名だけでは戦闘で死んだ兵士たちは浮かばれない、という国民感情に呼応するものだった。また帰還兵の話や従軍兵士の日記や手紙などからも、いったいこの戦争は何のためにやっているのか、という疑念が人々の間に湧くのも当然とい

う状況であったのである（加藤陽子『満州事変から日中戦争へ　シリーズ日本近現代史⑤』（岩波新書、二〇〇七年）。

＊27　清沢洌『暗黒日記』（岩波文庫、一九九〇年）、高松宮宣仁『高松宮日記７』（中央公論社、一九九七年）などによる。

＊28　『朝日新聞』の記事によれば、「靖国神社の臨時大祭を目前にひかえ、合祀の栄誉に浴する新祭神の参列遺族に洩れなく贈る」とある（『朝日新聞』一九四三年一〇月一〇日付）。

＊29　前掲陸軍報道部文書。

＊30　東京都現代美術館の美術図書室には一九四二～四四年の春秋の大祭時の『靖国の絵巻』が所蔵されている。

＊31　『朝日新聞』一九四二年二月二〇日付。

＊32　田中日佐夫前掲論文。アングルと画家の視線は同じ角度である。しかし、宮本の画にある壁にたてかけたユニオンジャックと白旗は写真にはなく、また特に山下以下日本側の幕僚たちの配置がだいぶ整理されている。

＊33　石井柏亭「写真の応用」（同『美術の戦』所収、宝雲社、一九四三年）。石井のこの著述には興味深いことが書かれている。まずなぜ写真を利用しているのがわかるかと言うと、「写形明暗が写実的でありながら、色彩が非写実的で且つ単調であるから」である。石井は写真の助けを借りて描くことを全面的に否定しているわけではないが、写真だけで画をこしらえてしまうのは狡くて骨惜しみだと言う。さらに、「若し其の写真が芸術写真である場合は、それを盗用した画家を相手どって其の写真家から著作権侵害の訴訟を起される可能性もあるが、大抵がニュース写真等であるために今日までさう云う問題は幸いにして起らなかった」とも書いている。当時としては卓見だが一方でニュース写真の著作権は認識していないようである。これは後の脚注に記すが、当時いわゆる戦争プロパガンダ写真を撮り発表していた写真家たちが、写真界全体も含めて戦争責任に関して全く無関心であり、戦後、業界からも外部からも何ら論議が起こらなかったことと無関係ではないだろう。画家である石井をして斯様ならば、一般的には写真の著作権、言い換えれば作家性というものはほとんど認識されていなかったと考えられる。ゆえにその間の業績についても画家や文学者のように芸術家、表現者としての責任論が起こり得なかったのだと言えないだろうか。

＊34　『宮本三郎南方従軍画集』（陸軍美術協会、一九四三年）。

＊35　前掲陸軍報道部文書。

＊36　画家の戦争責任に関しては、本文の「はじめに」と註＊１・２において経緯を簡単に記したが、本稿ではそれ以上はとくに触れなかった。また「戦争画」と写真との関係については今後解明すべき課題としてあげたが、写真家と戦争との関わりを論じた近著に印象深いものがあったので、本稿の目的とはずれるが紹介しておく。近書は写真ジャーナリストの岡井耀毅著の『昭和写真劇場』

（成甲書房、二〇〇八年）という著書である。この中の「昭和写真とオプティミズム」という論考において岡井氏はこのように述べている。

文学においては、戦争責任が深刻に問われたが、写真界ではついぞそうした動きにはかかわり合わず、戦争協力の第一人者であったような写真家たちがしごく当然な形で復興した戦後のフォトジャーナリズムにはなばなしく活躍した。こうした行為を鉄面皮とか厚顔無恥とかいうのはやさしいが、どうやら事態はそのような情緒的な次元にあるのではなく、構造的なオプティミズムに内在するのではなかろうかと思える。つまり「戦争責任」のような主体的な免罪を証明するためにみずからの表現生命を賭けるような緊張はおよそ考えも及ばないことで、すべては他人事の従属意識の経験則に支配されてきたと言えるだろう。

岡井氏はこのように述べ、戦時中に国策の海外宣伝誌『FRONT』の刊行に従事した木村伊兵衛や伊奈信男、原弘らはある意味「徴用のがれ」で戦時下の「甘い汁」をたよりにしたと批判する。

かれらにとって戦争目的などどうでもよく、「技術」だけが独り歩きしていた。（中略）彼らが戦後ただちに文化社をつくって戦後民主主義の旗の下にいち早く馳せ参じようとしたのも、「主体」抜きの「技術」のみの世すぎ身すぎであれば、なるほど戦争協力など片々たる過去のやむをえざる成りゆきであって、良心の痛みなどさらさらなく、まさに「技術への盲愛」こそ戦争への対応においても「隠れ蓑」になりえたのではなかったろうか。

と手厳しい。前の石井柏亭の著述にも見られるように、当時の写真とくに報道写真は著作物でも芸術でもなく、写真家も単なる技術者であって著作者、芸術家ではないので、主体的な戦争責任とは無縁であると自他共に認識していたということであろう。他者はともかく、写真家自身が本当に無自覚であったかどうかは疑問もあるが、画壇とくに洋画壇における戦争責任の論争についても、こうした他の芸術文化の分野における状況を視野にいれることが有効かもしれない。

＊37　国立公文書館アジア歴史資料センターの web 上で閲覧できる資料として、防衛省防衛研究所が所蔵している若干の資料の確認ができる。

ひとつは、一九三八年四月二八日付陸軍省新聞班から杉山元陸相宛ての「船舶便乗ノ件願」で、

左記ノ者上海畑部隊報道部嘱託トシテ赴任可致ニ付御用船便乗方許可相成度此段及願出候也

左　記

畑部隊嘱託　　中村研一

同　南　政善
同　朝井閑右衛エ門
同　向井潤吉
同　脇原　和
同　柏田覚太郎
同　江藤純平
同　小磯良平

という文書である。なおこの件は許可となり五月二日付で副官から陸軍運輸部長宛てに「取計相成度」という通牒が出されている。これは、現地軍からの招致画家の渡航に関して陸軍省が便宜を図ったもので、この成果は翌三九年七月の「第一回聖戦美術展」で作品が発表されている。

また、一九四二年四月一二日付の「南方派遣画家ニ対スル資金供給方ニ関スル件」に対する副官より報道部長宛ての通牒案という文書には、

御府献納画及大東亜戦争献納記録画製作ノ為メ南方作戦地ニ派遣スル画家団ノ所要外貨軍票一万五千圓ハ西貢ニ於テ岡集団ヨリ該画家団代表　藤田嗣治宛交付スル如ク取計オキタルニ付承知相成度　追テ右交付額ト同額ハ右作家団ヨリ貴部ニ於テ取纏メ大臣官房陸軍主計中佐ニ味久宛至急納付セラレ度

とある。これは一九四二年四月の画家派遣に関わる文書だが、その絵画制作目的が御府献納画すなわち皇室への献納目的であったことを裏付ける文書として重要である。なお記録画の御府献納に関しては、河田氏が前掲論文のなかで若干の考察をしている。

さらにこの一万五千円の支出の仕方として、副官から現地の岡部隊総参謀長宛ての電報案として、

一、貴軍保有軍票前渡資金中ヨリ一万五千圓ヲ機密費トシテ使用方認可セラル依命
　本費ハ4月7日頃貴地着予定ノ陸軍省ヨリ派遣スル御府献納画並令次戦争記録画製作団代表　藤田嗣治ニ交付スヘキ分ニシテ之カ整理ハ陸亜機密電第五号ニ依ル

という文書から、その費用は機密費として現地軍保有の軍票から資金前渡していたことがわかる。

このように記録画の制作にあたって軍当局がなにかと便宜を図り画家たちを厚遇していた様子が伺えるが、一方でこんなこともあった。同じく四二年七月二一日、こんどは現地軍林集団参謀長から高級副官あての電報で、

当軍ニ派遣画家田村孝之介ハ来緬セルモ軍ニ連絡ナク従ツテ其ノ作品内容ニ就テハ全ク当軍関知セザル所ニシテ事献納並ニ記録画ノコトニ属シテハ軍ノ将兵精神ヲ代表スベキモノナルニ付献納ヲ申出ヅルモ受理セサル如ク取計ハルルト共ニ今後派遣セラルル画家ハ人格並ニ技両共ニ自他共認ムルモノヲ派遣アリ度　追ツテ献納及記録画ニ就テハ和田画伯ヨリ直接承知セルモ右ニ関スル規定並ニ今後ノ人選等未ダ受領シアラザルニ付至急送付アリ度

とある。派遣した陸軍中央と現地軍そして画家の間の連絡不備ということになるのか、あるいは田村孝之介個人の問題なのかは分かりかねる。結果的にはこの派遣の成果は四二年一二月の「第一回大東亜戦争美術展」において作品が発表されることになるが、田村の《ビルマ蘭貢爆撃》も出品されていることから、陸軍中央が現地を取りなしたのであろう。

これらは軍事史料の一部にすぎず、さらに丹念に調査を行う必要がある。

＊38　鶴田吾郎の戦後の回想によれば、一九四二年一二月の「第一回大東亜戦争美術展」に出品するための記録画の制作とそのための画家の南方への派遣を陸海軍に要請したのは朝日新聞の当時の事業部長である木村氏であったという。派遣画家の選択は藤田嗣治に任された。そして派遣先のシンガポールでは朝日新聞支局の世話になったと述べている（鶴田吾郎前掲書）。

＊39　たとえば一九四二年の記録画展覧会について、前掲陸軍報道部文書によれば、「入場者総数三百八拾五万四千人新聞写真雑誌写真其他ヲ以テ複製シ公開シタル延点数二百十二点ニシテ一般国民ニ与ヘタル精神的影響ハ展覧会入場者ノ実数ニ照合シテモ明確ニシテ該入場者総数ハ文部省美術展覧会ノ延入場者員ノ約十倍ニ達シアリ」とその成果をあげている。

＊40　一九四五年六月二七日付陸軍美術協会発会員宛書簡（跡見学園女子大学図書館、奥瀬英三資料）によれば、「連日の空襲下にも不拘短時日間よく三万数千の観覧者を吸収して異常なる成功を収めた」とあり、主催者さえも驚くほどの盛況であったことがわかる。これについて河田氏は前掲論文のなかで、「これらの数字は戦争末期の戦争画が、人々にとってある種の必需品であったことを示唆している。要するに、現実が苛烈であればあるほど、送り手のみならず、受け手の側でも「物語」はますます手放し難かったということだろう」と論じている。

一方でとくに本土空襲が日常的となって以降、国民の軍や政府に対する不信感は高まり、厭戦機運が台頭してきていたことも、当時の憲兵司令部の史料などから指摘されている（吉田裕前掲書）。このことから、入場者数という数字だけでなく、とくに受け手側が「物語」をどのように受け取っていたのか、あるいはそこにどのような「物語」を自ら重ね合わせていたのかをさらに考察することが必要であろう。

＊41　一九四五年四月一三日付『朝日新聞』には、「作品の前に立つ人々の顔には、目で絵を見ようとするのではなく、心にこれを掴み

取ろうとする真剣な色がうかがわれる。なかでも藤田嗣治画伯の《サイパン島同胞臣節を完うす》の前など、人々は悲憤の涙をとめ得ないでいた—勝たねばならぬ、サイパンの同胞はかくの如くして臣節を全うしたのだ—誰の胸にもいよいよ固い決意が湧くのである」と書かれている。主催者であることを割り引いても参考にはなるだろう。

*42 たとえば藤田は戦争画の制作について、以下のように述べている。

僕は戦争がなかったら戦争画を描かなかったかも知れぬが、戦争になって初めて戦争画に教えられるものが多かった。というのは、戦争画になって今までの勉強の幅が狭かった点が判ったし、ベラスケスやドラクロアという巨匠によって始めて戦争画の傑作が出来るほどである。（略）戦争画は空の奥行から、空の広さ、或は風力、温度又人間の総ての活動の精神まで描くことになる。そうした総ての兵器は生き物であり、花一つにしても、死者の傍に咲いて居る花と花瓶に挿した花とは違うのだから、其処まで突き止めるのは大変だ。それを戦争画で初めて教わった。背水の陣を布いて本当の勉強をしなければならぬと思った。今興りつつある美術、将来発展すべき美術が、既に今日この決戦下に生れつつあるような気がする。僕たちは今までの画をみんな捨てて此処で本当に勉強しなければならぬと思う（『画壇』第二三号、座談会「戦争と美術」における発言）。

*43 「藤田嗣治と戦争画」二〇〇〇年八月九日付読売新聞夕刊。

*44 一九四三年一一月一一日付「東奥日報」でのインタビュー記事。

*45 船戸洪吉『画壇—美術記者の手記—』（美術出版社、一九五七年）。

絵はがき裏面（画面）のテキスト	絵はがき表面（宛名面）のテキスト・発行等	備考
	陸軍美術協会発行	陸軍作戦記録画
	陸軍美術協会発行	陸軍作戦記録画
	陸軍美術協会発行	陸軍作戦記録画
	陸軍美術協会発行	陸軍作戦記録画
	陸軍美術協会発行	陸軍作戦記録画
	陸軍美術協会発行	陸軍作戦記録画
	陸軍美術協会発行	陸軍作戦記録画
	陸軍美術協会発行	陸軍作戦記録画
	陸軍美術協会発行	陸軍作戦記録画
	陸軍美術協会発行	陸軍作戦記録画
	陸軍美術協会発行	陸軍作戦記録画
	陸軍美術協会発行	陸軍作戦記録画
	陸軍美術協会発行	陸軍作戦記録画
	陸軍美術協会発行	陸軍作戦記録画
	陸軍美術協会発行	陸軍作戦記録画
	陸軍美術協会発行	陸軍作戦記録画
	陸軍美術協会発行	
	陸軍美術協会発行	
	陸軍美術協会発行	
	陸軍美術協会発行	
	陸軍美術協会発行	
	陸軍美術協会発行	
	陸軍美術協会発行	
	陸軍美術協会発行	
	陸軍美術協会発行	
	陸軍美術協会発行	
	陸軍美術協会発行	
	陸軍美術協会発行	
第二回聖戦美術展	陸軍美術協会発行	陸軍美術協会賞
	陸軍美術協会発行	
	陸軍美術協会発行	
	陸軍美術協会発行	
	陸軍美術協会発行	
	陸軍美術協会発行	
	陸軍美術協会発行	
	陸軍美術協会発行	
	陸軍美術協会発行	
	陸軍美術協会発行	
	陸軍美術協会発行	
	陸軍美術協会発行	
	陸軍美術協会発行	
	陸軍美術協会発行	

付表　東京都現代美術館所蔵の「戦争画絵はがき」リスト

No.	作家名	作品名	展覧会名	年代
1	伊原宇三郎	仏印サイゴンに於ける艦上の停戦協定	第二回聖戦美術展	1941
2	栗原信	居庸関	第二回聖戦美術展	1941
3	小磯良平	娘子関を征く	第二回聖戦美術展	1941
4	清水良雄	杭州南星橋碼頭に於ける鹵獲品陸揚	第二回聖戦美術展	1941
5	田中佐一郎	転進	第二回聖戦美術展	1941
6	田村孝之介	盧溝橋	第二回聖戦美術展	1941
7	中村研一	花に餇う[蒙彊機械化部隊]	第二回聖戦美術展	1941
8	硲伊之助	臨案攻略図	第二回聖戦美術展	1941
9	橋本八百二	征く光	第二回聖戦美術展	1941
10	藤田嗣治	哈爾哈河畔の戦闘（左）	第二回聖戦美術展	1941
11	藤田嗣治	哈爾哈河畔の戦闘（右）	第二回聖戦美術展	1941
12	藤田嗣治	古北口総攻撃	第二回聖戦美術展	1941
13	宮本三郎	南苑攻撃図	第二回聖戦美術展	1941
14	川崎小虎	南口攻略戦図	第二回聖戦美術展	1941
15	川端龍子	八達嶺長城線の攻撃図	第二回聖戦美術展	1941
16	吉村忠夫	突撃隊（忻口鎮攻撃図）	第二回聖戦美術展	1941
17	足代義郎	開墾	第二回聖戦美術展	1941
18	洗春海	山岳を征く	第二回聖戦美術展	1941
19	池田實人	宣撫サレル良民	第二回聖戦美術展	1941
20	井上幸	皇恩	第二回聖戦美術展	1941
21	大野隆徳	攻撃後間もなき漢江碼頭	第二回聖戦美術展	1941
22	大山英夫	静カナル午後（ホロンバイル）	第二回聖戦美術展	1941
23	大和田富子	征途を前に	第二回聖戦美術展	1941
24	岡田行一	戦陣訓	第二回聖戦美術展	1941
25	片岡銀蔵	漢口作戦	第二回聖戦美術展	1941
26	加藤久幹	進撃	第二回聖戦美術展	1941
27	川島理一郎	萬壽山	第二回聖戦美術展	1941
28	熊岡美彦	古塔回春	第二回聖戦美術展	1941
29	熊野禮夫	兵器整備	第二回聖戦美術展	1941
30	斎藤求	都市空地農作	第二回聖戦美術展	1941
31	境保博	皇軍の連勝	第二回聖戦美術展	1941
32	笹岡了一	入城（晉南戦線所見）	第二回聖戦美術展	1941
33	佐々貴義雄	憩い	第二回聖戦美術展	1941
34	佐藤一章	蘇州	第二回聖戦美術展	1941
35	塩月桃甫	サヨンの鐘	第二回聖戦美術展	1941
36	清水登之	盧山東孤嶺ニ於ケル津田部隊奮戦之図	第二回聖戦美術展	1941
37	白石隆一	長城の秋	第二回聖戦美術展	1941
38	鈴木栄二郎	サヨンの鐘	第二回聖戦美術展	1941
39	高田武夫	開封農家ヨリ望ム繁塔	第二回聖戦美術展	1941
40	高田廣喜	前線へ	第二回聖戦美術展	1941
41	高光一也	暁の遥拝	第二回聖戦美術展	1941
42	鶴田吾郎	前線に到着せる精鋭	第二回聖戦美術展	1941

絵はがき裏面（画面）のテキスト	絵はがき表面（宛名面）のテキスト・発行等	備考
	陸軍美術協会発行	
	陸軍美術協会発行	
	陸軍美術協会発行	
	陸軍美術協会発行	
	陸軍美術協会発行	
	陸軍美術協会発行	
	陸軍美術協会発行	
	陸軍美術協会発行	
陸軍大臣賞	陸軍美術協会発行	陸軍大臣賞
	陸軍美術協会発行	
朝日新聞社賞	陸軍美術協会発行	朝日新聞社賞
	陸軍美術協会発行	
	陸軍美術協会発行	
	陸軍美術協会発行	
	陸軍美術協会発行	
	陸軍美術協会発行	朝日新聞賞
	陸軍美術協会発行	
	陸軍美術協会発行	
	陸軍美術協会発行	
陸軍美術協会賞	陸軍美術協会発行	陸軍美術協会賞
	陸軍美術協会発行	陸軍大臣賞
国民総力決戦美術展覧会	昭和拾八年拾月七日	陸軍作戦記録画
決戦美術展覧会	昭和拾八年拾月七日	
決戦美術展覧会	昭和拾八年拾月七日	
国民総力決戦美術展覧会	昭和拾八年拾月七日	
決戦美術展覧会	昭和拾八年拾月七日	朝日新聞社賞
決戦美術展覧会	昭和拾八年拾月七日	陸軍美術協会賞
第二回大東亜戦争美術展／海軍省貸下／海軍報道班員	陸軍省海軍省情報局後援朝日新聞社主催第二回大東亜戦争美術展覧会絵葉書	海軍作戦記録画
第二回大東亜戦争美術展／海軍省貸下	陸軍省海軍省情報局後援朝日新聞社主催第二回大東亜戦争美術展覧会絵葉書	海軍作戦記録画
大東亜戦争陸軍作戦記録画（陸軍省貸下）	陸軍美術協会発行	陸軍作戦記録画
大東亜戦争陸軍作戦記録画（陸軍省貸下）	陸軍美術協会発行	陸軍作戦記録画
大東亜戦争陸軍作戦記録画（陸軍省貸下）	陸軍美術協会発行	陸軍作戦記録画
大東亜戦争陸軍作戦記録画（陸軍省貸下）	陸軍美術協会発行	陸軍作戦記録画
大東亜戦争陸軍作戦記録画（陸軍省貸下）	陸軍美術協会発行	陸軍作戦記録画
大東亜戦争陸軍作戦記録画（陸軍省貸下）	陸軍美術協会発行	陸軍作戦記録画
大東亜戦争陸軍作戦記録画（陸軍省貸下）	陸軍美術協会発行	陸軍作戦記録画
大東亜戦争陸軍作戦記録画（陸軍省貸下）	陸軍美術協会発行	陸軍作戦記録画

No.	作家名	作品名	展覧会名	年代
43	長坂春雄	機関銃兵	第二回聖戦美術展	1941
44	長谷川一陽	敵眼下ニ在り	第二回聖戦美術展	1941
45	早見晴夫	慰問袋発送	第二回聖戦美術展	1941
46	藤島武二	黄浦江を望む	第二回聖戦美術展	1941
47	二重作龍夫	親日教育	第二回聖戦美術展	1941
48	増田常吉	暁の食事	第二回聖戦美術展	1941
49	松林義英	聖恩無辺（蘇州風景）	第二回聖戦美術展	1941
50	南薫造	相馬野馬追	第二回聖戦美術展	1941
51	南政善	砲列布置	第二回聖戦美術展	1941
52	向井潤吉	待機	第二回聖戦美術展	1941
53	山本日子士良	戦野のオアシス	第二回聖戦美術展	1941
54	山本日子士良	雪中の弾薬輸送	第二回聖戦美術展	1941
55	福田豊四郎	武漢再見（右）	第二回聖戦美術展	1941
56	吉岡堅二	雨中急追	第二回聖戦美術展	1941
57	小島一谿	太原早西門	第二回聖戦美術展	1941
58	中野四郎	博愛の使徒	第二回聖戦美術展	1941
59	吉田三郎	先發	第二回聖戦美術展	1941
60	塩野達郎	宣撫	第二回聖戦美術展	1941
61	染浦三郎	嵐の敵前上陸（北海作戦）	第二回聖戦美術展	1941
62	松岡寛一	朝ノ英霊	第二回聖戦美術展	1941
63	鬼頭鍋三郎	小休止	第一回陸軍美術展	1943
64	藤田嗣治	アッツ玉砕	国民総力決戦美術展覧会	1943
65	内田巌	飛行場建設に挺身する学生報国隊	国民総力決戦美術展覧会	1943
66	小早川篤四郎	◯部隊の馬来再建	国民総力決戦美術展覧会	1943
67	笹鹿彪	造船	国民総力決戦美術展覧会	1943
68	鳥居敏	鉱山に働く	国民総力決戦美術展覧会	1943
69	大石哲路	選鉱場に働く女	国民総力決戦美術展覧会	1943
70	三田康	レンネル島沖海戦	第二回大東亜戦争美術展覧会	1943
71	三輪晁勢	シラキ夜襲戦	第二回大東亜戦争美術展覧会	1943
72	伊勢正義	九龍城門貯水池二五五高地の奮戦	第二回陸軍美術展	1944
73	伊原宇三郎	香港に於ける酒井司令官、ヤング総督の会見	第二回陸軍美術展	1944
74	小磯良平	日緬条約調印図	第二回陸軍美術展	1944
75	笹岡了一	コレヒドール猛砲撃	第二回陸軍美術展	1944
76	小磯良平	ビルマ独立式典	第二回陸軍美術展	1944
77	清水登之	汪主席と中国参戦	第二回陸軍美術展	1944
78	鈴木良三	患者後送と救護班の苦心	第二回陸軍美術展	1944
79	藤田嗣治	神兵の救出到る	第二回陸軍美術展	1944

絵はがき裏面（画面）のテキスト	絵はがき表面（宛名面）のテキスト・発行等	備考
大東亜戦争陸軍作戦記録画（陸軍省貸下）	陸軍美術協会発行	陸軍作戦記録画
大東亜戦争陸軍作戦記録画（陸軍省貸下）	陸軍美術協会発行	陸軍作戦記録画
	陸軍美術協会発行	
	陸軍美術協会発行	おそらくは 1942 年発行の「大東亜戦争絵葉書」
	陸軍美術協会発行	おそらくは 1942 年発行の「大東亜戦争絵葉書」
	陸軍美術協会発行	おそらくは 1942 年発行の「大東亜戦争絵葉書」
	陸軍美術協会発行	おそらくは 1942 年発行の「大東亜戦争絵葉書」
	陸軍美術協会発行	おそらくは 1942 年発行の「大東亜戦争絵葉書」
	陸軍美術協会発行	おそらくは 1942 年発行の「大東亜戦争絵葉書」
	陸軍恤兵部発行	
平尾賛平氏出品	第五回海洋美術展覧会／朝日新聞社発行	
大東亜共栄圏写生画集		
大東亜共栄圏写生画集		
大東亜共栄圏写生画集		
大東亜共栄圏写生画集		
大東亜共栄圏写生画集		
大東亜共栄圏写生画集		
大東亜共栄圏写生画集		
大東亜共栄圏写生画集		
大東亜共栄圏写生画集		
大東亜共栄圏写生画集		
大東亜共栄圏写生画集		
大東亜共栄圏写生画集		
大東亜共栄圏写生画集		
大東亜共栄圏写生画集		
大東亜共栄圏写生画集		
大東亜共栄圏写生画集		

No.	作家名	作品名	展覧会名	年代
80	小早川秋聲	インデン付近の戦闘に敵英第六旅団長我軍門に降る	第二回陸軍美術展	1944
81	矢沢弦月	山東省馬鞍山廟陣地攻撃	第二回陸軍美術展	1944
82	高井貞二	北の精鋭	第二回陸軍美術展	1944
83	宮本三郎	鉄獅子部隊の猛進に比島戦線凱歌高し		
84	藤田嗣治	陸鷲テンガー飛行場超低空爆撃		
85	藤田嗣治	陸軍落下傘部隊の活躍		
86	鶴田吾郎	出動前の陸の荒鷲		
87	松添健	忠烈千古に薫る特別攻撃隊真珠湾攻撃		
88	古嶋松之助	帝国海軍伝統の威力を発揮したスラバヤ沖海戦		
89	不明	朝暾の進軍		
90	司馬江漢	捕鯨図	第五回海洋美術展覧会	1941
91	三迫星洲	仏印のお祭り		1940（サイン）
92	三迫星洲	椰子の葉舟		1942（サイン）
93	三迫星洲	ジャングルを行く牛軍		1942（サイン）
94	三迫星洲	悠久メナムの流れ（泰国年中行事の一つ）		1942（サイン）
95	三迫星洲	泰国のおどり		1940（サイン）
96	三迫星洲	マライの扇椰子		1943（サイン）
97	三迫星洲	ジャワボルブドールの仏跡		1943（サイン）
98	三迫星洲	市場へ買物に		1942（サイン）
99	三迫星洲	行けども続く麻畑		1942（サイン）
100	三迫星洲	水上の家（比島）		1940（サイン）
101	三迫星洲	マンダレー大黄金塔		
102	三迫星洲	コブラ採り		
103	三迫星洲	ビルマの水祭り		
104	三迫星洲	煙草栽培場		
105	三迫星洲	水田の守護神（泰国）		
106	三迫星洲	マライのゴム園		

第七章　開発を受け入れた人びと

——青森県上北郡六ヶ所村民の選択と決断——

中園　裕

はじめに——本稿の課題——

日本が高度経済成長を突き進んでいた昭和四〇年代半ば以降、青森県上北郡六ヶ所村は「むつ小川原開発」と呼ばれる巨大開発をめぐる争いで世間の注目を集めた。巨大開発に反対する村民は住民運動を起こし、賛成派の村議や農業会は、開発を進める県との協力を強めて反対派の切り崩しをはかった。巨大開発をめぐる争いは、賛成派と反対派のリコール合戦や、村の将来を決める村長選を通じて頂点に達した。小さな村を襲った巨大開発に対し、六ヶ所村民はその受け入れをめぐって選択と決断を迫られることになった。

本稿は、むつ小川原開発に直面した六ヶ所村民の選択と決断に至る過程を追究し、それによって生じた様々な問題を考察するものである。村民個人の選択と、その決断に至るまでの思いは千差万別であろう。それらをまとめて表現するのは難しい。しかし日本国憲法の下では、個別の感情とは別に、選挙や住民運動、請願や陳情などを通じて国民の選択や決断が示されることになっている。このため、それらの分析を通じ、おおよその村民感情を読み取ることは可能である。実際に巨大開発をめぐって争った六ヶ所村民は、賛否をめぐって住民運動を展開し、リコール合戦や村長選挙を通じて、最終的には開発の受け入れを選択した。その結果、六ヶ所村政は村民の決断した方向へ向かっていった。

村民の選択と決断に至る過程の考察には、青森県国民教育研究所の資料を中心に活用したい。[*1] 同研究所は、むつ小川原開発に関わった村民たちの証言を求めた面接記録や、村長と村民の座談会資料などを多数所蔵している。筆者は本務とする青森県史の編さん事業を通じて、これらの資料を収集した。その一部は、青森県史編さん近現代部会『青森県史資料編近現代六　高度経済成長期の青森県』（青森県、平成二六年）にも掲載している（第四章第二節に収録。編集と解題は宮本利行）本稿は青森県史編さん事業を活用した成果でもある。

むつ小川原開発に関する研究は、開発に否定的な立場から書かれ、反対運動に携わった人びとに焦点を当てたものが多い。高度経済成長が石油危機によって頓挫し、公害に象徴される社会問題が露呈され、開発に対する疑問や批判が研究対象になりやすいからだろう。だが、意外にも当時開発に直面してきた六ヶ所村民の思いや動向をまとめた研究は少ない。小さな村で生活する人びとに直接関わる問題のため、研究成果を発表することが難しいからだろう。[*2]

しかし、むつ小川原開発が世間を騒がせて以来、すでに半世紀近くが経過した。関係者をはじめ、当時を知る村民も少なくなりつつある。問題が生々しかった当時と今日とでは事情が大きく異なってきている。むつ小川原開発の風化が相当に進んでいる現在、開発に直面した村民の選択と、その選択に至った決断過程をまとめておくことは、青森県史の編さん事業に携わる筆者にとって必要なことと考えている。同時に、今後開発問題に直面する地域や人びとにとっても、大いに意義ある課題を提供できると思っている。

1　開発に猛反対——驚愕の住民対策大綱——

昭和四六年（一九七一）八月一四日、竹内俊吉青森県知事は、むつ小川原開発に伴う住民対策大綱案（大綱一次案）を発表した。これまで水面下で進められていたむつ小川原開発は、この日初めて県民の間に知らされた。

大綱案は開発にあたり、約三万ヘクタールの土地が必要であることを示していた。それは、三沢市と上北郡の野辺地町と六ヶ所村の三市町村にまたがる約一万七五〇〇ヘクタールの土地と、三四集落、二〇二六世帯が「史上空前の立ち退き」を迫られる内容だった。このため六ヶ所村の寺下力三郎村長をはじめ、開発の対象となる市町村の議会が次々と反対を表明した。最も強硬に反対したのは、立ち退きの割り当てが大きかった六ヶ所村だった。村内三八集落の内、二〇集落が対象となったのだから無理もなかった。[*3]

それでも当初六ヶ所村の村民は、開発に対して村内全体の約七〇パーセントが賛成を示していた。開発計画の内容がわからなかったことが第一の理由だった。しかし、それ以前に六ヶ所村が高度経済成長に乗り遅れ、結果的に「開発」がこなくても六ヶ所村の農漁業は破壊されてゆかざるをえないところまで追いつめられている」状態だったことを考慮しなければならない。[*4]

生活の貧しさは出稼ぎ者の多さから理解できよう。昭和四一年（一九六六）の出稼ぎ世帯数は、青森県の平均が一三・九パーセント、上北郡が二五・九パーセント、六ヶ所村は四八・八パーセントと断然多かった。出稼ぎの常態化は家族離散や子どもの違法労働を招いていた。このほかに、六ヶ所村は高校進学率が極端に低かった。昭和四八年（一九七三）の統計では、県平均が七九・七パーセントに対し、六ヶ所村は二九・九パーセントだった。[*5]こうした六ヶ所村の貧困さは、開発問題に対する村民の意思決定に大きな影響を及ぼしたと思われる。

六ヶ所村は農業を中心とする第一次産業の村だった。ところが太平洋に面した青森県の東部地区は、春から夏にかけて太平洋から吹き付ける「ヤマセ」（冷気を伴う偏東風）の常襲地帯だった。ヤマセは米作に不向きな風であり、青森県がしばしば凶作や冷害に見舞われる最大の理由だった。六ヶ所村はヤマセの常襲地帯なのである。

だが、六ヶ所村の貧困はヤマセだけで形成されたのではなかった。明治政府の官民区分によって村内の多くの土地を官有地に囲われ、明治二三年（一八九〇）には下北御陵地と上北御陵地が形成された。また、村内の原野は富国強兵に基づく軍馬育成のため、陸軍軍馬補充部の用地に使用された。太平洋戦争後は食糧増産に基づく緊急開拓集落が数多く形成され、開拓に従事した人びとは大変な労苦を強いられた。道路の整備が遅れ流通事情は劣悪なのに、試射場や弾道試験場など自衛隊整備のための軍事施設が次々に建設された。六ヶ所村は、戦前まで大日本帝国発展のために協力させられ、戦後には高度経済成長と自衛隊整備のために犠牲になった。[*6] 村の貧困は、歴史的・社会的要因による要素が強かったといえよう。六ヶ所村の近・現代史は、国家と地域の関係を考える上で重要な問題を提起しているのである。

こうした歴史的背景を理解すると、開発が来れば楽になれる、貧しさから解放される、という「希望」が村民たちにあったと考えられよう。だからこそ開発に「希望」を託した村民の多くは、県の住民対策大綱案を聞き「史上空前の立ち退き」構想を知って「希望」を打ち砕かれた。その結果、住民運動を通じて反対を表明したのである。[*7]

六ヶ所村だけでなく、三沢市や野辺地町など、立ち退きを迫られた市町村民が猛反発したもう一つの理由として、竹内県政への根強い不信があった。竹内知事は二万町歩開田政策を実施し、冷害や凶作に絶えうる農政を目指していた。ところが昭和四五年（一九七〇）、政府が減反政策を導入したため、その試みは頓挫した。苦労を続けて開田してきた開拓集落民にとって、減反は「開田費用の返済に苦しんだだけでなく、農業経営の将来に希望を失うこと」となった。特に劣悪な貧困状態にあった六ヶ所村民にとって、減反は「農業生産に対する意欲を決定的に奪う」政策だったのである。[*8]

これ以外にも、政府はヤマセに強い農産物として見込まれていたビート（甜菜糖）の生産を推奨していた。竹内知事も強力に推進し、上北郡の六戸町にフジ製糖会社の青森工場を誘致し、工場は昭和三七年（一九六二）から操業を開始した。だが翌年、政府は粗糖の輸入を自由化し、安価な砂糖が輸入された。このため、フジ製糖青森工場は昭和四二年（一九六七）に会社を閉鎖した。[*9]

どちらも国の政策に基づくものとはいえ、竹内知事の農政はことごとく裏目に出たことになろう。その竹内知事が、今度は開発のため農民に立ち退きを迫ったのである。知事に対して農民たちが根強い反感を持ったのは無理ないことだった。[*10]

昭和四六年（一九七一）一〇月一五日、むつ小川原開発反対期成同盟（以下、反対同盟と記す）が結成された。八月一四日の住民対策大綱一次案に対し、六ヶ所村をはじめ開発対象となった地域を中心に、猛烈な反対運動が起こった。反対同盟は吉田又次郎を会長とする住民運動団体だった。彼らは開発に反対を表明した寺下村長と共に、この後文字通り開発反対派の中心的存在として、県や開発推進派と対峙する存在となった。

反対同盟が結成された頃の六ヶ所村民の動向は、開発反対で埋め尽くされたといってよいだろう。住民運動自体も昭和「四十六年の住民対策が発表された当時の闘い」は、「六ヶ所の多数者の闘いという、特徴を持っていた」といわれていた。村民の多くが賛成から反対へと一転したのは、住民対策で大幅な移転を迫られたからである。[*11]先祖代々の土地を奪われるという恐怖感と、苦しんで開拓した土地を奪われる悔しさなどが背景にあった。それは農業を主産業とする野辺地町や三沢市でも同じだった。

住民対策大綱一次案が発表された昭和「四六年八月から四七年春までの間がだいたい住民運動の第一期と考えてよいでしょう」と分析されたように、この時期の六ヶ所村民は県の施策に対し全面的に反対する傾向が強かった。しかし翌年の春頃から、「当初、全員一致で反対したものが、条件つき賛成にと変わってくる」ようになる。[*12] 次にその変化の背景をさぐりたい。

2 「線引」の魔術――開発をめぐる様々な思惑――

住民対策大綱一次案の発表後、しばらくの間、六ヶ所村民の多くは開発反対を訴えていた。昭和四六年（一九七一）一〇月二三日、竹内知事が六ヶ所村で開発問題を説明しようとした際、村民が石を投げて追い返そうとしたのは、その象徴的な行動だった。[*13] 一次案の発表後、六ヶ所村議会を始め各地で反対決議がなされ、署名運動が始まり、反対同盟の結成や漁協を守る会など、開発反対を称える団体組織が一～二ヵ月の間に結成された。[*14] 開発を進める県は当然のごとく対策を講じていた。地元に説明がなく唐突に発表された一次案に対しては、竹内知事自身も県議会で認めていた。その結果、県は昭和四六年（一九七一）九月二九日、住民対策大綱二次案を発表した。二次案は一次案に比べ大幅な修正がなされていた。簡単に言えば、移転対象集落が大幅に縮減された。六ヶ所村では二〇集落が一一集落と半減、三沢市では一四集落が五集落と三分の一にまで縮減されたのである。[*15]

実質的な開発の縮小となった二次案の発表は、開発地区から外れる地域が増えたことを意味した。換言すれば、先行きの不安な開発問題と関係が薄くなる地域が増えたわけである。当時、開発問題に対する国民の不安は公害問題にあった。事実、県が二次案を発表した九月二九日、四大公害裁判の一つである新潟水俣病訴訟で、原告患者側が勝訴している。こうした国民の不安は六ヶ所村民にも当てはまった。二次案発表の際、六ヶ所村で開催された住民対策説明会でも、多くの村民が巨大開発に伴う環境破壊や公害に対する疑問と不安を訴えていた。[*16]

その一方で、開発の対象から外れた地域の人びとは開発に伴う公害を心配しながらも、開発によって村が豊かになるという期待感を抱くようになった。自分の生活する土地を売り払い、立ち退かねばならない開発ならば反対するが、それ以外の土地ならば、村が豊かになることは結構だという考え方である。前述した六ヶ所村の極度の貧困生活をはじめ、国や県の農政に対する絶望感などが、こうした期待感を支えていた。

一〇月二六日、賛成派住民を中心として、むつ小川原開発促進六ヶ所村青年協議会が結成された。彼らは一二月九日、県議会を傍聴した後、竹内知事を訪ねて開発促進を陳情した。また、一二月二二日から翌日の六ヶ所村定例村議会では、開発賛成派議員が開発反対を表明する寺下村長に対して批判を展開した。[*17]

住民対策大綱一次案が発表された際、一斉に反対した村議会だったが、二次案発表後、村議たちの意向は変わっていった。翌年一月、村議会に設置されていた住民対策特別委員会の正副委員長が辞職し、開発賛成議員が就任したのは、それを示唆していた。[*18]こうした経緯と背景は、村民の開発をめぐる考え方に大きな影響を及ぼしただろう。

村議たちが反対姿勢を改め出したのは、住民対策大綱二次案で開発区域が大幅に狭められたからである。一次案では三市町村が開発区域に指定されていたが、二次案では三沢市の一部と六ヶ所村内に狭められた。

その後、昭和四七年（一九七二）二月八日に、県は住民対策大綱二次案の再修正を発表した。このとき県は、ドルショックの影響を考慮して三沢市域を開発保留地とした。そして最終的には開発地区を六ヶ所村内の一部に縮小していった。[*19]この過程で「線引外」（開発区域外）となった地域の議員が、条件付きで開発に賛成するようになったと考えられよう。このことは、当時の村民自体が「線引内の人が困っていようと、そんな事関係ない、自分の処が線引外だから、あとで土地の値上りがくるからという事が腹の中にある」と証言していることからも理解できよう。[*20]

村議をはじめ、村内の有力者が住民対策大綱二次案の発表後、開発賛成に傾倒しつつあったのは重要である。村政や集落の指導者層の意識は、当然村民の動向と意思形成に大きな影響を及ぼすからである。[*21]

開発反対を表明する寺下村長に対し、賛成を表明する村議が台頭することは、村内の対立構造を表沙汰にした。村議の多くは集落の指導者層だった。集落内での彼らの意思は決定的な意味を持つ。とはいえ、生活のかかった人びとにとっては、必ずしも同意しがたいことも生じよう。こうした開発をめぐる村民意識は、開発に対する賛否の意向だけではなく、条件付きの賛成、反対など複雑な対立構造を生み出していくのである。

3　賛成か反対か――対立する村内・混迷する村民――

むつ小川原開発をめぐる賛成と反対の対立は、青森県知事が住民対策大綱二次案を発表してから急速に高まった。県は開発の具体的促進をはかるため、昭和四七年（一九七二）二月一三日に土地買収価格や補償基準を決定し、四月三日には生活相談所を開設し、開発反対派の不安を除去する手法で切り崩しに着手した。これに対し反対同盟は三月一日から三〇〇〇人署名運動を開始した。こうした中で寺下村長は三月二一日の村議会で改めて開発反対を表明した。すでに村議会が開発推進の方向へ向かっていた中での村長の発言により、むつ小川原開発をめぐる対立と混乱が決定的になった。[*22] 賛成・反対両派はそれぞれ村民を味方にすべく、開発問題の中身を具体的に説明するようになり、その結果開発をめぐる対立と混乱は村民を巻き込む問題になっていった。

こうした中で五月二五日、青森県は住民対策大綱二次案を基本に、むつ小川原開発第一次基本計画案と住民対策大綱案を策定し、関係する市町村長や議長をはじめ諸団体に説明を行った。そして六月八日に両案を決定し、一二日に政府へ提出した。計画案は「工業基地の計画」として、その位置を六ヶ所村の鷹架沼と尾駮沼の周辺から三沢市北部にいたる臨海部とし、面積は約五〇〇〇ヘクタールとしていた。[*23]

これに対し反対同盟は「〝ウソ〟で固めた開発――だまされないぞ」と題したチラシ（六月一八日付）を村内で配付し、むつ小川原開発を「巨大利権開発だ」と見なした。そして「相手は貧乏人であるから、札束で頬をたたきさえすれば土地は簡単に買え」るとみなす開発推進派や不動産業者への批判を展開した。そして「「開発」は命の問題――人の幸せは金銭だけで言いあらわすことはできない」として、「公害や環境破壊の問題は健康と生命のもんだいだ」と結論づけた。開発が村民の生活だけでなく、命にかかわることだと主張したのである。[*24]

七月二四日、四日市公害裁判の訴訟で、石油コンビナート六社の共同不法行為が認められ、原告側である被害者への賠償金支払いが命じられた。六社は控訴を断念したため、原告側が勝訴した。八月九日は名古屋高裁金沢支部がイタイイタイ病第一次訴訟で、三井鉱山の控訴を棄却し、損害賠償を命じている。これも会社側が受諾している。八月一六日には森永ヒ素ミルク事件で、森永乳業が自らの責任を認め、患者や家族への恒久救済を認めた。この時期、公害は全国的な社会問題となっており、六ヶ所村民も開発が公害をもたらすために反対という思いが強かった。

一方、反対同盟をはじめとする開発反対運動のもう一つの主眼点は、土地の買い占め問題にあった。特に開発問題が具体的に浮上する前から、開発に伴う土地の値上がりを期待し、事前に土地を買いあさっていた不動産会社が、内外不動産（親会社は三井不動産会社）を中心に数多かった。不動産業者に対する批判は反対同盟のみならず、村民の中にも数多かった。特に農地法違反の行為が後を絶たなかったため、反対同盟の会長である吉田は、八月に青森行政監察局長宛へ行政監察の申立を行っている。[*25]

七月二二日、土地を売った村民の移転先（新市街地）が睦栄と千歳地区に決定した。開発地区の人びとに対する移転の促進と土地の売買行為は、竹内知事が住民対策大綱一次案を発表するだいぶ前から行われていた。そして具体的に移転地を決定したことが、それらの行為を後押しした。昭和四四年（一九六九）の八月から二年足らずの間に、六ヶ所村で売買された土地の総面積は一一四〇ヘクタールに上った。このうち約四割は内外不動産が買い占めていた。[*26]

公害問題の高まりと六ヶ所村の異常な土地の買い占め問題が、開発反対運動の中心となり、それらの運動の中で、村民の開発に対する反対運動も強まった。しかし、ドルショックによる国内資金のだぶつきを背景に、田中角栄内閣の日本列島改造策が、むつ小川原開発への土地買い占めを煽った。それらの動きに乗じて土地を売り、高額の金を受け取った六ヶ所村民も確実に存在した。彼らが村内にバーやモーテルを建設し、派手な高級車を乗り回したりする姿が新聞紙上でも散見された。[*27]

土地の買い占めは、特に広大な土地を所有する開拓農家が対象とされた。彼らの多くは、荒野を開拓するために費やした莫大な借金を抱え苦しんでいた。むつ小川原開発自体が水面下で進められていたさなか、開発が来ることを具体的に知らされていない村民に対し、不動産業者は開発に伴う土地の値上がりを見込んで乗り込んできた。開拓農家が手こずる荒野は、彼らが法外と思われる高い値段で不動産業者へと売られた。しかし不動産業者にとっては大変安い値段だった。開発が始まれば高い値段で買い取ってもらえるからである。[*28]

土地を売って資金を得た開拓農家が、開発に全面的な反対を示すとは限らないだろう。むつ小川原開発公社が用地価格の交渉で村民に対処した際にも、価格をめぐって賛否両論、激しい交渉が行われた。意図した金額に見合わない場合、農家は開発に否定的になりやすかった。反対に土地の価格が一億円以上となる開拓農家もあった。[*29]莫大な資金を得られる農家にとっては、開発あっての土地売買であり、当然開発には好意的な印象を持つようになるだろう。

六ヶ所村内の異常な土地買い占めが社会問題になるのに伴い、新聞投書などでもむつ小川原開発をめぐる意見が多数掲載され出した。注目されるのは「むつ小川原開発には基本的に賛成する」が、「それは企業本位でなく、あくまで地域住民のしあわせに終始される開発であること」という開発賛成者の意見と、[*30]開発に反対や否定的な意見を書きながら「あくまでも地域住民のしあわせに直結する開発、無公害を実現する工業開発を前提に誠意と温情のこもった諸対策の強い推進」を求める意見の間には、[*31]賛否の違いを越えた共通点があることだった。村民のためになる開発ならば村民は賛成なのである。換言すれば開発反対者も、条件付き賛成に回る余地があることになろう。

反対同盟も同じ考えだった。九月一七日開催の村民総決起集会で決議文を発表し、その中で「我々の地をどう発展させるかは、我々の主権にかかわる神聖な権利である」と主張している。そして「村の自主的、平和的な発展のために、村民の真の要求にもとずいた村民参加の開発計画を作成し実行されるよう、村当局と村議会へ要望する」と述べている。つまり「我々の未来を決定する権利は我々にある」という主張だった。[*32]

しかし、目の前に繰り広げられている土地の買い占めと、開発推進派の県や村議会、反対の村長や反対同盟などの対立運動を前に、多くの村民は困惑していたというのが実状だろう。五五歳の村民が投稿した新聞の投書には、むつ小川原開発について「住民、村長不在の姿で進められつつあるこの開発ほど、わけのわからないものはない」として、以下のように述べている。[*33]

①この開発はだれのためにやるのであるか。そしてやらなければ国、県、住民がどう困るのかを知りたい。

②地域住民が開発すればどんなしあわせを得るかを知りたい。

③まじめに働いていても開発の結果、住民が不幸になった場合、だれが責任をもって生活を補償するかを知りたい。

開発の実態をつかみきれず、漠然たる不安と不信が根底にあることがわかる。開発が今後の生活にもたらす影響が計り知れない状態の中で、選択と決断に迷っていたというのが、当時の村民の偽らざる思いだったに違いない。

4　迫られる選択と決断――リコール合戦と村長座談会――

昭和四七年（一九七二）九月一四日、田中角栄内閣は青森県から提出されたむつ小川原開発第一次基本計画案と住民対策大綱案を、閣議で口頭了解とした。これを受けた竹内知事は、関係市町村へ開発推進について理解を要請した。七月七日に誕生した田中内閣は、首相自らが著した『日本列島改造論』に基づき大規模な工業開発を提唱していた。その内閣の閣議口頭了解を得たことで、竹内知事はむつ小川原開発を実現する絶好の機会と判断した。そこで九月二六日、むつ小川原開発に係る住民対策事業の実施に関する協定書を、むつ小川原開発株式会社と調印し、具体的行動に打って出た。[*34]

これに対し反対派の運動も閣議口頭了解をきっかけに高まった。反対同盟を中心に今後の運動に備え、県の責任を追及するビラやチラシを準備し出した。九月二五日、寺下村長は経済企画庁や環境庁に開発反対の陳情を行った。役場内には開発に反対するための六ヶ所村職員組合も結成された。各地区では勉強会が何度も開かれ、一二月の村議会に開発と促進決議の撤回を求める請願を出す準備も始めている。[*35]

閣議での口頭了解を得て自信を持ったとはいえ、開発を進めたい県当局にとって、県内で高まる反対派の行動は気がかりだった。[*36] また県は国側からも厳しい課題を突きつけられていた。具体的には、①関係市町村の協力を得ること、②住民対策の具体化をはかること、そして③工業開発の規模を再検討することだった。[*37] つまり閣議口頭了解は、これらの課題を解決した上で基本計画案を了解する意味合いでもあったのだ。

一〇月三日、北村正哉副知事は県議会で開発に伴う住民対策事業の実施には、地元である「六ヶ所村の意思を尊重していきたい」と発言した。[*38] まずは地元尊重の態度を示し、関係市町村の協力を得て国の要望にも応えようとしたわけである。

ところが事態は思わぬ方向へ動き出した。懸念する県の意向とは反対に、開発を促進する動きが台頭し出したからである。事実、一〇月一日には六ヶ所村議会のむつ小川原開発対策特別委員会（委員長・橋本勝四郎村議）が、条件付きで開発推進を決議した。続いて三〇日には、六ヶ所村農業委員会の六ヶ所村農工調和対策協議会が、開発賛成とその促進を決議した。[*39]

むつ小川原開発第一次基本計画によって、三沢市や野辺地町は「線引外」になり、六ヶ所村の一部のみ「線引内」

になることが明確となった。六ヶ所村外の市町村議はもちろん、六ヶ所村議の関わる地域も、その多くが線引外になった。彼らにとっては、線引外になれば開発に伴う公害の懸念や住民対策の具体化など、難しい問題に直面せずに済む。その一方で、彼らは基本計画案が閣議口頭了解され、開発の実現性が高まると見なし、開発に伴う経済的恩恵を受ける方が地域のためになると決断したのだろう。[*40] 閣議口頭了解は、市町村議たちに選択と決断の糧を与え、県に思わぬ効果をもたらしたといえよう。

線引外となった六ヶ所村外の動向とは対照的に、線引の範囲内となった六ヶ所村内では、開発をめぐる対立構造がますます深まった。寺下村長や開発同盟を中心とする反対派と、古川伊勢松村会議長や村議会、農業委員会などの賛成派が対立の中心だった。そして狭い村内での政治対立は、身内や集落内での争いを巻き込んだ。

こうして一二月八日、対立と混乱の中で六ヶ所村議会が開催された。村長と議会が真っ向から対立した議会は、当然のごとく荒れた。この議会では、一〇月一日にむつ小川原開発対策特別委員会が決議した条件付きの開発推進を決議することになっていた。寺下村長は、議場を反対派の拠点の一つである泊地区に変更して招集した。これに対して開発賛成派の議員たちは、二一日に寺下村長欠席のまま、一四項目からなるむつ小川原開発の推進に関する意見書を決議した。[*41]

村長が議場を移し議会が村長不在で決議する異常な中で、反対同盟は年が明けた昭和四八年（一九七三）の一月上旬、開発対策特別委員長の橋本勝四郎に対するリコールを行った。これに対し同月下旬には、六ヶ所青年友好会などの開発推進派が寺下村長のリコール手続きで対抗した。むつ小川原開発をめぐる村民どうしの対立や混乱は頂点に達した。リコール運動は開発問題に対し、村民を賛成と反対に二分させただけでなく、両派ともに「「政策」のないまま対立」して、村民どうしの対立感情を煽った。[*42]

村長と村議会による混乱とリコール合戦の中で、村民の意向はどうだったのだろうか。村民の真意については、開発の賛否を主張し続けてきた村の指導者たちとしても気になることだった。このため寺下村長は「一応住民がどの様に議会の話を聞いているのか、それによって村長の立場なり、考えなり、将来参考にしたい」という理由で、昭和四八年（一九七三）の一月三一日から二月三日にかけて「急遽座談会を始め」た。[*43]

座談会は村内各地の公民館や小学校等で実施された。総じて集落の指導者層が多いが、各集落で多様な人びとが集まった。ここでは青森県国民教育研究所の座談会記録を通じ、当時の村民の意思を探っておきたい。[*44]

座談会は開発反対の村長が主導する以上、開発に反対ないし否定的な意見を述べる村民が多かった。それは座談会資料にも随所に示されている。実際に座談会開催前の前年九月と一一月に行われた住民意識調査によると、「むつ小川原開発にどんなことを希望するか」との意見に対し、九月では五一・二パーセントが「白紙撤回してほしい」と主張し、一一月には五九・三パーセントに増えている。次点は「住民が有利な条件を勝ち取ってから開発を進めて欲しい」との意見で、九月は三〇・二パーセント、一一月は二七・五パーセントである。開発反対が多いが、条件付き賛成も相応にいることがわかる。[*45]

実際に、二月二日に出戸小学校で開催された座談会では、出戸地区が線引外であるため、線引内へ入れて欲しいとの要望が出された。[*46]線引地区にホテルやバーが建ち並び、土地を売って金を得た人びとが高価な自動車を乗り回すなど、すでに線引内の人びとの生活が豊かになったとの情報が飛び交っていたからでもあろう。

だが、線引内の導入を要望した同じ人物は「開発、開発と言われていますが、良い事やら、悪い事やら分りませんが、悪い事も見た事もありません」と述べ、「公害とはどんなものか見た事がない」とも発言している。開発や公害の実態を知らない村民が、開発の結果村が豊かになると主張する県や推進派の意向を鵜呑みにしてしまう傾向もあったことをうかがわせよう。[*47]

なお、前述の住民意識調査は「開発賛成の理由は何ですか」という項目も挙げている。昭和四七年（一九七二）

一一月では「地域経済が豊かになる」との項目が、村民全体で六一・一パーセントと最も高かった。次点は「交通が便利になる」の四〇・八パーセントだった。[*48] このため、一二月三日に同じ線引外だった六原婦人ホームで開催された座談会では「我々は、線引外であるし、又一度も相談された事がないので関係がない。だから村長の言う事は全々理解できない」と、開発に賛同し期待する立場から、開発反対の村長を批判する声も上がったのである。[*49]

開発に反対の村民は村長支持を強め、村長に期待する発言が多かった。だが開発反対の村民も、知事の会談に応じない村長については批判的だった。寺下村長としては、知事が現地に来て村民が納得できる説明をし、村民の意見や要望を聞くべきだとして会見を拒否していた。村長の意向は民主主義の建前を主張した正論だったが、村民から見れば村の指導者として指針を示して欲しいという希望があったのである。

事実、二月一日に老部川集会所で開催された座談会では、反対同盟会長の吉田又次郎が、県の開発推進に関する説明に対し、「第一次案、第二次案ともだめだということを、村長が中心となって、皆さんと共に、こういう風にやれば、賛成でいくとか、又これであれば反対でいくとか、我々のように知らない人達によく教えてもらいたい」と発言している。吉田の発言は、指導者層が村のためになる、村民のためになるという方向性を示せば、村民はついていくという姿勢を表明したものである。これは同時に反対運動の象徴的存在であった寺下村長の指導力を期待しての発言でもあった。[*50]

反対同盟を率いる吉田の発言は、当時の六ヶ所村民が持つ気質をよく表現していた。村民の多くは、いくつかの選択肢の中から決断するという判断力を養うだけの余裕がないのである。吉田の発言は公害の実態を知らない村民の意向でもあろう。農業や漁業を生業の中心とする村内構造の中で、交通機関やメディア等が未発達な時代に、公害問題の実態を知っている村民は少なかった。[*51] それ故、村長座談会に同席していた米内山義一郎議員は、座談会を通じて村民に勉強することを執拗に説いていた。[*52]

社会の現状を理解するためにメディアを活用するのは普通であろう。しかし当時の六ヶ所村は、テレビはもちろん新聞さえ十分に浸透していなかった。一月三一日に千歳小学校で開催された座談会に参加した集落指導者層の一人は「日本列島改造論とか、その他の本を読む人というのは私達の中には一人もいないと思います。新聞、テレビが主であるが、新聞も五、十人ぐらいでしょう」と述べている。[*53]

メディアが十分に浸透していない故に、メディアを活用できない村民が多かったことは、六ヶ所村の村民構造を考える上で重要である。こうした事情は、自分の頭で考えるより人の意見に流されやすい傾向を招く。指導者層の意見に依存してしまう村民構造が、ここにある。実際に各集落で実施された座談会を通じ、集落の指導者層さえも、寺下村長や米内山議員の判断や指示を仰ぐ傾向が強かった。[*54]

村長と村議会は開発の賛成と反対で完全に対立していた。このため小さな村に住む村民の殆どが対立に巻き込まれた。開発の受け入れをめぐって、親族や身近な関係者どうしで争い合う村民がいた。また、開発自体の全貌や問題を理解しきれず、今後の生活に不安を持っていた村民もいた。

二月三日の二又での座談会でも、開発問題が取り沙汰され土地の売買や貸借が進む中で、開発が来なかった場合に開発難民が出ることを不安がる意見が出ていた。現在の村長と議会のリコール問題に対し、実態をよく知らずに、その時々で賛成ないし反対の人びとに先導され署名している村民が多いとの発言も出ていた。[*55]

毎日の農作業に追われる村民に、開発は突如として襲ってきた。開発自体を理解し切れていない村民は、将来の生活に対する不安のために、開発をめぐる選択に迷い、その受け入れを決断するか否かで苦しんでいたのである。

5　説得と追従——開発への傾斜——

昭和四八年（一九七三）三月一三日、竹内知事は県議会で昭和四九年度に第二次計画を提示し、むつ小川原開発の具体化を進めるとした。その際には「まず住民の十分な意見をきく」とも述べた。その具体策は開発地域を明確に限定し、説得と譲歩を通じて反対派を切り崩すことだった。[*56] 六ヶ所村民に対する説得と懐柔は、県議や村議を中心に村内各団体の指導者層を通じて実施された。

竹内知事は昭和四六年（一九七一）に当選した工藤省三県議を通じ、寺下村長をはじめ開発反対派の指導者層を説得するよう要請していた。住民対策大綱二次案の提示に際し、知事が自民党県連の政調会に対応を依存していたことは、本稿の2で述べた。[*57]

すでに分析したとおり、県の説得及び懐柔策は開発地区を限定（線引）することで効果を上げていた。村議会の開発推進の決議は、それを象徴していた。しかし村民に説明がない形の決議については、開発反対派の村民から強い批判が出ていた。[*58]

しかし村議をはじめ集落の指導者層が賛成にまわると、本音では反対したい人びとも、反対できない環境に置かれるのが現実だった。[*59] 指導者層の意向に弱い村民の背景には、村の進学率が大変低いことも考慮すべきであろう。開発問題が全国的に騒がれ出してから、村内で学者たちが講義や講演を行う機会が増えたが、難しい講義内容を理解できない村民は多かった。泊集落のある主婦は、学者の講義や講演に関して「小学校しかでてない私たちです」として「小学生にわかる話をお願いします」と発言している。これは当時の六ヶ所村の実態をよく示していた。[*60]

昭和四七年（一九七二）一二月二五日、県むつ小川原開発公社による用地買収交渉が正式に開始された。これは二一日に六ヶ所村議会が条件付きで開発推進を決議したことを受けての決定だった。村議は村内各地に存在する集落の指導者層であった。開発推進を決議した村議たちは、当然開発によって村は発展すると村民に説得する。これに対し事情を理解しきれない村民は、彼らの説得に追従しやすかった。

こうした指導者層の言動と用地買収問題には密接な関わりがあった。線引外となった村民は用地買収の対象外であり、基本的に立ち退きは不要となる。それ故、彼らは開発推進によって村が発展し、豊かになるという指導者層の説得に共鳴しやすかった。これに対し、線引内の村民は用地買収問題に直面する。このため土地を売りたくない村民は反対運動に身を投じるのである。[*61]

こうして指導者層から「反対したって銭にはならないし、開発が来たら人も来るし、道路も良くなる。工場が来るので、出稼ぎもなくなると宣伝」された村民たちは、「百姓しなくても食っていけるという夢を持ってしまい、土地をぽんぽん手放してしまう」ことになった。[*62] 土地を手放す傾向は開拓集落の人びとに顕著だった。それだけ開拓がつらく、貧しく劣悪な状況下にあったからである。新納屋地区で開発反対運動を主導した小泉も、特に開拓者は農業自体に飽きてしまい、土地を売ってカネを得て他所に出て行ってしまう傾向が強かったと証言している。[*63]

最も早く土地を売って、県が指定する新住区の千歳地区へ移転したのは鷹架《たかほこ》集落だった。同地区が線引内だったからだが、開発行政の影響が大きかったことに注意したい。昭和三八年（一九六三）に始まった竹内県政の開田政策で、昭和四〇年（一九六五）一一月に鷹架沼淡水化のための潮止堰堤が完成した。だが昭和四五年（一九七〇）以降、米の生産調整による減反政策によって、開田政策は実質的に頓挫した。鷹架沼の淡水化で、沼は漁場としての価値を失った。集落の主産業だった農業と漁業の致命的な打撃により、借金が返済できなくなった鷹架集落は、開発に伴う用地買収に応じ、道路や水路、沼などの共有地を開発公社に売って借金を返済した。こうして鷹架集落は真っ先につつ小川原開発を受け入れる集落となったのである。[*64]

竹内県政の開田政策と国が進めた減反政策との乖離、それによって受けた農業や漁業の致命的な打撃が、工業開発を主体とするむつ小川原開発を受け入れる土壌となった。不安定な農政に対する不信感と、生活が安定しないことへの不安、一向に減らない出稼ぎ、こうした社会問題が、六ヶ所村民の選択と決断に重くのしかかっていたことを理解されたい。

6 選択し決断した村民——運命を決めた村長選挙——

むつ小川原開発をめぐり、賛成派の橋本勝四郎村議と反対派の寺下力三郎村長に対する、両派からのリコール合戦は、結果的に両派共にリコールが成立せず、相分けることになった。しかしリコール合戦以降、村内の賛成派と反対派の対決姿勢が表面化し、「リコールが村内の対立意識を生んでしまったのが一つの障害として残った」。それはとりわけ開発に反対する住民運動に顕著だった。反対同盟の内部も開発に反対することが目的となり、組織内の分裂が深まった。特に現職を引きずり下ろすリコール運動は、村民に相当な抵抗感を与えた。[*65]

村民の開発に対する実際の思いは千差万別だった。「純粋に反対、何でも反対、何でも賛成というのは非常に少ない。問題は、条件つき賛成、反対で、それが大部分を占める」のが実態に近かったろう。だからこそ、リコール問題で賛成と反対が明確化されるのに伴い、村民の間でも関係がぎくしゃくし、話し合いの場もなくなっていった。反対同盟の中も、開発の白紙撤回を求める動きと、むつ小川原開発には反対だが、村民が求める開発計画をもって闘う動きと、二極分化するようになった。[*66]

では開発賛成に回った村民が、その後も賛成し続けたのかというと、必ずしもそうではなかった。むしろ開発が来れば生活が豊かになると信じて土地を売り、県が指定した千歳の新住区に移転した村民の多くは、その期待を裏切られた思いが強かった。開発に賛成しても豊かさを実現できず、「開発後遺症」に苦しむようになったのは、特に新住区に移転した村民に多かった。[*67]

新住区は農業に従事して生計を立てる場所ではなかった。区内に建設される工場で働きながら生計を立てる新興住宅街だったのである。敷衍すれば農家からサラリーマンへの転身だった。だが新住区に工場は建たず、その後結果的に誘致されたのは国家石油備蓄基地だけだった。働き口を失った村民が生活に苦しむのは当然だった。土地を売った代金は新住区に建てた家屋と当面の生活費で底をつく。小泉は「新市街地というのは名ばかり」で「田も一反歩」だから住民は「避難民のような形になる」と指摘していた。同様のことは寺下村長も座談会等で繰り返し述べていた。[*68]このような状態で、六ヶ所村は現職の寺下村長の任期満了が近くなるのに伴い、村長選挙へと向かった。

昭和四八年（一九七三）一一月二五日、六ヶ所村長選が告示された。候補者は開発反対を訴える現職の寺下村長が再選を目指していた。これに対し寺下村長誕生時の参謀長格的存在で、当初は開発反対だった古川伊勢松村会議長が、条件付き賛成を掲げて立候補した。そして開発推進を掲げた沼尾秀夫村議も名乗りを上げていた。

リコール合戦は、開発の賛否、橋本村議と寺下村長の対立など「どちらが有利になったとしても、村内は真っ二つに割れている」状態を招来した。投票率は思った以上に上がらなかったが、「本当の対決は、年末の村長選挙に持ち越してもよいではないか」と考える村民が多かったからでもあった。[*69]その意味で村長選は、村民にとって村の運命を決める大きな選択肢であり、村民に決断を迫る舞台でもあった。

村長選を前に、開発反対派は寺下現職村長の擁立でまとまった。推進派は候補者調整がうまくいかず、開発推進を唱える沼尾村議と、条件付賛成を唱える古川村会議長の二人が立候補することになった。新聞は「小さな村の大きな選挙」を大々的に報じた。選挙前の報道では、開発賛成派が二人で反対派が一人のため寺下優位で報じられていた。寺下は村長リコールで、約三〇〇〇票を得て解職反対を勝ち取ったばかりだった。[*70]

開発賛成の村民は村長選に至る前の会合でも、酒を飲んで攪乱し、反対を主張する村民をやじり倒し、賛成派へと押し切るところがあった。これに対し反対派は、条件付きの賛成を主張する人びとに対し、何が何でも反対と強制する傾向が強かった。[*71] リコール合戦以来、村民どうしが開発をめぐり対立と争いを続け、それが選挙前の緊迫した状況を煽った。不安と混乱の中で、村民の最終的な選択と決断の日は間近に迫っていた。

昭和四八年（一九七三）一二月二日、全国的な注目を浴びる中で村長選挙が行われた。投票率は九〇・四七パーセント。極めて高い投票率は、リコール合戦と異なり、村民が村長選で決断を下そうと試みた証しだった。投票結果は、古川二五六六票、寺下二四八七票、沼尾一八六三票で、古川が当選した。寺下は僅か七九票差で落選となった。

一人の開発反対派と二人の賛成派が闘った選挙戦で、反対派が有利とされながら、反対派の寺下は敗れた。二人の開発推進派の票数からすれば、投票数の三分の二以上は開発賛成派へと投じたことになる。その意味で村民は開発反対よりも、開発賛成を選択したことになろう。ただし古川が条件付賛成を表明して勝利を得たことは、村民も条件次第では反対に回ることを意味していた。村民の決断は無条件の開発賛成ではなかった。条件が合わなければ開発に反対する意思も十分に含まれていたといえよう。[*72]

敗北した寺下は、村長に対するリコール投票では、解職反対三〇〇二票、解職賛成二七二二票で、約三〇〇〇票の支持を集めていた。それが村長選では二四八七票となり約五〇〇票を失った。これは開発に賛同することで貧困から脱出し、都会並みの豊かな生活を送りたいという村民の意思表示と見なせよう。開発に反対する寺下は、開発推進派の村議たちからは「損長」と揶揄されていた。損をしないように開発に賛同した村民が五〇〇人近くあったことを村長選は物語っていたのである。[*73]

寺下の敗北について、六ヶ所村の教員で反対運動に加わった野坂吉雄は、「開発反対運動とその村の長が行政を進めていく場合に、「村民はこの道を進めばいいんだ」というのをさし示してやる責務のようなものがあるのだが、彼はそれをしなかった」と述べている。その上で「村民は今のままでいいとは誰も思っていません。反対運動には巨大開発には反対をしながらも、六ヶ所をどう我々なりに展望していくか、ということが欠けていた」と述べている。[74] 開発の問題は村民が決めるという寺下の信条は、民主主義の建前を主張した正論であろう。しかし村民の多数は建前より実質を選択したことになろう。

六ヶ所村の中学校教師として、当時開発反対運動にも加わっていた石井勉は、古川が村民にわかりやすい「きちんとした論理」で動いたことが勝利の要因と見なした。そして「出稼ぎが多く貧しくて苦しめられている連中が「今のままでいい」と言われれば誰だって支持しない」と明確に述べている。また村長選で、これまで寺下支持で開発に反対していた主婦などが、現状の貧しい六ヶ所村の状態を批判し、開発派の古川を支持するようになったことも証言している。[75]

古川の選挙基盤であった泊地区は、村内最大の人口を抱え漁業中心の地域だったため、当初は開発に最も反対していた。だが開発推進に伴う漁業補償を意図して、「船主層は一般に賛成派」になった。その際、補償問題の先頭に立ったのが、船主であり泊漁協の組合長だった古川だった。古川は村長選に際し、開発が来れば漁業補償を得られ、村は良くなると説いた。村民にとって、将来の保障を与えられることこそ、石井の言う「きちんとした論理」になるのである。[76] こうして村民が選択した古川村長の下で、六ヶ所村は村民が決断した通り開発路線を突き進んでいった。

おわりに――六ヶ所村民の「選択」と「決断」が意味するもの――

六ヶ所村民が決断を下した村長選以降、住民運動は全体として沈静の方向を辿っていった。反対運動が質的に変更した第一の転換期が、住民対策大綱二次案が出されたときならば、第二の転換期は寺下村長が選挙で落選したことだった。その顕著な例は、開発反対派の拠点だった「六ヶ所村開発反対期成同盟」が、「六ヶ所村を守る会」と改称されたことだった。事実、集会などでも「巨大開発反対」のスローガンが外されるようになった。[*77] 村長選で開発反対の実質的な主導者であり、開発反対派の象徴的存在だった寺下村長が敗北したことは、反対運動の象徴を失うことに等しかった。

これに対し古川村長の下で六ヶ所村は、県と共に開発路線を突き進んでいった。そして本来ならば線引内に工場地帯が建設され、大企業が誘致され村民の多くが工場に勤務する方向へ向かうはずだった。しかし村長選挙の二ヵ月前に石油危機が起こり、急成長を続けていた日本経済は深刻な打撃を受けた。石油危機は田中内閣が掲げた日本列島改造論や国土総合開発計画に衝撃を与えた。むつ小川原開発でも、期待された六ヶ所村への企業誘致は進まず、結果的に国家石油備蓄基地が建設されただけだった。開発受け入れを選択し、開発推進を決断した村民の思惑通りに現実は進まなかったのである。

こうして青森県と六ヶ所村は、当時国が候補地を探し求めていた核燃料サイクル施設の受け入れを前に、再度の決断を迫られた。その結果、昭和六〇年（一九八五）四月一八日、青森県及び六ヶ所村と事業主である日本原燃サービス株式会社、日本原燃産業株式会社、電気事業連合会の五者は、「原子燃料サイクル施設の立地への協力に関する基本協定書」に調印した。[*78]

昭和六一年（一九八六）、ソ連のチェルノブイリで原発事故が起き、深刻な放射能汚染が世界中に衝撃を与えた。このため六ヶ所村では、寺下元村長を中心とする「六ヶ所村を守る会」など、数団体が核燃反対の声を上げた。反対運動は全県的に広がった。核燃凍結を表明した土田浩が、五選を目指していた古川伊勢松を破って村長に就任したのは、平成元年（一九八九）一二月一〇日だった。

だが平成三年（一九九一）、核燃をめぐる最終決戦と言われた青森県知事選挙で、核燃を推進する現職の北村正哉が、反核燃を表明して立候補した金沢茂や、核燃凍結を表明した山崎竜男を破って四選を果たした。この知事選を境に反核燃運動は下火となった。核燃凍結を表明した土田村長も、結果的に核燃を凍結することなく、六ヶ所村内には核燃施設が次々と建設されていった。土田村長は村長選で表明した核燃凍結について、「反対のためでなく、一度冷静に頭を冷やしてみよう、という意味の凍結だった」と証言している。[*79] つまり条件付き賛成で当選した古川村長と同じ方針で村民に訴えたわけである。

六ヶ所村民は再び開発路線を選択し、その方向で進むことを決断した。核燃の受け入れに伴って立地地域には電源三法交付金が支払われる。これに加え膨大な建設投資と税収が地元に落とされる。核燃が地元にもたらす多額の金（核燃マネー）は当然地元を潤した。[*80] 青森県で最も貧しい地域と言われた六ヶ所村は、その後現在に至るまで地方交付税の無配付を続ける希有な自治体となった。村は豊かになったのである。このため六ヶ所村長選や村議選でも、核燃反対派は票を減らす一方となり、村民も表向き核燃反対の意向を示さなくなった。

平成二三年（二〇一一）三月一一日、東日本大震災に伴い福島原発事故が起こった。原子力問題が世間をにぎわせたが、六ヶ所村と村民の核燃支持は表向き変わりない。もちろん巨大地震と原子力依存に対する不安は村民にも存在する。原子力行政に対する村民個人の賛否様々な意見や感情が存在するのは当然であろう。それでも首長や議員の選挙等で示される村民の選択は、原子力行政支持で変わっていない。しかし、国の原子力行政の先行きはまだ不透明である。六ヶ所村民が次の選択をめぐり、決断を迫られる日が来ないとは限らない。

むつ小川原開発は、貧しさからの解放をうたった開発推進者の誘導、[*81] 豊かさを羨望した村民たちの願いと絶望、開発に乗じて利益誘導を意図した政財界の思惑など、開発対象となった小さな六ヶ所村に大きな問題をもたらした。開発に伴って生じる様々な問題は、弱い地域に襲いかかる性質を有している。そして弱い人びとに難しい選択を迫り、彼らに強い決断を求める傾向があると思う。

現在、全国各地で人口減少や格差が進み、過疎化や限界集落など地域の衰退が深刻な事態となっている。衰退しつつある地域の振興に際し、当該住民の多くは地域が抱える様々な課題の中から、日々将来の方向を選択する決断に迫られている。その際、六ヶ所村民の選択と決断に至る過程は、〝地域にとっての開発とは何か〟という課題に応え得る歴史的事象になるだろう。

註

＊1　青森県国民教育研究所は、青森市橋本一丁目の青森県教育会館ビル一階に事務室兼閲覧室がある。むつ小川原開発の資料以外にも、青森県内の学校教育に関する数多くの資料を所蔵している。以下、本稿では同研究所の所蔵資料については「青森民研資料」と記す。

＊2　代表的なものに鎌田慧『六ヶ所村の記録　上・下』（岩波書店、一九九一年）や、馬場仁『六ヶ所村　馬場仁写真日記』（JPU出版、一九八〇年）がある。前者は開発推進派からのインタビューをはじめ、多数の人びとの証言がまとめられており、本稿でも参考になった。後者は文字通り当時の貴重な写真を中心に、当事者たちへの多数のインタビューが掲載され、村民の貴重な証言資料になっている。なお、毎日新聞記者の伊藤奈々恵は、「受け入れた村～六ヶ所村の半世紀」と題し、賛成派に焦点を当てた連載記事を掲載している（『毎日新聞』二〇一五年五月五日付～一九日付）。

＊3　青森県史編さん近現代部会『青森県史資料編近現代六　高度経済成長期の青森県』（青森県、二〇一四年）一九四頁。江波戸宏『検証　むつ小川原の三〇年』（デーリー東北新聞社、二〇〇二年）二～五頁。

＊4　石井勉「開発・住民運動と教師」（『国民教育研究』五二、一九七三年四月、青森民研資料）一〇頁。

＊5　野坂吉雄「むつ小川原開発と六ヶ所村の人びと」（『国民教育』二三、労働旬報社、一九七五年）一四三・一五〇頁。

＊6　むつ小川原開発問題研究会『むつ小川原開発読本』（北方新社、一九七二年）一二頁。「巨大開発と教師・住民―現地教師との集団面接記録　昭和五二年一月二〇日―」青森民研資料、七～一〇頁。

＊7　石井前掲論文、一二頁。

＊8　前掲『むつ小川原開発読本』二八頁。

＊9　前掲『青森県史資料編近現代六』一一五～一一六、一三二～一三四頁。

＊10　前掲「現地教師との集団面接記録」一二二頁。
＊11　同前、三八頁。
＊12　石井前掲論文、一二頁。
＊13　鎌田前掲書、二〇八～二〇九頁。反対運動が組織的に行動できた背景には、県議会議員や衆議院議員を勤めた米内山義一郎の存在と指導が大きく影響していた（江波戸前掲書、一〇七～一一〇頁）。しかし、村民の開発反対の意思がなければ実力行動は成り立たない。それだけ当初、六ヶ所村民の多くは開発反対を叫んでいたのである。
＊14　末永洋一「「むつ小川原開発」関係文献リスト」（青森民研資料、一九七七年）三六～三八頁。同資料は国民教育研究所の関係者が調査収集した資料を整理したもので、附録にむつ小川原開発と住民運動に関する詳細な年表と運動関係資料を収めている。
＊15　江波戸前掲書、六八～六九頁。集落や住民の移転立ち退きを縮小した住民対策大綱二次案は、開発規模の縮小案でもあった。この二次案を県が作成した背景には、開発反対運動の他、八月一五日にアメリカのニクソン大統領が発表したドルの防衛策（ドルショック）が影響していた。日本の高度経済成長に大打撃を与えたドルショックは、むつ小川原開発にも深刻な影響を与えた（前掲『青森県史資料編近現代六』一九四頁）。
＊16　江波戸前掲書、六八・九三～九四頁。
＊17　『デーリー東北』一九七一年一二月一〇日付。六ヶ所村史編纂委員会『六ヶ所村史』中巻（六ヶ所村史刊行委員会、一九九六年）一二二九頁。
＊18　前掲『六ヶ所村史』一二二九頁。住民対策大綱二次案自体は青森県が六ヶ所村議団に提示したものだが、その一〇日ほど前、自民党県議団から同村議団に対して自民党試案が示されていた。一次案が地元で猛反発を受けたことを受け、自民党県連の政調会が約一ヵ月かけてまとめたもので、内容的には県の発表した二次案とほぼ同じだったという（江波戸前掲書、七一頁）。つまり六ヶ所村議は早い段階で政府与党のお墨付きを得た県の開発構想を入手し、検討していたことになろう。
＊19　県の発表に対し、二次案の修正案で開発保留地とされた三沢市の農業協同組合や農業委員会は、開発対象地を白紙撤回するよう要望を出した（『東奥日報』一九七二年二月九日付）。知事が最終的に三沢市を線引外に決定した背景には、三沢市側からの要望があったのである。これに対し、開発反対運動の指導者の一人である小泉金吾は「今の知事（北村正哉、当時は副知事――筆者注）は三沢の出身でしょ。三沢を入れて開発をしようとは言えない訳だ。だから市民が黙っていても白紙になった。そのとたん、市長が条件つきの賛成派になった」と証言している（『グラフ青森』第六六号、一九八四年一一月、一〇頁）。

＊20　「開発に関する部落座談会　昭和四八年一月三一日　千歳小学校」青森民研資料、三三頁。小泉も「線引き外になれば、開発賛成になるんだ」と発言している（前掲『グラフ青森』一〇頁）。

＊21　前述した小泉は「大きくすれば、皆反対。六ヶ所村全村あげて、むしろ旗立てて反対した。三沢も反対した。ところが線引き範囲を一万七千町歩から五千八百町歩に縮めてしまった。そういうことになれば、線引き内の所だけ反対であとは条件付賛成。村そのものがばっと変る。線引きからはずされてしまうと、今まで「わたしらと共に闘いましょう」とやっていた奴が、今度は開発がくればいいということで、村会の審議会の委員長になったりしている」と発言し、線引内外の相違で村民感情が大きく変わることを示唆している（「巨大開発と教師・住民─新納屋・小泉金吾氏との面接記録　昭和五二年八月二三日・二四日─」青森民研資料、一三頁）。

＊22　前掲『六ヶ所村史』一二三〇頁。

＊23　前掲『青森県史資料編近現代六』二一六～二一九頁。前掲『六ヶ所村史』一二三〇頁。

＊24　前掲『六ヶ所村史』一二三〇～一二三二頁。

＊25　前掲『六ヶ所村史』一二三一頁。

＊26　江波戸前掲書、七八頁。

＊27　『東奥日報』一九七二年一一月二七日付は「開発の先取り加熱・六ヶ所村／バーやクラブ続々」と報じた。『デーリー東北』一九七二年一一月一二日付も「迫る開発　変わる六ヶ所／豪華住宅が各地に……／消え行く村の風景／暮らしもハデ　心配される生活再建」と大々的に報じている。なお、同様の記事は大手全国紙にも多数存在する。

＊28　松原邦明『開発と住民の権利』（北方新社、一九七四年）二〇三～二〇九頁。昭和四六年（一九七一）の三月、開発に伴う用地確保のために「むつ小川原開発株式会社」と、用地買収実務のために「財団法人青森県むつ小川原開発公社」が相次いで設立された（同書、一二四～一四二頁）。

＊29　『東奥日報』一九七二年二月一四日付。

＊30　『東奥日報』一九七二年六月二三日付。

＊31　『東奥日報』一九七二年一月二六日付。

＊32　前掲『六ヶ所村史』一二三二～一二三三頁。反対運動の指導者だった米内山義一郎も、「〝開発〟そのものに反対する理由はない。ただし、やり方を間違うと開発はできない。開発の第一の目的はコンビナートを作ることじゃない。住民の幸せを確実に保障する

ことだ」と述べている（前掲『グラフ青森』一五頁）。

＊33 『東奥日報』一九七二年五月二五日付。

＊34 江波戸前掲書、九七〜九九頁。竹内知事は九月二八日の青森県議会で、「むつ小川原開発の閣議了解の意味については、正式表示されたことで筋金が入ったということ、事業担当者に折衝する場合も裏付けが出来たということである」と表明している（『青森県議会史 自四六年至四九年』青森県議会、一九八七年、六八二頁）。

＊35 『朝日新聞（青森版）』一九七二年一〇月三日付。

＊36 九月二八日の県議会で菊池渙治県議は、閣議決定と閣議口頭了解の差異について竹内知事に質問し、了解事項の中身に問題点が多分に残されている点を指摘した。むつ小川原開発を国策事業として強力に推進したい県当局に対し、国は最終的な決定を与えていないと読み取ったのだろう。これに対し竹内知事は「了解というのは大体中間的なものに対して了解を与える」もので、「閣議決定の場合は、ある程度最終の決定が多い」として両者の差異を認めた。しかし「内閣のそのことに対する意思決定という点では変わりがない」と強気の答弁をしている（前掲『青森県議会史』六九二頁）。

＊37 前掲『青森県議会史』六七八頁。江波戸前掲書、九九頁。

＊38 前掲『青森県議会史』七三三〜七三四頁。

＊39 前掲『グラフ青森』九〜一〇頁。前掲『六ヶ所村史』一二三六頁。

＊40 前述した小泉も「段々と線引きを縮めていけば、直接被害が及ぶ人も少なくなるので、反対する人も少なくなる」として、市町村議たちの選択の根源が「線引」にあったことを裏付けている（前掲『グラフ青森』九頁）。

＊41 前掲『六ヶ所村史』七三四頁。

＊42 当時六ヶ所村の中学校教員で、反対運動にも加わっていた石井勉は「村内の条件つきや絶対賛成と反対がはっきりした対立の形をとるのは、昨年〔昭和四七年――筆者註〕一二月の村議会の意見書、要望書の決議です」と指摘している。また、石井は反対派の焦りがリコール運動を推進したと見なし、特に積極的だったのは反対同盟より寺下村長自身ではなかったかと認識している（石井前掲論文、一二〜一三頁）。

＊43 前掲「開発に関する部落座談会 千歳小学校」一頁。

＊44 座談会は開発反対派の指導者である米内山議員が随時参加し、反対派が推進する政治的性質を持ち合わせていた。しかし座談会記録は、開発に賛成し村長を批判する村民の声もそのまま収録している。当時の村民の声をうかがう貴重な資料であることには変

わりない。

＊45　前掲『六ヶ所村史』一二三八〜一二三九頁。

＊46　「開発に関する部落座談会　昭和四八年二月二日　出戸小学校」青森民研資料、一頁。

＊47　同前、一頁。

＊48　前掲『六ヶ所村史』一二三八〜一二三九頁。

＊49　「開発に関する部落座談会　昭和四八年二月三日　六原婦人ホーム」青森民研資料、一頁。

＊50　「開発に関する部落座談会　昭和四八年二月一日　老部川集会所」青森民研資料、二四頁。

＊51　村では、昭和四六年（一九七一）の一〇月と翌年の三月から四月にかけて、鹿島臨海工業地帯への視察を行った。視察は「朝から夜ねるまで、全日程が、遊びの一かけらもない勉強、勉強の連続であった」という（前掲『むつ・小川原開発読本』一五五〜一六〇頁）。決して良いとはいえない村内の教育環境でも、熱心に学習と研究を重ねていた村民がいたことは注目されよう。

＊52　米内山は老部川の座談会でも「この問題は、三年や五年でかたずきませんよ。勉強を継続しましょう」と訴えている（前掲「開発に関する部落座談会　老部川集会所」一一頁）。

＊53　前掲「開発に関する部落座談会　千歳小学校」三一頁。

＊54　同様のことは前述した石井も、開発反対のビラを配布する際、ビラの文字が満足に読めない老人たちがいることを証言している（石井前掲論文、一一頁）。

＊55　「開発に関する部落座談会　昭和四八年二月三日　二又集会所」青森民研資料、一・五頁。

＊56　前掲『青森県議会史』八八〇〜八八一頁。

＊57　江波戸前掲書七一・八七頁。註＊18も参照。

＊58　「開発に関する部落座談会　昭和四八年一月三一日　新納屋公民館」青森民研資料、一頁。

＊59　前掲「新納屋・小泉金吾氏との面接記録」一一頁。開発に本心では賛成でないのに、指導者や土地を持っていた人びとに誘導ないし恫喝されて賛成した人も多かったという（「六ヶ所村・新住区の呟き　移転者が語る「開発後遺症」証言シリーズ」④⑨（『北斗新報社』一九八三年二月一三日付、八月一四日付）。

＊60　橋本ソヨ「住民の学習運動と教師・科学者」（『国民教育研究』五二、一九七三年四月、青森民研資料）九頁。

＊61　石井は「計画が変更される中で、自分の所は立ちのかなくていいということなりますと、かなり醒めた目で住民が捉えてきた」

と述べている。その上で「そこが住民運動の一つの転換期でなかったか」とし、「土地の買占めの進められ方がピークを過ぎた時期と、県の計画の変更の時期は大体同じような気がする」と分析している。開発推進側の説得や懐柔は、具体的に開発対象地域を限定する線引効果と、土地の売買による金銭授受によって実現したことが理解できよう（前掲「現地教師との集団面接記録」三八～三九頁）。

＊62　前掲『グラフ青森』一〇頁。実際に当時は「開発がこなければいつまでも六ヶ所はヘンピな田舎でしまうんだと言う意見の人もたくさんいました」との分析もある（橋本前掲論文、六頁）。

＊63　前掲「新納屋・小泉金吾氏との面接記録」一二頁。寺下村長は当時の村民動向について「あれだけ反対運動がありながら土地が売られていったということは、現金の前には反対運動も弱かった」と証言している。しかし同時に「年間一万円の税金が払えないで困っていた人たちだ。目の前に五百万なり一千万なり積まれてごらんなさい。それが自分のはんを押すだけで自由になる。そのことを考えると無理もないという気もするんです」と村民に同情を示している（馬場前掲書、一一二頁）。

＊64　福島達夫「六ヶ所村の村落構造」（『国民教育』三七、労働旬報社、一九七八年）一六〇～一六二頁。

＊65　前掲「現地教師との集団面接記録」五八～五九頁。

＊66　同前、五九頁。

＊67　前掲「六ヶ所村・新住区の呟き　移転者が語る「開発後遺症」証言シリーズ」は、三沢市の『北斗新報社』が、昭和五七年（一九八二）一一月から翌年九月にかけて、「開発後遺症」に陥った移転者一〇人の証言を、一〇回に渡って掲載したものである。彼らの証言は程度の差こそあるが、いずれも開発に裏切られたことを吐露し、開発推進者への不信感を述べている点で共通している。

＊68　前掲「新納屋・小泉金吾氏との面接記録」三二頁。寺下は、開発に飛びついて土地を売った村民が「あとになって、土地を売った実感が理解できた時には、大半の札束は使ってしまったあと」になり、開発難民になることを指摘している（馬場前掲書、一一二頁）。

＊69　『デーリー東北』一九七三年六月六日付。リコール運動は開発反対派が推進派を牽制した側面が強く、これに推進派が対抗する形で結束力を強めたとも言われていた（『東奥日報』一九七三年五月一五日付）。リコール運動は開発をめぐる村内の対立を煽り、結果的に村長選を「小さな村の大きな選挙」と称させる役割を果たしたといえよう。

＊70　『東奥日報』一九七三年九月二七日付。江波戸前掲書、一一三～一一五頁。

＊71　「巨大開発と教師・住民―六ヶ所を守る会々長　板垣孝正氏との面接記録　昭和五二年八月二三日―」青森民研資料、二一頁。前

掲「現地教師との集団面接記録」六三～六四頁。

＊72 ルポライターで青森県出身の鎌田慧は、寺下の敗北について「開発反対派が敗れたことをあらわしている」としつつも、「圧倒的に資金の多い開発推進派が候補を統一できず、二分していた隙をついて善戦した」と分析している。そして「村民たちに開発への不安が根強かったことを示している」とも評している（鎌田前掲書、二四八～二四九頁）。

＊73 鎌田前掲書、二五二～二五三頁。寺下自身は「私だって、個人的利益を考えたら開発賛成にまわればたっぷりもうかったでしょう。村議の連中から馬鹿呼ばわりされることもなかった。でも、私としてはやはり許すわけにはいかなかったんですよ。ことの結末を予想つく人間がみすみす村びとのしゃぶられるのを見過ごすわけにはいかないと思うのですね」と証言している。寺下が開発に一貫して反対し続けた哲学と思想がうかがえよう（馬場前掲書、一一二頁）。デーリー東北新聞社の記者で『検証　むつ小川原の三〇年』を著した江波戸宏は、「寺下に関する悪口はあまり聞いたことはないが、褒め言葉はよく耳にした」と述べている。そして平成一一年（一九九九）に八六歳で亡くなった寺下について、「いまだに寺下ファンは多くいる」と評している（『デーリー東北』二〇一五年一〇月一八日付）。

＊74 前掲「現地教師との集団面接記録」六五頁。

＊75 同前、六四～六五頁。

＊76 福島前掲論文、一六五頁。最も強硬に開発反対を叫んだ泊地区の人びとが、最終的に開発を受け入れたのは、この後に行われた漁業補償問題で、県が莫大な補償金を用意したからである。当時県が大盤振る舞いをしたのは、国との関係が絡んでいた。昭和五二年（一九七七）八月、むつ小川原開発の第二次基本計画が閣議了解された。その際、県はむつ小川原港の建設着工にあたり、国から漁業補償問題を解決する前提条件を突きつけられていたのである（江波戸前掲書一三〇～一三一頁）。

＊77 前掲「現地教師との集団面接記録」三九頁。馬場前掲書、四四～四五頁。

＊78 前掲『青森県史資料編近現代六』二三三～二三六頁。核燃施設の受け入れ過程については、同書第四章第二節の《三》「核燃料サイクル施設の建設」を参照（掲載資料の編集と解説は宮本利行）。

＊79 江波戸前掲書、三二一頁。

＊80 江波戸前掲書、三二五～三二六頁。

＊81 石井は「貧しい所にもってくる「開発」というのは必ず、貧しさから解放してやる、豊かにしてやるといってくるものです」と証言している（石井前掲論文、一一頁）。

【研究輯録】

第八章　開国への決断
――阿部正弘の選択――

嶋村元宏

はじめに

かつて沼田哲氏は、蘭学者の周辺にあって海外知識を受容しうる立場にあった工藤平助、林子平、本多利明の著作である『赤蝦夷風説考』、『海国兵談』および『西域物語』ならびに『経世秘策』を分析し、それらの著作にみられる彼らの対外危機と国内改革の関連に関わる認識ついて、以下のような評価をおこなっている。

国内改革と対外危機とがきわめて先駆的な形で関連された議論であるが、――本多利明においては、天明の飢饉と北方問題の両者の克服という形でやや強まっているが――、その切実性が日本全体にとっては希薄なためであろうか、改革論・政治論としてはいまだきわめてゆるやかなものであった。とは言え、西洋についての知識の深化のなかで対外問題を日本にとっての危機とうけとめ、その対策を提起してゆくなかで現状批判をも込めざるをえなくなった、その知的営為は、時代的制約を超えて評価されなければならない。[*1]

沼田氏がここで取り上げた三人は、いずれも「ロシア問題を中心とした対外認識や海防論、あるいは蝦夷地問題に積極的に取り組んだ人々」[*2]であるが、彼らが相次いで著作を著した一八世紀後半は、北方からロシアが日本へ接近し、通商を要求しはじめた時期であり、その後頻繁に異国船が日本近海に出現するようになった時期にあたる。この相次ぐ異国船の来航と通商要求は、当然徳川公儀がその体制を維持するうえで重要な政策のひとつとして位置づけていた「鎖国」政策に直接関わる問題であったことは、いまさらいうまでもないことであるが、それは単なる対外問題としてのみ処理されるべきものではなく、必然的に国内体制の変革にもつながる課題でもあった。

天明三年（一七八三）に著された工藤平助『赤蝦夷風説考』の主張を容れ、蝦夷地の直轄化を図った田沼意次、『海国兵談』を著した林子平に対し幕政批判を理由として処罰した松平定信、アヘン戦争の勃発をうけ異国船打払令を改め、穏健策を打ち出した水野忠邦なども、その時々において「鎖国」の是非を問う重要な決断をしてきたが、最終的にその問いに決着をつけたのは、オランダ国王からの開国勧告から始まる対外問題の対応にあたった老中阿部正弘である。以下で詳述するように、嘉永七年（一八五四）三月アメリカとの間に調印された日本と西洋諸国とのはじめての条約は、通商規定を含まない「和親」条約であったが、その後オランダからもたらされるイギリス香港総督ジョン・バウリングが通商条約締結を目指して来日するという報に接すると、通商態勢へと方針を転換する決断を下した[*3]人物こそ、阿部正弘であることは異論のないところであろう。

これまで阿部正弘に関しては、早い段階で濱野章吉により『懐旧紀事：阿部伊勢守事跡』[*4]が、良質の史料をもって編まれ、また、渡辺修二郎によって『阿部正弘事跡：日本開国起源史』[*5]が著されている。さらに現在阿部正弘の一般的なイメージとして定着している「優柔不断」あるいは「八方美人」といった評価をはじめておこなった徳富猪一郎『近世日本国民史』[*6]をはじめとする通史においても、阿部の政治活動については、十分検討されている。それに加え、日本の開国史を扱った研究でも当然、阿部正弘の事蹟については考察されており[*7]、また、ややもすれば対外問題への対応に評価軸が偏っているとの批判にたち、「阿部政権」そのものの特質を、国内改革をも射程に入れ論じた守屋嘉美の論考も発表されている。[*8]これらの豊富な先行研究に対し、阿部正弘の事蹟およびその政権運営に関して新たな事実を付け加えることは本稿の目的ではない。本稿は、これらの研究蓄積によりながら、「選択」と「決断」をキィーワードに、阿部正弘の老中としての活動を再確認することにある。

日本の近代への過程において、その時々の政権担当者によっていくつもの重要な選択がなされてきたが、「鎖国」から開国へとそれまで二〇〇年以上継続してきた対外政策の転換は、特筆されるべきものである。そこで本稿では、一八世紀後半に著された三人の知識人の著作から、対外問題への危機意識がその対応だけにとどまらず、現状の国内体制への変革へとつながるものとした沼田氏の教えに導かれ、それまでのオランダ・中国以外の国々へも[*9]「通商」関係を拡大するという開国への決断をおこなった阿部正弘に焦点をあて、阿部が天保一四年（一八四三）閏九月に老中に就任して以降、現職のまま死去する安政四年（一八五七）六月までの約一五年間にわたっておこなった、新たな時代への「選択」と「決断」について整理し、私見を述べることにしたい。

具体的には、阿部正弘が老中就任後最後まで対応を迫られた以下の対外問題における「決断」についてみていきたい。すなわち、弘化二年（一八四五）のオランダ国王の開国勧告および翌三年のアメリカ・ビドル艦隊への対応、弘化三年（一八四六）、嘉永二年（一八四九）の間に三回なされた異国船打払令復活評議、嘉永五年（一八五二）のペリー来航予告情報から始まるペリー来航への対応、そして嘉永七年（一八五四）の日米条約締結後、通商条約締結を目指して来日を予告した香港総督バウリングへの対応、である。

さらに、対外問題と並行して阿部正弘がおこなった、攘夷派の首領と目される徳川斉昭の水戸藩内における復権と幕政復帰の支援や、開国派として知られる島津斉彬の薩摩藩主就任への介入、堀田正睦の老中再任など、阿部がとった人的交流の背景や人事政策における「選択」と「決断」についても目を向けることにしたい。これにより、阿部個人の対外認識をも明らかにすることにつながると思われる。はやくから島津斉彬や堀田正睦などの開国派大名との結びつきや、開国派の幕臣を登用するなどしたことから、老中就任当初から阿部正弘を開明的な開国派の一員と位置づけることが一般的であるが、その場合攘夷派の徳川斉昭を支援し、幕政に参加させたり、幾度も辞意を漏らす斉昭に反意を求めたり、時には斉昭の意見を反映する政策を進めたりしたことをどのように考えるのであろうか。人的交流や人事政策を通して、阿部がいかなる考えからその対外政策を選択したかを明らかにすることができると考えている。

なお、史実に関して新たに付け加えるべき点はない。『懐旧紀事』をはじめとする先学の著作に多くを拠っており、一般的によく知られている史実については、それらの先行研究をもとに記述している。

1　弘化期の選択と決断

(1)　阿部政権

阿部正弘は、文政二年（一八一九）一〇月一六日、福山藩主阿部正精の六男として江戸城西丸に生まれた。父正精は、公儀が文化四年（一八〇七）から文政四年（一八二一）まで全蝦夷地を直轄支配した時期に老中を務めた人物であった。[*10] その後、文政九年（一八二六）正精の死去にともない三男正寧が家督を継いだが、その一〇年後の天保七年（一八三六）一二月正弘は正寧の養子となり、正寧の致仕にともない同年一二月正弘は福山藩主となっている。そして、天保九年（一八三八）奏者番に、同一一年に寺社奉行に任じられ、老中へのコースを順調に進むのであるが、さらに周知の出世を遂げるのである。本来、大坂城代、京都所司代を経るのが通例であるが、父正精同様そのふたつのポストを飛び越し、天保一四年（一八四三）閏九月一一日、改革を進めていた老中水野忠邦、土井利位、真田幸貫のなかに、阿部正弘は二五歳で加わったのである。

しかし、阿部が老中となった当初は、就任二日後に、自らが進めていた改革の失敗の責任を問われた水野忠邦が罷免され、土井、真田も翌年までにその職を退き、就任一年に満たないなかで最古参となる。ところが、弘化元年（一八四四）六月一三日に真田幸貫が老中を辞した翌日には、水野忠邦が復職するなど、七月二二日に勝手用掛に就いたとはいえ、実質的には阿部政権とは言いがたい状況であった。その阿部が本格的に政権をスタートさせるのは、水野とそれに近い堀親審が、その役を離れた弘化二年（一八四五）二月以降であるが[*11]、その阿部もまた天保期の幕政同様、対外的問題と国内問題とのいわゆる内憂外患への対応こそが、最優先に解決しなければならない最大の課題だったのである。[*12]

(2) オランダ国王の開国勧告

老中となった阿部にとって、復帰した水野が主席の座にあるとはいえ、はじめての対外問題となったのは、弘化元年（一八四四）七月にオランダ国王ヴィレム二世から将軍へ宛てて送られた日本の開国を促す親書への対応であった。この親書は、日本はアヘン戦争の影響をうけ、動揺をきたしているとの判断から、在日経験もあり日本の内情にも詳しいフランツ・フォン・シーボルトに起草させたものであった。

これに対して公儀は、翌弘化二年（一八四五）六月一日、阿部正弘以下、牧野忠雅、青山忠良、戸田忠温の四名の老中連署により、オランダ国王にではなく、「阿蘭陀国政府諸公閣下」に宛て、漢文で回答をおこなうとともに、さらに、オランダ商館長に宛て、回答書の説明ともいうべき「カヒタンへ諭書」を送っている。[*13]回答書において「通信限朝鮮琉球、通商限貴国與支那」と記されたように、国書の交換を意味する「通信」をおこないえるのは、朝鮮と琉球だけであり、「通商[*14]」はオランダと中国に限定しているとし、祖法をまげて現状の変更をおこなうことは不可能であると、オランダ国王からの開国勧告を拒絶している。そして、「カヒタンへ諭書」では、通信の国ではないオランダ国王からの国書を受け取り、将軍からオランダ国王へ返答をおこなうことは、「通信」関係の成立を意味し、「祖法ノ厳禁ヲ侵ス」ことになってしまうため、老中からオランダ政府の執政官への回答となったことを説明する。そして、本来通信の国以外の国書を受け取ることじたい憚れることであるが、長年通商関係にあり、オランダは誠意をもってこの関係を維持していることへ応えるために今回に限り受け取ったが、今後は一切このような国書を送らないよう強く求めたのである。

オランダ国王の開国勧告への対応は、第二次水野政権下で発生した問題であったが、水野に代わり老中首座となった阿部がはじめて主導して解決を図ったもので、結論としては、これまで通り、「鎖国」維持を選択する決断であった。この回答書では、朝鮮と琉球を通信の国とし、オランダと中国を通商の国に位置づけ、これを厳守すべき祖法としているが、これは寛政四年（一七九二）に通商を求めて根室に来航したラクスマン・ロシア使節への対応のなかで、老中松平定信が、これまで徳川公儀がおこなってきた対外関係を整理しその枠組みを変更不可能な祖法として位置づけた、すなわち松平定信が創出した、いわゆる「鎖国祖法観[*15]」をさらに具体的に表現しているのである。異国船打払令から薪水給与令へと対外方針は水野政権下で「避戦」を前提とするものとなっていたが、そのような状況下においても「鎖国」維持が阿部の対外政策における基本路線であったことを示したのである。

(3) 徳川斉昭との交流

このように、最初の課題であったオランダ国王の開国勧告については、鮮明に「鎖国」維持を打ち出し、当然ではあるが従前の対外方針を継承する立場を取った阿部であったが、若くして首座となった老中がすべてにわたり、独自性をもってこれまでとは異なる政策を推進することは容易ことではなかった。そのような状況下にあった阿部に、弘化二年（一八四五）七月、徳川斉昭は書簡をもって接近を図ってきたのである。

寛政一二年（一八〇〇）三月、江戸小石川の江戸藩邸で生まれた徳川斉昭は、侍講会沢正志斎に学び、文政一二年（一八二九）家督を継いで第九代藩主となると、藩政改革を推進した。しかし、家老結城虎寿を中心とする反対勢力が公儀を動かし、弘化元年（一八四四）五月、斉昭は藩主の座を嫡男慶篤に譲ったうえで謹慎を命ぜられ、幕政はおろか藩政への関与もできない状態に立たされていたのである。謹慎は半年後に解除されたが、政治活動の再開がいまだ見込めないなか、弘化二年七月斉昭から阿部に書簡を送り、以後ペリー第一回来航のあった嘉永六年（一八五三）六月まで対外関係に関わる内容を含む書簡を往復させている。[*16]

徳川斉昭にしてみれば、老中となって日が浅く政権運営に自信を持てないでいる阿部正弘に対し、自身の存在を強く訴える絶好の機会であり、政界復帰への足がかりとなると判断しての、文通開始であったと思われる。一方阿部にとって徳川斉昭と与することは、自身の政権運営にとってもメリットとの判断が働いたからであると考えられる。つまり、藩内抗争の渦中にあり、対外政策においては強硬であるものの衆望が厚い徳川斉昭は、首座とはいえ老中としての経験が少ないなかで政権を担う者にとって、そのメリットとデメリットを比較しても、幕政に復帰させ自身の後ろ盾することとのメリットが大きいとの判断をくだしたということである。オランダ国王の開国勧告の対応にあたり、自らがくだした「鎖国」維持の政策を補強するうえでも、徳川斉昭を自らのブレーンに迎え入れることは合理的決断だったのである。

(4) 琉球問題とアメリカ・ビドル艦隊への対応

徳川斉昭との関係を構築しはじめた弘化二年（一八四五）以降、対外問題となったのは、一九世紀に入り頻繁に異国船が来航し、またその異国人が長期滞在をはじめた琉球問題と、弘化三年（一八四六）閏五月、通商を求めて突然浦賀に巨大な戦艦で来航したビドル・アメリカ艦隊への対応であった。

まず琉球問題についてであるが、琉球へは、一九世紀に入るとイギリス、フランス、オランダ、アメリカの艦船が来航し、長期間滞在する者もいた。特に、弘化元年（一八四四）に来航したセシル・フランス艦隊は琉球王府との間に通商条約締結交渉を開始した。その後二年間の中断を挟んで、弘化三年（一八四六）五月にも来航して交渉をおこなったが、最終的に日本との関係を崩したくないとの琉球王府側の判断から、フランスとの間に条約は締結されることはなかった。[*17]

『懐旧紀事』によれば、弘化三年（一八四六）六月一日に島津斉彬が帰国するにさいし将軍家慶は、「琉球国へ異国船渡来之処彼地之儀ハ素ゟ其方一手之進退ニ委任之事故此度之儀モ存寄一杯取計尤国体不失寛猛之処置勘弁之上何レニモ後患無之様熟慮取締向等機変ニ応シ取計可申候[*18]」と述べたという。すなわち、琉球問題については、すでに薩摩藩に委任しており、「国体」を失わない処置を施し、後に問題とならないよう取り計らいを求めているというのである。さらに、五日に阿部は斉彬を自邸へ招き、「琉球国へ仏蘭西人共罷越候節難題申掛候儀ニ付取扱方心配被致候段尤之儀ニ候へ共交易等之儀ハ従公辺難被及御沙汰筋ニ候[*19]」と、琉球においては、徳川公儀の沙汰が及ばないことを再度伝えている。このことについて、『懐旧紀事』を編んだ濱野省吾は、すでに弘化元年（一八四四）にセシユが琉球と条約交渉を開始した時点で阿部と斉彬との間では、開港、すなわち通商を容認することで意見がまとまっており、家慶もそれを黙許していたという。[*20] この濱野の推測をにわかに信じることはできないが、中国へも朝貢し、その一方で薩摩藩の支配を受けているという琉球ならではの特殊事情においては、阿部が直接琉球と外国との条約締結の可否について容喙することはできず、島津斉彬に一任とのスタンスを選ばざるを得なかったのである。

一方、弘化三年（一八四六）閏五月二七日浦賀に来航したアメリカ東インド艦隊司令長官ジェームズ・ビドルへの対応は、結果として特に困難を極めるものにはならなかった。アヘン戦争の結果イギリスと清との間で締結された南京条約をうけ、一八四四年にアメリカが清と締結した通商条約である米清望厦条約の批准書を交換したのにあわせ、日本に通商の意志があるか否かを確認するよう命じられて来航しただけであり、ビドルにも交渉を開始する用意もなく、すぐに退去していったからである。ペリー来航以前において、一触即発の危険性をはらんでいたものの、アメリカ側の態度が強硬ではなかったこともあり、「鎖国」維持を選択する阿部にとって結果的には特段の脅威とはならなかったのである。

(5) 異国船打払令復活評議

琉球問題とビドルへの対応が終わるとまもなく、阿部正弘は、「避戦」のために水野政権が採用した薪水給与令をあらため、異国船打払令への復活を図った。[*21]諮問は弘化三年(一八四六)、嘉永元年(一八四八)、嘉永二年(一八四九)の三度あったが、いずれも海防掛を中心に反対され、復活することはなかった。海防強化については、賛成され実行に移されたが、打ち払いをともなう攘夷のうえでの「鎖国」という阿部の決断は、最後まで同意を得られなかったのである。

まず弘化三年(一八四六)は、三奉行、海防掛、西丸留守居筒井政憲、江戸湾防備を担当する川越・忍両藩に対して諮問されたが、避戦優先を理由に、海防掛は反対している。そして、嘉永元年(一八四八)五月には打払令の早期再公布と大名に対する海防令の公布について、海防掛へ諮問をおこなったが、これには公儀内外で阿部排斥運動がおこるほどであった。海防掛は前回同様徹底的な反対意見を述べている。さらに、翌嘉永二年(一八四九)閏四月、江戸湾近海にイギリス船マリナー号が来航し、下田などで上陸・測量するなどしたことをきっかけに三度目の諮問をおこなった。まず筒井をはじめとする昌平坂学問所関係者に対しておこない、その後、三奉行、大小目付、海防掛および江戸湾防備担当藩である川越藩、会津藩、彦根藩、忍藩に諮問した。今回は、各グループとしての意見集約ではなく、個人への諮問という形でったが、結果は前二回同様、またもや阿部の意見は容れられなかったのである。阿部自身の意とは裏腹に、避戦優先策を選択することを阿部は強いられたのである。

このように、天保改革の失敗をうけ老中に就任した阿部正弘であったが、前政権同様内外に解決すべき多くの課題をもっての船出であった。特に、罷免された水野忠邦が復帰するなど、自らがリーダーシップを発揮する環境のないなかでの出発となった。オランダ国王開国勧告への対応では、松平定信によって創出された「鎖国祖法」を明確に規定し、鎖国維持の決断を鮮明にした。そして、衆望を背負った徳川斉昭が接近してくると、それを受け入れ次に見るように幕政での発言をも行えるよう斉昭を重用する決断をするのである。しかし、琉球問題やビドル艦隊の来航をうけ、従来の避戦優先策から強硬な攘夷政策への転換を目指した異国船打払令復活は、周囲のものの理解を得られず、実現させることはできなかったのである。

2　嘉永期の選択と決断

(1)　島津斉彬の襲封とペリー来航予告情報

異国船が頻繁に来航し、長期にわたって滞在する異国人までいるようになった琉球は、薩摩藩の支配下にあった。周知のように、「鎖国」体制下にあって、正式には長崎が唯一の海外貿易の場であったが、実際には蝦夷地同様琉球も異国とつながっていたのである。したがって、そこを支配する薩摩藩主は、海外事情に詳しい人物であることを、老中阿部正弘が望んだとしてもおかしなことではないだろう。事実、世子である島津斉彬と斉興とその側室お由羅の方の子である島津久光とで藩を二分して争われた薩摩藩主の座をめぐるお家騒動に阿部自身が介入し、嘉永四年（一八五一）二月、将軍家慶から引導を渡された斉興の跡を継がせ、斉彬を藩主にさせることに成功するのである。

ここに、阿部正弘と島津斉彬との連携はさらに強固なものとなったが、開国派である斉彬との距離が近くなったといえども、それがすぐさま阿部が開国路線へと政策を変更することを意味したわけではなかった。異国船が本州に接近する前に頻繁に出現する琉球の状況について把握するために、海外事情に詳しい斉彬との連携を図ったものと考えられよう。

そして嘉永五年（一八五二）七月、オランダは日本の開国を実現させるべく、新たな商館長としてドンケル・クルティウスを長崎へ派遣した。クルティウスは、これまでの商館長とは異なり、東インド会社に所属するものではなく、東インド総督府高等法院判事を前職とする司法官であった。[*22] そのクルティウスは、来日に際し、日本に多大なる影響を与える重要情報を携えていた。アヘン戦争の勃発を契機としてオランダがこれまでの「風説書」とは別に提出するようになった「別段風説書」に、「近頃又風評仕候には、北亜墨利加合衆國政堂より船を仕出し、日本と交易を取結ハんため御當國江参り申べき由に御座候[*23]」と、アメリカ政府が日本との通商を求め使節を派遣したとの記述が含まれていたのである。[*24] そもそも「別段風説書」は、老中をはじめとする対外問題に関わるものだけがアクセスできる重要機密情報であったが、特にアメリカ使節の来日を告げる今回の情報は、これまで以上に慎重な取扱を求められるものであった。

中国近海に繋留された九艘の軍艦名もリストアップされ、「陸軍及攻城の諸具をも積込居候由ニ御座候[*25]」と、武力をも辞さない態度で臨んでくることが予想される相手を前に、このような情報を事前に得た阿部正弘が、取り得る選択肢はいかなるものだったのであろうか。まず確認しなければならないのは、この情報の信憑性である。信用するに足らないことが確実に判明するのであれば、当然まったく対応する必要はない。これまで通りの体制を維持しておくことで十分である。しかし、この情報の信憑性を確かめる手段を持たない徳川公儀としては、信用に足らないものとして無視することは、正しい情報であった場合、まさに無防備な状態でアメリカ使節の来航を迎えなければならないという状況に陥ってしまうことになる。したがって、この情報の信憑性に確証が持てない段階において阿部が取り得る選択肢としては、この情報を正しいものと仮定し、来航を想定した対策を取ることである。

来航した場合の対応としては、アメリカ側の通商をはじめとする要求を受け入れるのか、あるいは拒否するのかということになる。受け入れることを選択した場合、鎖国の放棄を国内に対して説明し了解してもらうことが求められる。阿部のブレーンである徳川斉昭をはじめとする攘夷派が素直に納得するとも考えられない。だとすれば、アメリカの要求を拒絶することになるわけであるが、交渉だけで話がまとまり、ビドルのようにペリーが引き下がってくれればよいが、「別段風説書」に記されているように、武力に訴えてでも自らの要求を受け入れさせようと意気込んでいる相手を納得させることは困難であろう。では、打ち払うという選択肢はどうであろうか。攘夷派からすれば、理想的であるが、海防を強化しようにも、その来航場所が特定できないなかで、すべての拠点を強化することは現実的ではない。また、強化したとしてそれで実際に打ち払えるという保証もない。中途半端な強化は全く意味をなさないのである。

異国船打払令の復活を図った阿部正弘からすれば、要求拒絶・攘夷が、理想的な選択だったはずである。しかし、状況がそれを許さなかったのである。武力による攘夷の実行は、徳川公儀の存亡をも賭すことになるからである。アヘン戦争でイギリスに敗れた清の二の舞とならぬよう、「避戦」という現実的な選択肢を選ばざるを得なかったのである。そして「避戦」を選んだ限りにおいては、財政的負担を増大させてまで、海防強化を図る必然性も失われたのである。

阿部正弘は、ペリー来航を予告した別段風説書の該当部分を書き抜き、嘉永五年（一八五二）一一月、島津斉彬へ書簡を送っている。そしてその末尾には以下のような、この別段風説書の対応について記しているのであるが、ここから阿部の真意を推し量ることができよう。

風聞書にハ、上陸圍軍の用意も致し、諸道具積入有之由に候、併右船々四月下旬当三月初旬に当る前にハ出帆難成、若ハ今少し延引可致由ニ有之候、右之通風説書に有之候、取留候儀とも不相聞候得共、兼而風説書之儀ニ付而は、被申聞候趣も有之候間、為心得相達候、尤此儀ニ付而は、彼是雑説等も可有之候得共、此外之儀は更ニ可相違廉も無之候間、先右之趣は密々為心得申達候事故、世上江流布致し候而ハ、只人気ニ而已相拘不可然筋ニ付、其段厚相含、御備向之儀は、随分無油段可被申付置候、乍然事ヶ間敷用意等致し候儀は無之様、可被取斗候事、[*26]

このように、重視するほどのことではないとしながらも、念のため内密に書き送ったという。そして、この件が世間へ漏洩した場合、人心にも影響を及ぼすことになるので、備えは十分にしなければならないが、あまりにも大げさに準備することはないよう取り計らうことを要請している。露骨な対応により、世情不安が惹起することを懸念してのことである。

別段風説書に記載されていることが確実であるならば、また違った対応を取ることも考えられるが、事実ともそうではないとも確定できない不確定要素の多い情報に対して、固定的な対応を取ることのリスクのほうが大きいと考えたためであると思われる。物々しい準備をおこない、予告通りペリー艦隊が来航すればそれはそれで良いが、もし来航しなかった場合、社会を不安に陥れておきながら、その原因となる危機は存在しなかったという、なんとも間の抜けた状況に陥る可能性があり、その時には、公儀の権威失墜にもつながることが予想できたのである。

ペリー来航を事前に知りながら、何の対策も講じなかったと一般には見えるが、強いていえば、ペリー来航予告情報を前に、「避戦」を選択した阿部正弘は、世情を不安定にする中途半端な対応よりも、特段の対応を取らないという決断をすることで、来航しなかった時の保険もかけたのである。

(2) ペリー来航への対応

別段風説書に記載されていたとおり、翌年ペリー艦隊は来航した。来航したことについては、正しい情報であったが、来航時期については、「四月下旬我か當三月上旬の頃を云かより前には開帆仕まじく、多分は猶又延引仕へき哉」[*27]と、嘉永六年三月過ぎの中国近海からの出航が予想されていたが、浦賀への来航は予想された時期から三ヵ月を経過した嘉永六年六月になってからであった。しかし、ペリー艦隊が中国近海を出航したのは、予告通り三月のことであった。浦賀へ姿を現す以前、ペリー艦隊は琉球の那覇に寄港し、江戸へ向けて出航する五月末までの間、徳川公儀がアメリカの要求を受け入れなかった場合の対策を練っていたのである。[*28]当然、これだけ長期にわたる滞留だったので、ペリー艦隊が琉球に滞留していたことは、実質的に琉球を支配する薩摩藩主島津斉彬によって確認され、江戸の阿部に報知されていたと考えられよう。

そして、嘉永六年六月三日ペリー艦隊は浦賀にその姿を現すと、アメリカ大統領国書の受け取りを公儀へ迫った。予告通り出現したアメリカ使節への対応として、まずアメリカ大統領国書の受け取り可否をめぐる選択を阿部は決断する必要に迫られたのであった。そこで、阿部はこれまでの案件同様、諸有司からの意見をもとに最終的な決断をおこなおうとしたのである。五日から本格的に評議を開始した公儀は、諸有司の意見を徴収したが、攘夷派で知られる徳川斉昭は、衆議を尽くし決断するしか他にはないとの意見を阿部に与えている。そして六日には諸有司からの意見も集められたが、ひとつにまとめることはできなかった。しかし、アメリカ軍艦ミシシッピ号が江戸内海へ侵入したことから、国書受け取りの決断を阿部正弘はおこなったのである。[*29]そして、嘉永六年六月九日、浦賀奉行戸田氏栄と井戸弘道とが、久里浜でアメリカ大統領国書を徳川公儀の代表として受け取ったが、その回答には時間を要するとの対応に対し、ペリー艦隊は一時日本を離れ、翌春その回答を得るために再来航することを伝え、一三日に出航した。

阿部の次なる課題は、アメリカ大統領国書への回答を準備することにあったが、ペリー艦隊が日本を離れた翌日六月一四日、戸田氏栄、鵜殿長鋭、大久保忠寛が連署をもって、徳川斉昭の海防参与就任を阿部に提案してきた。阿部はこの件を諸有司に諮ったところ、林復斎など一部の反対があったとはいえ、二二に日将軍家慶が亡くなり、次期将軍家定が病弱だったため、その補佐が必要な事態でもあった。さらに越前藩主松平慶永の後押しもあり、阿部は徳川斉昭を海防参与とすることを決断し、七月三日正式に斉昭は海防参与に就任することになったのである。それまで斉昭は阿部を通じて対外問題に自らの意見を述べてきたが、これにより正式に意見を述べられる立場に立つことができたのである。一方阿部にとっても、対外問題解決へ向け、同じ方向を目指す斉昭の海防参与就任は、強い味方を得ることとなったのである。

そして、徳川斉昭の海防参与への就任について動き出したのと並行して、アメリカ大統領国書への対応もはじめられていた。六月一四日に、阿部は西丸留守居筒井政憲と勘定奉行川路聖謨を斉昭のもとへ向かわせ、アメリカ大統領国書を示したうえで限定交易策と回答延引策の二策を述べさせたところ、斉昭は回答延引策を採用すべきことを主張した。その後、御三家のみならず布衣以上の有司と全大名に対して、アメリカ大統領国書を示し、意見を求めたばかりではなく、その範囲を庶民にまで広げて意見を募ったのである。阿部がこのような先例にない行動に打って出たのは、危急存亡のときであることを広く知らせることで、衆目を対外問題に向けさせ、挙国一致を図ろうとしたと思われる。危機的状況であることを秘匿し秘密裏に解決を図るのではなく、逆に公表することでことの重大さを多くのものと共有する方策に打って出たのである。

(3) ロシアへの対応と大号令

アメリカへの対応を進めているなか、ロシア船が通商を求めて長崎に来航したことが、七月二七日になって江戸へ伝えられた。西洋諸国と日本との軍事力の差を理由に、筒井政憲はいち早く限定交易策を主張したが、八月三日に

「海防愚存」一三箇条を建白し、攘夷の大号令が出されることを主張していた徳川斉昭はそれに反対し、さらに海防参与辞任の意向を阿部に対し表明したのである。筒井の限定交易策よりもさらに開放度を制限した限定交易論に傾いていたとされる阿部正弘[*30]にとっても、ここで斉昭に海防参与を辞任されてしまっては斉昭を支持する層の反発をかうことは必至であり、危機的状況下で挙国一致を図ろうとしているなか、それは避けねばならない事態であった。そこで、阿部正弘は斉昭が求める大号令[*31]の発布へと自らも筆を執る決断をしたのである。そして、最終的にペリーの再来航への対応方針として、嘉永六年一一月一日諸大名ならびに旗本に布告している。

この大号令は、「交易論」を主張するロシア応接掛筒井政憲と川路聖謨に対する抗議の意味を持ったものであり、「交易許可の流れを押しとどめたことに、政治的意義がある」という。[*32]斉昭と筒井・川路とは「交易」をめぐって対立関係にあり、斉昭はそれを不満として先に見たように、嘉永六年七月とロシア使節への対応に協議していた一〇月一九日の二度にわたり、海防参与を辞任する意向を阿部へ伝えていたのである。それを留意し、斉昭の意に沿う大号令の発布を認めたのは阿部正弘であり、ペリー来航以降開国へと傾斜を強めるも、この時点においても徳川斉昭を切り捨てることは選ばなかったのである。

(4) 日米条約の締結

嘉永七年一月一一日、ペリー艦隊が浦賀へ再来航を果たしたとの報に接した公儀から応接掛を任じられた、林大学頭復斎（儒者）、井戸対馬守覚弘（町奉行）、伊沢美作守政義（浦賀奉行）、鵜殿民部少輔長鋭（目付）、松崎満太郎（儒者）は、浦賀に派遣され、一月一九日に浦賀に到着した。[*33]その後、条約交渉の場所を浦賀から「金川」（＝神奈川）へ移すことが二八日に決定され、翌二九日に応接掛は浦賀を出立し神奈川へ向かっている。神奈川では、本陣を浦賀奉行所仮役所とし、そこを応接掛の本部として日々の評議に使うことになった。そして、二月二日勘定奉行松平近直が神奈川を訪れ、「御内密之御指図有之」ことをうけ、「相掛一同徹暁談判」と、応接掛一同が夜を徹して議論を重ねている。[*34] そして翌三日、幕閣は応接掛二名の帰府を命じ、翌日帰府した林と井戸を交え評議がおこなわれた。すでにこの時点になり、「表向き貿易反対の強硬論を唱えていたが、心中では海外進出型なら将来の開国は可と考えていた」徳川斉昭[*35]であったが、自身の意向が反されないとみるや翌日は自邸に引き籠もるなど、斉昭の反対に遭い、最終的には六日になって、徳川斉昭の意見が反映されるかたちで、「漂流民の保護と石炭の供給は認める一方、通信・通商に関しては、回答延引を図るという当初の線」で決着をみている。[*36] ここに至っても、阿部はまだ、斉昭支持を継続したのである。

江戸での最終的な応接方針を得た林をはじめとする応接掛は、嘉永七年（一八五四）二月一〇日からその方針に従い本格的に交渉に臨んだ。その結果は、（1）漂流民の保護、（2）石炭貯蔵庫の設置、（3）上記のための下田と箱館の開港、という、アメリカ側が通商に固執しなかったこともあり、ほぼ方針通りの内容となった。三月三日に調印されたこの日米条約は、通信と通商を回避した点において、公儀にとって満足のいくものであり、「鎖国」維持という基本路線は護られたと評価されるべき内容をもつ条約であった。しかし、条約の内容としては満足するものとなったが、攘夷という観点から見た場合、アメリカを打ち払うことができず、一〇〇%ではないにしてもアメリカの要求を受け入れた条約を締結せざるを得なかったことは、政権を与る阿部正弘にとっては汚点であった。そこで、阿部正弘は老中を辞任することでその責任を取ることを決断した。嘉永七年四月一〇日、同役の松平乗全に辞表[*37]を託し、将軍家定の裁可をまったのである。しかし、当時の状況から、辞職は認められないとの認識の中で、阿部が信任を問うたパフォーマンスであったとも考えられている。[*38]

3　安政期の選択と決断

アメリカとの交渉の末、通商を回避した阿部正弘であったが、ペリーが日本を離れてまもなく、オランダからの情報により再びイギリスとの通商開始をめぐる問題に直面することになった。

嘉永七年（一八五四）七月晦日、長崎・出島へ入港したオランダ軍艦メデュサ号が日本へ来航する途中香港へ寄港した際に入手した情報であるとして、オランダ理事官ドンケル・クルティウスは、「第一　唐国一揆之戦争彌相募申候、第二　於香港承候ニは、暦数千八百五十五年来卯年ニ相当り申候、日本ニ向け、エゲレス国之政府ヨリ、使節差越候儀、決定仕候趣ニ御座候、第三　唐国香港ニは、魯西亜船一切罷在不申候」[*39]と、中国における太平天国の乱の状況とクリミア戦争に関係する当事国のひとつであるロシア船の動向と共に、イギリス政府が日本との通商求め使節の派遣を決定したことを伝えた。そして、これとは別に七月中にクルティウスは、「唐国備之エケレス船勢之総督、此度思ひ立、暹羅交趾日本等江出懸ケ、交易決信之道を発んと之事」[*40]とする、中国に配備されているイギリス艦隊の総督[*41]が、通商を求めシャム、コーチ、日本等へおもむくことが決定したことを伝えていたが、その情報に、「此度長崎渡来之阿蘭陀船ゟ申含候由、来春正月、英船近港江渡来之旨致治定候趣英気(マヽ)必定乱妨之所業可有之致噂候旨承及候事」[*42]と、来春の来航が予定されるイギリスは必ずや乱暴に及ぶだろうという噂があることを水野によって付け加えられ江戸へ報告された。

本来は、香港総督の来日を予告していたのであるが、閏七月イギリス東インド艦隊司令長官ジェームズ・スターリング率いる艦隊が長崎へ来航した。[*43]クリミア戦争の敵国であるロシア船の捕捉を目的としていたスターリングの任務には、通商条約の締結は含まれていなかったこともあり、軍事協定の性格を持つ日英協定が調印され、この時点での通商問題は回避されたのである。

しかし、安政三年七月一〇日オランダ理事館ドンケル・クルティウスは、八日に入港したメデュサ号のファビウス提督からの情報として、香港に寄港した際イギリス香港総督ジョン・バウリングから二ヵ月後に通商を求めて日本へ行く用意があると伝えられたことを、在勤長崎奉行川村修就へ報告した。これを契機に、徳川公儀中枢では、イギリス使節への対応方針をめぐって議論がたたかわされることになる。[*44]そして、安政三年八月四日、阿部正弘をはじめとする老中は、評定所一座に対し、交易を許容した場合、ロシア、アメリカ、イギリス、フランスはもちろん、希望するそれ以外の国に対しても、認めることになるので、「交易互市之利益を以、富国強兵之基本」とすべきことが通達された。[*45]これまで避戦優先策をとりつつ「鎖国」を維持し続ける方針であったのが、イギリス香港総督の来航予告を契機に、大きな方針転換を遂げたのである。開国への決断を阿部正弘がおこなった瞬間であった。当然、すぐに通商条約を締結し、通商を開始するというものではなく、調査期間を設け、また航海の練習も重ねたうえで、しかるべき準備を整え、通商を開始するというものであった。したがって、バウリングが来航したとしてもすぐに条約締結交渉に入ることは想定されず、外国側からすれば、その実効性が保証されないものであり、一種の回答延引策ととられる懸念もあった。

しかし、すでに安政二年一〇月二日、徳川斉昭から蘭癖と渾名されるほどの海外通である佐倉藩主堀田正睦を老中に再任させ、主席の座を譲るという人事をみると、すでにこの段階から阿部が開国への決断を探っていたと思われる。この就任をめぐっては、当然徳川斉昭は反対の立場であり、その斉昭の意向に背いてまで阿部は、堀田を選択したことになる。堀田正睦は、阿部が水野忠邦政権の末席に加わる前に、老中にあったが、水野の改革が失敗に終わることを予見し、水野失脚の直前にその座を自ら辞していた。その後溜詰格となった堀田の抜擢は、井伊直弼を代表とする溜詰との関係回復を目的としたものであるとの見方もできるが、仮にそうであったとしても、斉昭が主張する鎖国攘夷から、溜詰が主張する開国通商へと、阿部正弘は自らの方針の転換を図ろうとしていたと考えられるのである。

このように香港総督バウリング来航予告を契機に、一挙に通商開国方針へとその方針を転換させた阿部正弘は、さらに通商への傾斜を強めていった。安政三年一〇月一七日、老中堀田正睦に対し新設した外国事務取扱を命じ、さらに二〇日には、堀田をはじめ、若年寄本多忠徳、大目付跡部良弼、同土岐頼旨、勘定奉行水野忠徳、同川路聖謨、目付岩瀬忠震、同大久保忠寛、勘定吟味役塚越藤助、同中村為弥を、同じく新設となった外国貿易取調掛に任命し、本格的に貿易調査を開始するのである。堀田が示したと思われる貿易取調方針には、

貿易之儀、事之成否ハ暫く差置、先大凡之見当を附度、大綱挙り候得は、其余之細目は如何様ニも穿鑿行届可申哉、細目之方より取調ニかゝり候而は、夫か為ニ年月を費し可申、当節ニも外国より品々申募、戦端を開き、天下万民之患害を引出し候よりハ、交易筋御開済之方ニ相成、彼方十分勝手ニ被致候而は、自分始各ニも御用被仰付候御主意江対し恐入候次第ニ付、御取締筋始大綱之処、一同心腹を披キ申談、成たけ差急被申聞、大体を治定いたし置候様、精々存入候事ニ候、[*46]

と、貿易の大枠から調査すべきことが示されている。当然、阿部正弘もこのことについては同意しているわけであり、阿部も堀田とともに通商開国への道を歩みはじめようとしていたのである。

おわりに

天保の改革の失敗もあり、内憂外患状態であった時代に、若くして老中となった阿部正弘が弘化期に直面した問題として、オランダ国王の開国勧告、徳川斉昭への支援、異国船打払令復活評議があった。

最初の外交問題となったオランダ国王の開国勧告への対応では、松平定信によって創出された「鎖国祖法観」をさらに具体的なものとし、回答書へ盛り込んだ。これは、「鎖国」維持の明確な宣言でもあった。老中に就任して一年で首座となった阿部正弘は、まずは前例を踏襲するという選択をおこなったのである。そして、衆望の厚い徳川斉昭の藩政及び幕政復帰を支援し、自らの後ろ盾とすることによって、政策を進めやすい環境を作ることに成功したのである。そして、鎖国攘夷路線を推進する中で、異国船打払令復活を画策することになるのであるが、徳川斉昭の後ろ盾がありながらも海防掛を中心に賛成をえられず、弘化三年、嘉永元年、嘉永二年の三度にわたる復活評議はいずれも失敗に終わるのである。阿部正弘は絶対的な権力を持っていたわけではないことがこのことからも理解されるのである。

次の嘉永期においては、薩摩藩のお家騒動への介入もあったが、ペリー来航予告情報並びに実際に来航した際の対応時における決断が、大きなものであった。

ペリー来航予告情報をめぐっては、一般的に、来航を予告されながら何もしなかったことが批判の対象となっているが、情報の信憑性及び当時の状況から中途半端な対応とならざるを得ず、それならば何もしないという選択肢を選ぶ方が、全体的にみてメリットがあったと阿部は決断したことを示した。そして、実際の来航に際しても、徳川斉昭の意見を反映させた方針を支持し、その方針のもと日米条約を締結し、最大の懸案であった通商を認めないことで、「鎖国」延命がはかされたことがわかった。

しかし、安政期においては、香港総督バウリングの渡来予告を契機に、これまでの鎖国攘夷方針から開国通商方針へと、方針転換がなされたことをみてきた。特に、開国通商を主張する溜詰出身の堀田正睦の抜擢は、それを如実に物語るものであった。

阿部正弘は、若くして老中に就任したことがその才能の高さを語るうえでしばしば言われるが、逆に若かったがために、強硬に自らの主張を展開することができなかったのではなかろうか。そのため、多くの後ろ盾が必要となり、徳川斉昭と堀田正睦という結果として主張するところのものが相反する人物と同時並行で連携する状況を生み出したと思われる。それが、八方美人と評価されてきた一因だったのではなかろうか。しかし、その人的交流も含め、すべては阿部が意図して選択したのであり、決して優柔不断にすべてを決断したわけではないのである。

註

*1 沼田哲「世界に開かれる目」(辻達也編『日本の近世　第一〇巻　近代への胎動』中央公論社、一九九三年)二六九頁。
*2 同前、二三四頁。
*3 この点については、嶋村元宏「幕末通商外交政策の転換」(『神奈川県立博物館研究報告―人文科学―』第二〇号)で、その詳細を論じている。なお、本稿においても、多くを参照している。
*4 濱野章吉編『懐旧紀事：阿部伊勢守事跡』(吉川半七、一八九九年)。
*5 渡辺修二郎著・刊『阿部正弘事跡：日本開国起源史』一九一〇年。
*6 特に、阿部正弘については、第三〇巻(時事通信社、一九六四年)から第三三巻(同上、一九六五)の「日本開国」編に詳しい。
*7 田保橋潔『近代外国関係史』(刀江書院、一九三〇年。のち、原書房、一九七六年)、石井孝『日本開国史』(吉川弘文館、一九七二年、一九九〇年改訂。のち歴史文化ライブラリー所収、二〇一〇年)、加藤祐三『黒船前後の世界』(岩波書店、一九八五年。のち、ちくま学術文庫、一九九四年)、三谷博『ペリー来航』(吉川弘文館、二〇〇三年)などがある。
*8 守屋嘉美「阿部政権論」(青木美智男・河内八郎編『講座日本近世史(七)―開国』有斐閣、一九八五年、所収)。
*9 一ヵ国へ許容したことは、他国へも認めざるを得ないという認識を当時の対外問題に関わっていた担当者はもっていた。詳しくは、以下で論じる。
*10 全蝦夷地直轄時代の史料として、阿部家に伝わった「阿部家文書」が、現在北海道立文書館に寄託されている。
*11 守屋前掲論文、五八頁。
*12 同前、五六~五七頁。

＊13 『懐旧紀事』四二～四六頁。
＊14 いわゆる「鎖国」時代にあって、「通商」とはここで示されているように、日本とオランダ・中国との間でおこなわれている形態を当時の人々は通商として認識している。したがって、西洋諸国が求める自由貿易にもとづく通商とは概念的に異なるものである。しかしながら、西洋諸国が要求する通商が自由貿易であると日本側が理解するのは、ハリスとの交渉が始まってからであると思われる。よって、本稿では基本的に日本側には、「交易」を使用し、西洋諸国のいう「通商」と区別しておくことにしたい。
＊15 「鎖国」を祖法とする「鎖国祖法」観の成立については、藤田覚『近世後期政治史と対外関係』（東京大学出版会、二〇〇五年）のうち、第Ⅰ部「日露関係の政治史的意義」の「第1章　鎖国祖法観の成立過程」および同「第2章　対外関係の伝統化と鎖国祖法観の成立」を参照。
＊16 この徳川斉昭と阿部正弘との往復書簡集は「新伊勢物語」と題され、徳川斉昭自筆本五冊は水戸彰考館が、その写本八冊は福山誠之館同窓会が所蔵している。
＊17 琉仏関係については、生田澄江『幕末、フランス艦隊の琉球来航』（近代文藝社、二〇一四年）参照。
＊18 『懐旧紀事』一二二頁。
＊19 同前。
＊20 同前、一二三頁。
＊21 異国船打払令復活評議に関わる記述は、三谷前掲書、五九～六一頁参照。
＊22 フォス美弥子編訳『幕末出島未公開文書』（新人物往来社、一九九二年）二〇八～二〇九頁。
＊23 「嘉永五年　オランダ別段風説書」（神奈川県立歴史博物館、阿部家資料所蔵）。本史料は、老中阿部正弘の家に伝わったものである。この年の別段風説書のうち、江戸の司天台（天文方）で翻訳され、唯一その現存が確認されているものである。なお、筆跡から、正弘の腹心であった石川和助（関藤藤陰）によって写されたものと考えられる。
＊24 嘉永五年の別段風説書に記載されたいわゆる「ペリー来航予告情報」については、岩下哲典『幕末日本の情報活動―「開国」の情報史―』（雄山閣出版、二〇〇〇年、改訂版、二〇〇八年）が詳しい。
＊25 「嘉永五年　オランダ別段風説書」。
＊26 「子年阿部伊勢守より封書ニ而相達候風説書書抜」（『島津家文書』（国宝）東京大学史料編纂所所蔵）。本史料の包み紙には、島津斉彬の直筆で表題が記されている。

＊27　「嘉永五年　オランダ別段風説書」。
＊28　三谷前掲書、一〇七〜一〇九頁。
＊29　三谷前掲書、一一七〜一二〇頁。
＊30　三谷前掲書、一四七頁。
＊31　大号令の作成過程については、麓慎一『開国と条約締結』（吉川弘文館、二〇一四年）七二〜一〇四頁参照。
＊32　同前、九八〜九九頁
＊33　ペリー第二回来航時の、林を中心とする応接掛の行動については、「墨夷応接録」（『幕末』附録第一巻、第七号文書、五二八〜五九四頁）による。
＊34　同前、五三三頁。
＊35　三谷前掲書、一七三頁。
＊36　同前。

なお、評議では、限定交易も認めないとの結論に至ったが、実際に交渉がおこなわた現場の横浜では、通信のみならず、伊豆大島での貿易を認めるのではないかとの憶測が広まっていたようである。応接所の警衛にあたっていた真田藩士が、状況探索をするなかで、応接掛伊沢政義の側医として応接に陪席することが許された、真田藩医高川文筌から、以下のような状況を聞き取っている。

密談所にて応接被成候事ハ、林家ヲ初め五人の外、誰有て知るものなし、しかし文筌が察する所交易などいふ名目を立てハ決して被成ぬ事なれども、一旦の急を救ふ為に暫く伊豆の大嶋辺にて、彼に品物ヲ与へたり、我方へも取たり被成る事に候半歟、いかにも異人等も穏なるよし龍按に是ハ通信を許して通商迄も内実ハ許されしにや、夷人の穏なるハさも有べし（「神奈川公役日記」『開国日記』十、東北大学附属図書館、狩野文庫所蔵）。

応接所には、饗応などがおこなわれた大部屋と、交渉がおこなわれる小部屋が用意されていた。小部屋と大部屋は幕で仕切られ、交渉をおこなう限られたもののみが入室が許されていた。この文筌の憶測は、日米両使節団が小部屋で交渉をしている時の憶測である。残されたアメリカ人の様子が穏やかであることから、すでに交易が決定されたのではないかとしているが、これは一人文筌だけのものと考えるよりは、応接場周辺にいた者たちのあいだで流布していた憶測ではないかと思われる。

＊37　「海防不行届之件」（神奈川県立歴史博物館、阿部家資料所蔵）。

＊38　三谷前掲書、二〇二～二〇三頁。
＊39　『幕末』第七巻、第五三号。
＊40　『幕末』第七巻、一四九頁。
＊41　イギリス東インド艦隊司令長官のことであるが、平時においては香港総督にこの権限は与えられていた。嶋村前掲論文参照。
＊42　同前。
＊43　本来であるならば、海軍指令権をもつ香港総督が来航するはずであるが、クリミア戦争という有事であったため、海軍指令権は香港総督にはなく、軍人であるスターリングにあった。
＊44　議論の詳細については、嶋村前掲論文、二九～三四頁参照。
＊45　『幕末』之一四、六五二～六五三頁。
＊46　「正睦公外交関係文書」四六号（千葉県企画部県民課編『千葉県史料　近世編　堀田正睦外交文書』一九八一年）。

あとがき

本書は、青山学院大学において、故沼田哲先生の教えを受けた者の内、日本近現代史を専攻する有志による研究論文集である。

沼田先生は、二〇〇四年六月一九日、青山学院大学の在職中に逝去された。このような論文集は、本来であれば、沼田先生の青山学院大学ご退職の記念として、もしくは、喜寿のお祝いとして編むはずであったが、誠に残念ながら先生のご逝去により、その願いは叶わなかった。本年は、先生の十三回忌の年にあたる。この節目にあたり、追悼論文集を編みたいとの声が上がった。先生は私たち門下生による論文集の刊行を望んで下さっていたからである。

沼田先生門下には、青山学院大学以外で教えを受けた方々や先生の広い研究領域を反映して近世史専攻の諸氏もおられ、それぞれの専門領域で活躍されている。今回は、一書とするに際しての纏まりを考慮して、青山学院大学において先生が主担当であった近現代史専攻に限ることとなった。また、声をお掛けしたが、勤務のご都合など、本当にやむを得ない事情で参加を断念された方もおられる。そうした方の中には鄭重な賛同のご連絡をいただいた方もあったことを、特に記しておきたい。今回、参加されなかった方や近現代史以外の専門の方とは、今後、様々な機会で研究を共にできればと願う。

本書刊行までに、私たち執筆者は、何度かの準備や中間報告の場をもった。そうした際に、沼田先生について、たくさんの思い出が各々から語られた。それらは、すべて楽しく明るい話ばかりだった。先生は、研究姿勢には厳しかったが、私たち個々に対し、とても優しかった。話は尽きず、ずっと先生の話をしていたくなった。私たちは、与えられたそれぞれの場で沼田先生の教えを時に思い出し、精一杯、課題に取り組んでいくことを約束した。

本書の出版をお引き受けいただいた有志舎の永滝稔氏には、沼田先生同門の誼もあり、ずいぶんご無理を御願いした。永滝氏にはすべて温かくお聞き容れいただいた。また一緒に仕事をしたくなる、素晴らしい出版社を創られた。心から感謝する。

追記

この論文集を故沼田哲先生に献呈いたします。

沼田先生から、私たちは、研究にあたって、史料が語ることに誠実で謙虚であるべきと教わりました。それを守ってそれぞれの研究を進めてきました。これからもずっと忘れません。先生の教えを大切にして研究を進めて参ります。どうぞ、安心して見守っていてください。

二〇一六年九月

執筆者　一同

執筆者紹介（執筆順）

小林和幸	→編者紹介参照
小野聡子（おの　さとこ）	1983年生まれ、青山学院資料センター有期事務職員
平出裕子（ひらで　ゆうこ）	1965年生まれ、聖心女子大学非常勤講師
内藤一成（ないとう　かずなり）	1967年生まれ、宮内庁書陵部編修課主任研究官
古川江里子（ふるかわ　えりこ）	1968年生まれ、青山学院大学非常勤講師
板谷敏弘（いたや　としひろ）	1961年生まれ、東京都庭園美術館学芸員
中園　裕（なかぞの　ひろし）	1965年生まれ、青森県環境生活部県民生活文化課県史編さんグループ主幹
嶋村元宏（しまむら　もとひろ）	1965年生まれ、神奈川県立歴史博物館学芸部主任学芸員

編者紹介

小林和幸（こばやし　かずゆき）

1961年生まれ．青山学院大学大学院文学研究科博士後期課程満期退学，博士（歴史学）

現在　青山学院大学文学部教授

主要著書：『明治立憲政治と貴族院』（吉川弘文館，2002年）
『谷干城—憂国の明治人』（中公新書，2011年）
『明治天皇と政治家群像』（共著，吉川弘文館，2002年）
『山県有朋関係文書』（共編，山川出版社）
『木戸孝允関係文書』（共編，東京大学出版会）など

近現代日本 選択の瞬間

2016年11月30日　第1刷発行

編　者　小林和幸
発行者　永滝　稔
発行所　有限会社　有　志　舎
〒101-0051　東京都千代田区神田神保町3丁目10番、宝栄ビル403
電話　03（3511）6085　FAX　03（3511）8484
http://yushisha.sakura.ne.jp
振替口座　00110-2-666491
DTP　言海書房
装　幀　伊勢功治
印　刷　モリモト印刷株式会社
製　本　モリモト印刷株式会社

ISBN978-4-908672-08-8